Oswald Chambers

토기장이

"우리는 진흙이요 주는 토기장이시니
우리는 다 주의 손으로 지으신 것이라"(이사야 64:8)

오스왈드 챔버스 도움의 장소

The Place of Help
Oswald Chambers

This edition copyright © 1989 by Oswald Chambers Publications Assn., Ltd.
Original edition copyright © 1935 by Oswald Chambers Publications Assn., Ltd.
All rights reserved
Published by special arrangement with Discovery House Publishers,
3000 Kraft Avenue SE, Grand Rapids, Michigan 49512 USA.

Korean translation copyright © 2009 by Togijangi Publishing House
Togijangi B/D, 26, Mangwonro, Mapogu 04007, Seoul, Korea

This Korean edition is published by arrangement with Discovery House
Publishers(3000 Kraft Avenue SE, Grand Rapids, Michigan 49512 USA.)

본 저작물의 한국어판 저작권은 Discovery House Publishers 와의 독점 계약으로
한국어 판권을 '도서출판 토기장이'가 소유합니다. 저작권법에 의하여 한국 내에서
보호를 받는 저작물이므로 무단 전재와 무단 복제를 금합니다.

특별한 표기가 없는 모든 성경 구절은 개역개정성경을 인용한 것입니다.

오스왈드 챔버스 도움의 장소

오스왈드 챔버스 지음 • 스데반 황 옮김

도서출판 **토기장이**

서문

참된 평강을 가져오는
메시지를 들어보라

내가 이 책의 간략한 서문을 쓸 수 있는 영광을 얻게 된 이유는, 이 책의 내용이 실제로 설교로 선포될 때 거의 대부분의 내용을 직접 들었던 극소수의 사람 중 한 사람이기 때문이다. 즉, 이 책의 메시지가 주어질 당시의 분위기와 배경을 알고 있기 때문이다.

이 책의 내용 전개는 시간적으로 관계가 없지만 대략 다음과 같이 나뉠 수 있다. 오스왈드 챔버스가 영국의 고향이나 여러 도시에서 주일 설교로 선포한 것들1908-1915, 클래펌 공동 건물Clapham Common에 소재하던 성경 훈련 대학에서 선포한 것들1911-1915. 그리고 이집트 자이툰에서 Y.M.C.A.의 교목으로 사역할 때 선포했던 설교들이다1915-1917, 4부 7장 이후부터 끝까지의 내용이 해당한다. 우리가 잘 알듯이 이집트 자이툰은 세계 1차 대전 때 근동에서 모든 군사 기지의 중심지였다.

'영적 훈련의 최상'과 '성찬의 제자도'라는 제목의 메시지들은 오스왈드 챔버스가 1915년 이집트를 향하여 항해하기 전, 주일 설교로 선포한 내용들이다.

성경 훈련 대학에서의 강의는 교육을 위한 것으로서 학생들을 즐겁게 하기 위한 예화나 곁길로 빠지는 내용들이 거의 없다. 그 대신에 강의가 끝난 후, 성경 연구를 잘할 수 있도록 성경 구절들을 찾기 쉽게 해놓았다.

자이툰에서의 설교들은 그 당시 상황이 너무나 힘들고 고통이 큰 이유 때문인지 군병들의 삶으로 즉각 빨려들어가는 성찬적인 설교였다. 영적으로 예민한 귀를 가진 사람들은 오스왈드 챔버스의 설교가 듣는 사람들의 마음에 참된 평강을 가져오는 것을 의심할 수 없었다. 그 시간들은 너무나 귀한 순간들이었으며 말씀을 전하는 자와 듣는 자들이 영과 영으로 통했던 시간들이었다. 또한 다같이 체험적으로 말씀을 알 수 있었다. 그 순간들이 지난 후에도 사람들의 마음속에는 '내면에 남는 영적인 은혜'가 계속 남아 있었다. 그의 설교가 사람들의 마음 깊은 곳에서 영구적인 성찬이 된 셈이었다.

오스왈드 챔버스의 삶은 그가 전한 메시지를 설명하는 증거였다. 이제 하나님의 감추어진 방법에 따라 개별적으로 각 사람들에게 서로 다른 형태로 이 책의 의미가 열릴 것이다. 이 책의 가르침을 통해, 성령은 여러 나라의 많은 사람들이 그들의 얄팍한 사상에서 벗어날 수 있도록 도우실 것을 믿는다. 지금 전 세계적으로 그리스도인의 공동체를 휩쓰는, 예수님과 진리와 무관한 천박한 종교적 가치관들은 반드시 바르게 고쳐져야 하는데, 성령께서 이 책의 가르침을 사용하실 것이다.

오스왈드 챔버스의 가르침은 영과 혼과 육의 세 가지 면을 항상 다룬다. 또한 사람들로 하여금 인간의 생명을 주관하는 가장 근본적인 것들로 다시 돌아가게 한다. 그의 글은 하나님의 구속이 매일의 삶의 영역까지 임하도록 도와주며, 갈보리의 십자가에서 나타나는 하나님의 마음을 알리는 동시에 갈보리가 하나님의 계시의 중심임을 증거한다. 이러한 모든 근본적인 역사들이 우리의 주요 구세주이신 예수 그리스도의 인격위격 안에서 이루어졌음을 가르친다.

"우리를 사랑하사 그의 피로 우리 죄에서 우리를 해방하시고 그의 아버지 하나님을 위하여 우리를 나라와 제사장으로 삼으신 그에게 영광과 능력이 세세토록 있기를 원하노라 아멘" 계 1:5-6.

1935년 9월 28일
무명의 성경 훈련 대학 학생

차례

서문

1부 도움의 장소

01 나의 도움은 어디서 오는가? … 11
02 오직 한 길 … 19
03 주님과의 교제 … 23
04 낭비하는 헌신, 위험한 열정 … 29
05 영혼을 얻는 기쁨 … 38
06 인간적인 사랑과 신적인 사랑 … 44
07 그리스도를 향한 열정 … 53
08 주님의 고난에 동참하라 … 59

2부 진정한 쉼

01 성경적 쉼은 무엇인가? … 69
02 화목제물 … 75
03 휴식의 시간을 조심하라 … 80
04 허상에서 벗어나는 훈련 … 87
05 예수님이 주시는 평안 … 99
06 영적 교육 … 106
07 사역자로 부르실 때 … 113
08 버려진 소망 가운데 충성하기 … 119

3부 영적 성장의 여정

01 좁은 문으로 들어가라 … 129
02 하나님의 신비와 비밀 … 135
03 근본을 잃고 덧없는 것에 빠진다면 … 142
04 잠잠히 하나님만 바라라 … 149
05 영적 혼동 가운데 … 155
06 진리를 깨닫기 위한 기다림 … 161
07 영적 좌절과 고독이 닥쳐와도 … 167
08 주님이 주이신가, 선생이신가? … 174

4부 슬픔이 승화된 최상의 삶

01 왜 분명하게 말씀하지 않으실까? ···· 183
02 주님과 일치된 체험 ···· 189
03 눈물을 승화시키는 새벽 ···· 195
04 주님께 부어지기까지 ···· 202
05 영적 훈련의 최상 ···· 208
06 성찬의 제자도 ···· 214
07 자발적인 헌신 ···· 221
08 영적 특수 전투부대 ···· 226

5부 이 땅에서 그리스도인으로 산다는 것

01 영원한 소망을 바라보는가? ···· 237
02 성도의 영예 ···· 246
03 하나님 뵙기를 간절히 바라라 ···· 259
04 영적 영향력 ···· 266
05 하나님의 강권에 사로잡힌 삶 ···· 272
06 "예스" 하시는 하나님을 아는 자 ···· 281
07 비통함과 친숙해지기 ···· 288
08 예수 생명으로 충만하라 ···· 299

6부 하나님과의 동행

01 지경을 넓혀 멀리 높이 보라 ···· 307
02 영적 비전을 실현하려면 ···· 318
03 영적 활력으로 날아오르라 ···· 325
04 장엄하신 하나님 ···· 330
05 하나님의 은혜를 깨달은 자 ···· 337
06 낭패케 하시는 하나님 ···· 345
07 하나님과 보조 맞추기 ···· 351
08 근원 되시는 분께 마음을 집중하라 ···· 360

역자후기

1부 도움의 장소

01

나의 도움은 어디서 오는가?

"내가 산을 향하여 눈을 들리라 나의 도움이 어디서 올까 나의 도움은 천지를 지으신 여호와에게서로다"시 121:1-2.

이 구절은 예레미야서의 내용을 떠올리게 한다.

"작은 산들과 큰 산 위에서 떠드는 것은 참으로 헛된 일이라 이스라엘의 구원은 진실로 우리 하나님 여호와께 있나이다"렘 3:23.

여기서 나는 이 내용을 영적으로 적용해보고자 한다.

위대한 갈망

산은 강렬한 소원과 활기를 불러일으킨다. 그러나 우리는 여기저기 등산을 다 다니기도 전에 결국 지쳐 쓰러진다. 위대한 성도들은 우리 안에 위대한 갈망과 소망을 불러일으킨다. 우리는 그들을 보며 감탄하지만 결국 자신은 그렇게 될 가망성이 없다는 비참한 느낌만 갖게 된다. 롱펠로우는 "위대한 인물들의 모든 삶은 우리에게, 우리도 최상의 삶을 살 수 있다는 소망을 준다"고 말했다. '그러나 정말로 그럴까'라고 나는 반문한다. 사실 위대한 사람들의 삶은 우리를 주눅 들게 한다. 오히려 무엇이 되고자 하는 우리의 노력마저 마비시킨다.

시편 121편의 배경을 보자. 산의 그 절묘하고 아름다운 풍경은 고상한 갈망을 일깨운다. 가장 높은 산봉우리 위의 무한한 공간, 눈 덮인 정상, 한쪽으로는 계곡까지 이르는 푸른 초목들과 단풍들의 아름다움은 우리의 마음을 갈망으로 채운다. 젊은 사람들은 이러한 풍경을 보는 것 자체만으로 매우 흥겨우며 마음이 들뜰 것이다. 맑은 공기는 더 없이 활력을 넘치게 할 것이다. 산에 오르게 되면 계곡에서는 볼 수 없던 장엄한 전망이 확 펼쳐진다. 그러나 나이가 들수록 신체적으로 산 정상에 오르는 것이 어려워진다. 또한 우리의 내면 세계도 제약이 있음을 깨닫게 된다. 이제 산등성이 및 산 정상에 있었던 아름다운 기억들은 우리에게 상한 마음을 남기기 시작한다.

"그때 진리에 더 바로섰더라면…, 그때 죄를 범치 않았더라면…, 그때 실수를 하지 않았더라면!"

이러한 회상이 지금 이 시편을 노래하는 시인의 마음이다.

"내가 산을 향해 나의 눈을 들면 그곳에서 도움이 올까?"에 대한 시인의 대답은 "아니다. 나의 도움은 산들을 지으신 주께로부터 온다"는 것이다. 이 대답 속에 영적인 진리의 핵심이 있다. 하나님께서 이루어놓으신 위대한 것들로부터 도움이 오는 것이 아니다. 위대한 성자들이나 고상한 삶들로부터 도움이 오는 것이 아니다. 오직 하나님으로부터만 도움이 온다. 이것이 시인이 말하려는 핵심이다.

위대한 인물들의 자서전은 우리에게 언제나 감동을 준다. 그러나 그것은 우리를 한걸음 뒤로 물러나게 하는 부작용도 있다. 즉, 우리를 감상에 젖게 하거나 주눅 들게 한다. 그러나 시인이 지적하고 성경이 강력하게 주장하는 것처럼 '주님이 나의 도움'이심을 깨닫게 될 때, 우리는 사도 바울과 같은 위대한 인물이 말한 것을 이해할 수 있게 된다.

"너희로 하여금 그리스도 예수 안에서 나의 행사 곧 내가 각처 각 교회에서 가르치는 것을 생각나게 하리라"고전 4:17.

우리는 산처럼 높은 위대한 인물의 발자취를 따르는 것이 아니라 그들이 주님께 두었던 그 믿음의 발자취를 따라야 한다는 것을 깨닫게 된다.

위대한 성취들

믿음의 발자취를 따라야 한다는 주제는 매우 중요한 것으로서, 다른 각도에서 이 주제를 보면 큰 유익을 얻게 될 것이다. 지금 이 시대는 '교육'을 최고의 위치에 두고 강조한다. 모든 문명국마다 잘 교육하고 주변 환경을 더 좋게 만들면 더 선하고 훌륭한 사람들이 만들어질 것이라고 주장한다. 이러한 말과 이론들은 사람들의 마음을 부추긴다.

그러나 실제로는 그렇지 않다. 그 이유는 먼저 내면 세계가 제대로 되어야 교육이 의미가 있기 때문이다. 거듭나지 않은 사람들을 교육시키는 것은 오히려 교양 있는 범죄cultured degradation, 교양을 갖추지만 더 높은 차원의 타락과 범죄를 일삼는 것의 가능성을 증가시킨다. 교육과 문화의 고상한 업적들을 깎아내릴 생각은 없다. 다만 우리가 알아야 하는 것은 그러한 것들은 부차적인 문제라는 점이다. 교육과 문화는 인간의 삶에서 첫째가 아니다. 하나님이 지으신 사람 자체가 첫째 고려 대상이 되어야 한다. 그리고 사람을 지으신 하나님만이 그의 유일한 도움이 되실 수 있다. 하나님은 성경을 통해 계속 이 점을 일깨우신다.

최고로 유능한 지도자였던 모세를 보자. 그는 애굽의 모든 교육을 다 받았다. 그는 동족들의 비참한 모습과 고통을 보면서 자신이 그들을 구원할 장본인이라고 생각했다. 그러나 하나님은 그를 40년 동안 광야로 보내어 양을 치게 하셨다. 그는 먼저 '자랑스러운 자신'을 제거해야 했고 스스로 '보잘것없는 자신'을 볼 수 있어야 했다.

모세에 관한 기록들을 자세히 보라. 그가 광야에서 40년을 보낸 후에 하나님께서 모세에게 다시 나타나 말씀하신다.

"이제 내가 너를 바로에게 보내어 너에게 내 백성 이스라엘 자손을 애굽에서 인도하여 내게 하리라"출 3:10.

이때 모세가 "내가 누구입니까?"라고 묻는다.

모세는 그의 백성들을 구원할 수 있는 능력이 자신의 열망이나 교육 수준, 유능함에 있지 않고 하나님께 있음을 고백한다. 요한복음 15장에도 이와 같은 내용이 나온다. 주님께서 제자들에게 새로운 성향에 대해 교훈하신다.

"나는 포도나무요 너희는 가지라"요 15:5.

제자들에게 제일 중요한 것은 예수님과 연결되는 것이다. 다른 높은 산으로 가서 도움을 요청해봤자 헛수고일 뿐이다. 어떤 사람은 산봉우리 끝에 서 있는 고상한 삶을 바라보면서 그러한 삶을 살고자 열정을 가지고 기도하고 집중하며 순종한다. 그러한 최고의 삶을 살았던 사람들과 비슷한 성품을 가져보려고 끝없이 노력한다. 그러나 고통스럽게도 언제나 뒤처진다. 그들을 좇아가던 중에 입술은 피곤과 갈등으로 파랗게 변해간다. 그러다가 산등성이에서 쓰러지고 만다.

결국 강한 소망을 불러일으켰던 그 위대한 인물들은 우리에게 "…했더라면…" 하는 한숨만 남긴다. 그리고 완전히 포기한 상태가 되어버린다. 혹시 지금 당신이 이러한 상태에 있다면 시편 121편을 읽어보라. 그곳에서 새로운 소망을 발견하게 될 것이다.

"나의 도움은 천지를 지으신 여호와에게서로다."

이 구절이 말하는 바는, 위대한 성도는 좋은 가문이나 문화, 교육의 산물이 아니라 하나님의 작품이라는 사실이다.

위대한 사모함

다른 면에서 다시 생각해보자. 오늘날 주님을 위대한 선생으로 높이는 사람들이 있다. 그들은 산상수훈의 내용을 높은 이상으로 삼지만 십자가는 믿지 않는다. 산상수훈의 고결한 이상을 인류 앞에 내세우고 사람들로 하여금 그 이상을 이루도록 노력하게 할 뿐이다. 이 과정에서 예수님의 희생적인 죽음은 그들에게 아무런 의미가 없다.

사람들의 생각과 마음이 미성숙할 때는 이러한 이상을 내세우는 가르침이 대단히 매력 있어 보인다. 그러나 예수님이 단지 선생이기만 하다면 예수님은 그들에게 더 무거운 짐만 추가시킬 뿐이다. 주께서는 인간의 속성으로는 절대로 이룰 수 없는 이상을 세우셨기 때문이다. 즉, 가련한 인생이 절대로 이룰 수 없는 기준을 세우신 점에서,

인간들에게 약만 올리신 셈이다. 어떠한 기도로도, 자신을 희생함으로도, 헌신 및 극기를 통해서도 사람은 '마음이 청결한 자'의 상태에 이를 수 없다.

"마음이 청결한 자는 복이 있나니 그들이 하나님을 볼 것임이요" 마 5:8.

성경은 주님을 선생으로만 말씀하지 않고 구세주라고 말씀한다. 문제는 주님의 십자가와 성령의 임재를 통해 주께서 우리를 재창조하실 때 우리가 어떠한 삶을 살아야 하는가이다. 모방이나 노력을 통해 예수님의 삶을 살게 되는 것이 아니라 주님의 죽으심을 통해 주님의 생명이 우리의 것이 될 때 우리도 예수님의 삶을 살게 된다. 이는 거룩을 향한 단순한 열망이나 동경이 아니라, 거룩을 '얻는' 문제이다. 주님의 생명은 하나님으로부터 우리에게 오는 것이며, 우리 스스로 무엇인가를 모방해서 얻는 것이 아니다.

나는 이 진리를 통해 젊었을 때 좇던 이상을 잃은 자들, 더 이상 기대할 소망이 없는 자들, 인생길에서 낙심하고 지친 자들에게 용기와 교훈을 주고 싶다. 당신은 30년 또는 그 이상의 삶을 '가능성'이라는 끝없는 꿈에 부풀어서 살아왔을지도 모른다. 그 가능성은 고상한 산봉우리로부터 당신의 영혼을 끊임없이 불렀을 것이다. 그러나 지금은 지친 몸과 뜨거운 대낮의 태양열밖에 남지 않았다. 산봉우리는 뜨거운 열기 가운데 희미해져 더 이상 보이지 않는다. 갈 길은 먼지로 가득하고 아득히 멀다. 발은 부르텄고 지쳤으며 더 이상 기운도 없다. 그런 당신에게 시편 121편이 담고 있는 귀한 메시지를 전달하고 싶다. 마치 생수의 강에서 흘러넘치는 수정처럼 맑은 물 한 잔을 주고 싶다.

"나의 도움은 천지를 지으신 여호와에게서로다"시 121:2.

주께서 당신을 산봉우리로 데리고 올라가시고 당신을 새롭게 지으실 것이다. 당신의 영혼을 새롭게 만드셔서 "메뚜기와 느치와 황충과 팥중이가 먹은 햇수대로"욜 2:25 갚아주실 것이다. 그 후 당신을 가장 높은 산봉우리보다 훨씬 더 높은 곳에 세우실 것이다. 나아가 그분의 품 안에 당신을 안으시고 안전케 하실 것이다. 모든 소란으로부터 당신을 지키시며 이 세상이 결코 앗아 갈 수 없는 한없는 평강으로 당신의 영혼을 채우실 것이다.

이 시편은 하나님께서 베푸신 잔치에 참여하기 위해 거칠고 지친 순례의 길을 걸으면서 사람들이 외워 불렀던 열다섯 편의 시편 중 하나이다. 그래서 이들 시편을 '순례의 시편'이라고 부른다. 시인은 계속 말한다.

"낮의 해가 너를 상치 아니하며 밤의 달도 너를 해치 아니하리로다. 여호와께서 너를 지켜 모든 환난을 면케 하시리라."

그러므로 이제는 더 이상 가다가 쓰러지는 일이 없다.

"여호와께서 너의 출입을 지금부터 영원까지 지키시리로다."

당신은 누구를 바라보는가? 몇몇 위대한 산 같은 위인들을 바라보는가? 예수님을 바라보기는 하지만 혹시 위대한 성자로만 바라보는 것은 아닌가? 그렇다면 당신은 잘못된 길을 가고 있는 것이다. 그 길에서는 하나님께로부터 어떠한 도움도 받을 수 없다. 주님만 바라보라. 다음의 오래된 찬송을 부르며 주를 바라보고 나아가라.

내 모습 이대로 아무 핑계 없이 주께로 나아갑니다. 당신이 나를 위해 피를 흘리셨다는 것을 믿고 나아갑니다. 주께서 나를 오라 하시니, 오 하나님의 어린양이여, 내가 나아갑니다.

어떠한 영혼이든, 어떠한 인생을 살아왔든, 위의 찬송의 자세를 지니지 않으면 그는 은혜에서 떨어져 위험에 처한 사람이다. 오, 천지를 지으신 하나님께서 우리를 도우시는 분임을 알 때 그 말로 표현할 수 없는 평강과 안정감이라니! 우리 모두 신속히 '전능하신 자의 그늘 아래'로 가자. 그곳은 지존자의 은밀한 곳으로서 어떠한 악도 우리를 해칠 수 없는 곳이다. 예수님께서 말씀하신다.

"수고하고 무거운 짐 진 자들아 다 내게로 오라 내가 너희를 쉬게 하리라"마 11:28.

"아버지께서 내게 주시는 자는 다 내게로 올 것이요 내게 오는 자는 내가 결코 내쫓지 아니하리라"요 6:37.

02

오직 한 길

길이 없음

성경에서 선지자들과 시인들은 우리의 삶을 길 없는 광야라고 말한다. 광야에는 수없이 많은 소리들이 "이것이 길이다"라고 부르짖고 있다. 많은 사상들이 광고 표지를 내걸고 '길'이라고 제시된다. 그러나 참된 길은 오직 하나이다. 그리고 이 길을 모르는 사람들의 마음은 허무함으로 가득 차게 된다. 그들의 시야에는 전혀 길이 보이지 않는다. 그렇다면 그들의 마음을 무엇이 사로잡고 있는지 좇아가보자. 이러한 연구는 의미 있는 일일 것이다.

예를 들어, 천재적인 문학가요 하나님을 향한 직관을 가진 토마스 칼라일Thomas Carlyle은 하나님의 침묵에 대해 강력하게 대항하며 이러한 질문을 한다.

"부패가 가득 차고 악한 자들로 충만한 이 시대에 하나님은 왜 자신을 드러내지 않으십니까?"

그의 질문을 들을 때, 우리는 그가 왜 어두운 금욕주의에 빠져들게 되었는지 이해가 간다. 그는 하나님께서 예수 그리스도의 십자가 안에서 인간의 수수께끼 같은 삶으로부터 나올 수 있는 길을 계시하심을 알지 못했다.

'그 길'을 찾지 못한 자들의 시를 읽어보라. 그들의 "가장 달콤한 노래도 결국 가장 슬픈 생각을 말할 뿐"이다. 그럼에도 그들의 노래 속에는 불확실하기는 하지만 어딘가 막연하게 길이 있다는 느낌이 들어 있다. 종종 진부한 일상생활에서 벗어나 마음이 깨어나게 되면 그들의 영혼은 자신이 마치 아무도 밟지 않은 인생의 광야 길에 아무 목적 없이 서 있다는 것을 희미하게 느끼기 시작한다. 누구든지 주 예수 그리스도를 발견하기 전까지는, 마음과 생각과 영이 끊임없이 방황한다.

나그네들

인생은 갑자기 여러 방법으로 영원한 순간과 맞부딪힌다. 이때 사람들은 어떤 영적 실체를 수여받게 되면서 자신의 삶의 참된 문제가 무엇인가를 깨닫고 그동안 걸어왔던 잘못된 길에서 빠져나온다. 그 순간에 그는 자신의 인생 가운데 옳은 길을 추구해왔는지 아니면 잘못된 길을 추구해왔는지, 승리의 길에 서 있었는지 아니면 멸망의 길에 서 있었는지 돌아보게 된다. 이러한 순간은 죄에 대한 책망으로 인해 오기도 하고, 두려움에 빠질 정도의 말할 수 없는 허무함 가운데 오기도 한다. 마음속 깊은 곳으로부터 자신의 근본적인 문제에 해답을 주실 분을 기다리고 있다가 그러한 순간을 맞이하기도 한다. 인간은 이 순간에 마음의 가장 깊은 심연까지 만족시키시는 분, 자신의 손에 삶의 보화를 얻는 열쇠를 쥐어주시는 분을 만나게 된다. 그분은 바로 '그 길'이 되는 예수님이시다. 오직 '그 길' 예수님을 통해 사람들은 거룩한 성에 들어간다. 한편 하나님께서 사람의 영혼을 찾아오시는 길은 수없이 많다.

길을 발견한 자

'그 길'은 어린아이의 마음을 가지고 있지 않는 자에게는 보이지 않는다. 그러므로 우리는 생명의 그 길을 놓치지 않기 위해 겸손해야 한다. 그 길은 아주 단순한 길이다. 주님께서는 "천지의 주재이신 아버지여 이것을 지혜롭고 슬기 있는 자들에게는 숨기시고 어린아이들에게는 나타내심을 감사하나이다"라고 말씀하셨다마 11:25. 주님께서는 잃은 양을 찾으신다. 그분께서 찾아내신 자들마다 그분께 무조건적으로 순복하게 된다. 이때 '그 길'을 찾은 자들은 스스로 대단해서 그 길을 찾았다고 생각하지 않는다. 오히려 무의식 가운데 주어진 축복이라고 생각한다. 자신의 힘으로 길을 찾았다고 생각하는 자들은 교만한 자들이다. 그러나 성도들에게는 절대로 이러한 교만한 생각이 들 수 없다. '그 길'을 발견한 성도들의 마음은 마치 어린아이와 같아서 은연중에 하나님의 뜻을 분별한다.

그 길에 들어선 자들에게 나타나는 중요한 특징 중의 하나는 예수 그리스도의 가족이 되면서 예수님을 많이 닮게 된다는 점이다. 무엇보다 주님의 평강이 그들의 삶 가운데 뚜렷하게 나타난다. 아침의 광명이 그들의 얼굴 위에 있으며 그들의 마음에는 영생의 기쁨이 있다. 그들이 가는 곳마다 사람들은 그들의 기쁨을 보면서 '그 길'을 찾을 필요를 의식하게 된다. 상한 영혼들마다 '그 길'을 발견할 때 치유함을 얻고 기뻐한다.

모든 삶의 가장 높은 이상과 깊은 욕망을 채울 수 있는 유일한 분은 주 예수 그리스도이시다. 그분은 우리가 해결할 수 없는 문제를 만나 철저하게 무너지고 멍들고 겸손할 때까지, 그래서 마침내 주님을 향해 돌아설 때까지 참고 기다리신다. 결국 주님께 돌아와 주의 품에 안기고 나면 우리는 그동안 겪지 않았어도 될 싸움들과 두려움들, 고집과 악한 행위들을 돌아보며 '처음부터 주님께 단순하게 왔더라면 좋았을 것을' 하고 후회한다.

"어떤 길은 사람이 보기에 바르나 필경은 사망의 길이니라"잠 14:12.

하나님께서는 우리 자신과 주변의 가깝고 사랑하는 사람들을 위해, 이 넓은 세상을 위해, 주 예수 그리스도를 위해, 이 새롭고 살아 있는 길로 우리가 오는 것을 허락하신다. 그 길은 오직 주의 보혈의 구속을 입은 자들만 들어간다.

"거기에 대로가 있어 그 길을 거룩한 길이라 일컫는 바 되리니 깨끗하지 못한 자는 지나가지 못하겠고 오직 구속함을 입은 자들을 위해 있게 될 것이라 우매한 행인은 그 길로 다니지 못할 것이며 … 여호와의 속량함을 받은 자들이 돌아오되 노래하며 시온에 이르러 그들의 머리 위에 영영한 희락을 띠고 기쁨과 즐거움을 얻으리니 슬픔과 탄식이 사라지리로다"사 35:8,10.

03

주님과의 교제

"내가 너희에게 어두운 데서 이르는 것을 광명한 데서 말하며 너희가 귓속말로 듣는 것을 집 위에서 전파하라"마 10:27.

이 구절에서 주님께서 말씀하시는 어두움은, 죄 또는 불순종으로 인한 어두움이 아니라 너무나 광명한 빛으로 인해 상대적으로 만들어지는 어두움이다. 모든 제자들의 삶의 과정에는 불투명하며 쉽지 않은 때가 있다. 그때에는 무엇을 해야 할지 또는 무엇을 말해야 할지 전혀 알 수 없다. 그러한 어두움의 때는 제자들의 인격을 훈련시키는 때이며 주님을 더욱 더 풍성하게 체험해 알게 되는 때이다. 그러한 어두움의 때는 말을 할 때가 아니라 기다려야 할 때이다. 성경은 하나님과의 친교에서 이러한 어두움의 기간은 평범한 것이라고 말한다사 5:30 ; 50:10 ; 벧전 1:6-7. 즉, 주님께서는 의도적으로 제자들과 어두움의 시간을 나누신다.

주님은 우리가 있는 어두운 그곳에 함께 계신다. 그분은 어두움에 대해 다 알고 계신다. 주님과의 친교에는 언제나 신비함이 있다. 그 신비함은 우리로 하여금 우리보다 모든 것을 더 많이 아시는 주님께 더욱 순종하게 만든다. 변화산상에서 너무나 광명한 빛으로 인해 상대적인 어두움이 드러났다.

"이 말할 즈음에 구름이 와서 그들을 덮는지라 구름 속으로 들어갈 때에 그들이 무서워하더니 구름 속에서 소리가 나서 이르되 이는 나의 아들 곧 택함을 받은 자니 너희는 그의 말을 들으라 하고 소리가 그치매 오직 예수만 보이더라 제자들이 잠잠하여 그 본 것을 무엇이든지 그때에는 아무에게도 이르지 아니하니라"눅 9:34-36.

주님과의 교제에서 이러한 어두움의 과정을 지날 때 빛이 없어서 불평하거나 초조해해서는 안 된다. 자신의 노력을 앞세우거나 자신의 불을 지피기로 작정해서도 안 된다. 많은 사람들이 바로 이러한 때 스스로 속임수에 빠져드는 많은 시도를 한다. "이제 이 어두움이 지긋지긋하구나. 좀 쉬고 싶다. 빛 되신 하나님은 지금 당장 자신을 드러내 주셨으면 좋겠다"라고 투덜거린다. 이러한 자세를 가지면 결국 어두움 속에서 혼란에 빠지게 되고 하나님께서 말씀하시는 것을 듣지 못하고 놓치게 된다.

"너희가 돌이켜 조용히 있어야 구원을 얻을 것이요 잠잠하고 신뢰해야 힘을 얻을 것이거늘"사 30:15.

제자는 어두움 속에서 입을 벌리지 않도록 조심해야 한다. 그때는 듣는 귀만 있어야 한다. 동료 제자들의 동정어린 음성을 듣지 말라. 마음속으로부터 나오는 자기 연민의 소리도 듣지 말라. 오직 주님의 음성만 들으라.

"너희가 어두운 데서 말한 모든 것이 광명한 데서 들리고 너희가 골방에서 귀에 대고 말한 것이 지붕 위에서 전파되리라"눅 12:3.

하나님께서 자신을 계시하시는 때는, 공중 기도를 잘할 때도 아니고, 단에서 멋진 설교를 외칠 때도 아니며, 논리적인 글을 쓸 때도 아니다. 오직 하나님만이 아시는 '사람의 중심'이 어떠하냐에 따라 하나님께서는 그에게 자신을 계시하시거나 감추시는 것이다. 곧 그 사람의 마음 중심이 계시를 결정한다시 18:24-26.

"자비로운 자에게는 주의 자비로우심을 나타내시며 완전한 자에게는 주의 완전하심을 보이시며"시 18:25.

"그들에게 이르기를 여호와의 말씀에 내 삶을 두고 맹세하노라 너희 말이 내 귀에 들린 대로 내가 너희에게 행하리니"민 14:28.

하나님과의 교제에는 "어두운 데서 이르는 것을 광명한 데서 말하는"마 10:27 또 다른 면이 있다. 우리는 광명한 데서 무엇을 말하는가? 많은 사람들이 자신들이 믿는 놀랄 만한 깨달음들을 유창하게 말한다. 그러나 어두움 가운데서 말씀하시는 주의 진리를 들은 적은 없다. 하나님께서는 섭리 가운데 영광스러운 진리를 유창하고 쉽게 말하는 자들을 환난과 어두움으로 인도하신다. 그리고 거기서 그들을 주의 소유로 만드신다. 그 후 주께서 어두운 데서 이르신 것을 광명한 데서 말하라고 말씀하신다.

주님의 모든 종들과 일꾼들은 어두움의 훈련에 동참해야 한다. 그래야 그들의 귀는 자신들의 주인Master의 말을 들을 수 있도록 훈련된다. 주님은 절대로 특별한 편애를 가지고 그들에게만 개인적인 조명을 허락하시는 일이 없다. 주님의 계시에는 언제나 두 가지 측면 곧 성품의 개발과 성령의 깨달음이 있다. 많은 사람들이 오늘날 광명한 데서 말하고 있다. 많은 음성이 이미 들렸다. 그러나 예수님께서는 "내 양은 내 음성을 듣는다"고 말씀하셨고 "양들은 타인의 음성을 알지 못하는 고로 타인을 따르지 아니하고 도리어 도망하느니라"고 하셨다. 하나님의 섭리 가운데 어두움의 훈련이 시작될 때 처음에는 혼란과 잡음으로 인해 주님의 음성이 잘 들리지 않는다. 그러나 얼마 되지 않아 제자들은 천둥소리인 줄 알고 두려워하던 그 소리를 이제는 "주의 음성이 천둥소리를 통해 크게 들린다. 떠오르고 지는 태양에서 주님을 본다. 주님은 아름다운 분이시다"라고 고백하게 된다.

어두움 속에서 들리는 주님의 음성은 너무나 매력적이어서 이 땅의 다른 음성과 혼동될 수 없다. 오늘날 주님과 사귐을 갖는 자들을 어디서 찾아볼 수 있는가?

"그가 빛 가운데 계신 것같이 우리도 빛 가운데 행하면 우리가 서로 사귐이 있고"요일 1:7.

제자들의 교제란 기호가 맞는 사람끼리 서로 자연스러운 애착을 갖는 것을 의미하지 않는다. 그것은 성령 안에서의 교제이며 구세주이신 예수 그리스도께 매혹되어 주님만을 사랑하는 자들 간의 교제이다. 이와 같이 우리의 친교에는 두 가지 측면 곧 어두운 데서 듣는 것과 광명에서 말하는 것이 함께 실현되어야 한다. 그러면 어두움은 더 이상 머물지 않고 사라진다.

칭찬을 받을 자들이여, 무릎을 꿇고 말하세.

주신 자는 취하실 수 있으시니, 내게 고난당하라 하시면 순종하겠네.

내 영혼에게 말하세.

가장 쓰라릴 때 주님의 선함이 어떠하였는지.

그때 내 영혼은 그 쓰라림을 통해 유익을 얻었으며

당신의 고난에 동참함이 내게 괴로움 되지 않았다네.

비록 불안하고 심지어 혼돈에 빠졌을지라도

그 고난은 정확히 다음 단계를 준비케 하였으며

내 영혼의 눈에 너무 어두워 보였던 것들이 그림자 같아도

정확하게 보이더니 두 배로 밝은 빛 되어 나를 찾아오네.

그 섬광은 당신의 나무를 때렸지만, 더 이상은 아니라네.

이제 안식을 누리는 나무에게 하늘의 푸르름이 임하고

전에 빛을 낼 수 없던 곳에서 빛을 발하네.

오, 말로 다 표현할 수 없는 '흑암 중의 보화'의 축복이여! 사 45:3 자연 세계에서도 밤이 깊을수록 달과 별들이 더욱 찬란하게 빛나며 많은 사람들의 생각을 깊게 만든다. 마찬가지로 영적으로도 햇살이 비쳐 화려하고 자유함과 빛이 있는 그때 영혼에 지울 수 없는 영원한 자국이 남는 것이 아니라, 성령의 깊은 밤 곧 곤비한 땅에서 큰 바위 밑의 그늘처럼, 하나님의 손에 의해 그림자가 만들어지는 바로 그때 여호와의 영광이 우리를 반석 틈에 두고 지나가시는 것이다. 지금 악으로 가득 찬 이 세상에서 주님을 위한 수고를 감당해가며 주님과 깊은 교제를 나눌 때 우리는 많은 어두운 순간들을 맞이하게 된다. 그

러나 그때 닥치는 어두움의 순간들이야말로 모든 세속으로부터 우리의 영혼을 분리하여 '다른 세상'에 머물게 하는 순간들이 된다.

"주에게서는 흑암이 숨기지 못하며 밤이 낮과 같이 비추이나니 주에게는 흑암과 빛이 같음이니이다"시 139:12.

04

낭비하는 헌신, 위험한 열정

"너는 삼가서 네게 보이는 아무 곳에서나 번제를 드리지 말고 오직 너희의 한 지파 중에 여호와께서 택하실 그곳에서 번제를 드리고 또 내가 네게 명령하는 모든 것을 거기서 행할지니라" 신 12:13-14.

예배하고 싶은 갈망은 대부분의 인간들에게 자연스러운 것이다. 우리는 거듭나지 않은 사람들과 성도들이 지니는 예배에 대한 갈망의 차이점을 분명히 구분해야 한다. 비그리스도인들은 스스로 예배 제단을 선택하고 분위기를 만든다. 자신의 야망을 채워줄 수 있는 관중들이 있으면 매우 황홀한 종교적 분위기 속에서 순교 장면도 연출한다.

그러나 위의 성경 구절은 하나님께서 친히 우리가 예배할 장소를 정하신다고 한다. 이 내용은 예배에 관한 모든 문제의 가장 깊은 뿌리를 다루고 있다. 우리의 재능과 선물을 하나님께 따로 구별해 드리는 것이 예배가 아니다. 재능들은 우리의 것이 아니기 때문이다. 자신을 하나님께 구별해 바치는 것이 예배이다. 바로 자신에 대한 권리를 주님께 양도하는 것이 참된 예배이다.

구별의 장소

위 구절신 12:13-14에서 우리가 주목해야 할 것은 제단의 장소가 언급되지 않았다는 점이다. 예배 장소가 계속 바뀌었기 때문에 어떤 특정 장소를 언급하지 않은 것이 분명하다. 만일 제단의 장소가 언제나 똑같았다면 사람들은 그 장소에서 제사를 지내면서 어느새 서서히 하나님께 진정한 헌신 없이 단지 그 장소를 종교 축제의 장소로 바꾸었을 것이다.

모든 선지자들이 끊임없이 외친 절규는 사람들이 자신의 쾌락을 위해 금식하며 축제했다는 점과 그들이 원하는 방식으로 종교를 만들어갔다는 사실이다사 58:4,13. 그러나 하나님이 받으시는 유일한 헌신은 우리 마음을 온전히 드리는 거듭난 영혼의 헌신이다. 우리는 하나님의 제단에 자신을 희생제물로 묶음으로써 우리의 생명과 주님의 생명이 항상 일치하게 된다. 그때 최상의 거룩함을 하나님께로부터 받게 된다. 헌신의 장소는 사람의 지식이나 자연인의 영성으로는 절대 발견될 수 없다. 오직 하나님의 성령에 의해서만 발견된다.

번제와 속죄제는 서로 다르다는 사실을 염두에 두라. 사도 바울은 제단이 있는 장소와 하나님께서 어떤 희생제물을 원하시는지 분명하게 보여주고 있다.

"그러므로 형제들아 내가 하나님의 모든 자비하심으로 너희를 권하노니 너희 몸을 하나님이 기뻐하시는 거룩한 산 제물로 드리라 이는 너희가 드릴 영적 예배니라"롬 12:1.

문자적으로 말하면, 자신에 대한 권리를 주께 드리라는 것이다.

사람들이 이 장소를 발견하고 이 장소까지 오는 것이 너무 어렵다. 그 이유를 아는 것은 어렵지 않다. 사람들이 이 장소까지 오지 못하는 이유는 스스로 제단을 선택하기 때문이다. "나는 선교지에서 헌신할 거야", "빈민촌에서 헌신해야겠어", "고아원에서 헌신해야지", "구제 사업에 헌신하려고 해." 이러한 모든 헌신의 다짐은 사람들의 마음속으로부터 자연스럽게 나오는 것이지만 엄밀히 말해 주님이 선택해서 주신 장소는 아니다.

그 장소는 오직 성령에 의해 알 수 있다. 헌신은 의무나 신조를 위해 하는 것이 아니라 하나님께 하는 것이다. 주님은 사마리아 여인에게 말씀하실 때 유대인들과 사마리아인들이 하나님 대신에 예배 장소를 예배하기 시작했음을 지적하셨다. 그리고 "아버지께 참으로 예배하는 자들은 신령과 진정으로 예배할 때가 오나니 곧 이때라"고 말씀하셨다.

구별의 목적

구별에 관한 일반적인 사고를 따르면 자연적 경건을 소유한 사람들을 따르게 된다. 그러나 그 길은 성경이 말하는 구별과는 거리가 멀다. 그 길에 서 있는 사람들은 자연 속에서 어떻게 하나님을 만나는지에 대해 대화를 나눈다. 그들은 하나님을 추구하는 본능을, 하나님을 만난 것으로 오해하는 위험에 빠져 있다. 바울은 사도행전 17장 27절에서 이에 대해 매우 분명한 구별을 해주는데, "이는 사람으로 하나님을 혹 더듬어 찾아 발견케 하려 하심이로되 그는 우리 각 사람에게서 멀리 떠나 계시지 아니하도다"라고 말한다. 자연적인 인간의 마음은 예배하고 싶은 본능 및 자신이 원하는 곳에 헌신의 제단을 만들고 싶은 본능을 하나님께 드리는 헌신이라고 착각한다. 반면 바울은 인간에게는 하나님을 찾아 느끼려는 본능이 있다고 말한다.

하나님께서 선택하시는 제단은 예배하고 싶은 감정이나 헌신하고 싶은 느낌으로 다가가는 곳이 아니다. 이러한 이유 때문에 하나님의 선택하시는 제단을 발견하는 것은 참으로 어렵다. 모든 자연적인 종교는 종교 의식을 통한 미적 감각이나 감정적 예배를 통해 그 절정에 이른다. 한편 하나님의 영이 있는 사람들은 자신 안에 계신 성령에 의해 하나님의 제단을 분별한다.

대부분의 사람들은 현실의 삶 속에서는 많은 쓸모없는 헌신을 한다. 자신들과 아무 관계 없는 일들에 자신의 삶을 투자한다. 그러나 그 누구도 전능하신 하나님 외에 다른 존재에게 자신을 헌신할 권리가 없다. 아무리 고상하고 아름답게 보일지라도 하나님 외에 다른 명분에 헌신해서는 안 되는 것이다. 이 교훈은 참으로 깊고 중요하다.

당신이 예수 그리스도께 자신의 권리를 양도해야 한다고 들었다고 하자. 이때 당신은 한 가지를 분명히 물어야 한다. 만일 당신이 이러한 질문을 묻지 않는다면 당신은 아직 그 상황이 어떠한지 파악하지 못한 것이다. 분명히 물어야 하는 단 한 가지 질문은 "이분이 누구시기에 이렇게 엄청난 헌신을 요구하시는 것인가?" 하는 것이다. 즉, "이분 말고, 내 존재의 가장 귀한 것, 즉 나 자신에 대한 권리를 양도해야 할 만큼 그렇게 중요한 어떤 기업이나 대의명분이나 원칙이 이 땅 위에 있을 수 있을까?"를 질문해봐야 한다. 마침내 당신에게 이러한 최상의 희생을 감히 요구하실 수 있는 유일한 존재는 주 예수 그리스도이심을 깨달아야 한다.

사탄의 최대 목표는 우리를 중심 되시는 주 예수 그리스도로부터 멀어지게 하는 것이다. 사탄은 우리가 주 예수 그리스도만 아니라면 다른 어떠한 명분에라도 헌신하도록 돕는다. 주님이 아닌 다른 명분에 '죽음에 이르기까지' 헌신하도록 유혹한다.

성령에 의해 이끌림을 받는 사람 중 이기적인 마음으로 자신의 삶을 헌신하는 사람을 본 적이 있는가? 갓 믿은 신자 중에는 어떤 선교사의 이야기를 들은 후에 하나님께서 자신을 '그곳으로' 부르신다고 착각하는 사람들이 많다. 그 후 장소를 스스로 선택한 후에 자신의 삶을 희생한다. 물론 이러한 모습들은 기독교의 세계에서 매우 권장할 만한 것이라고 여겨진다. 그러나 나는 그 부르심이 참으로 하나님께로부터 온 것인지 매우 의아스럽다. 하나님의 부르심은 전 세계적이다. 우리를 어디로 부르실지는 하나님만 아신다. 따라서 구원받고 거룩케 된 영혼들은 하나님의 뜻을 행하기로 결단하는 데 스스로 나라와 친척과 상황들을 고려해서는 안 된다. 만일 각자의 소망과 야망에 의해 자신의 제단을 선택하면, 그 이후부터 그의 희생 및 헌신은 하나님께 아무런 가치가 없게 된다.

주님께서는 제자도에 관해 말씀하실 때마다 가장 근본적인 제자도의 사상을 상기시키셨다.

"아무든지 나를 따라오려거든 자기를 부인하고 날마다 제 십자가를 지고 나를 좇을 것이니라"눅 9:23.

예수 그리스도는 아버지의 뜻을 행하기 위해 오셨음을 여러 번 강조하셨다.

"나는 보내신 이의 일을 우리가 하여야 하리라"요 9:4.

그러므로 주님의 첫째 순종 대상은 사람의 필요가 아니라 하나님의 뜻이었다. 주님은 그 어디에서도 희생제단을 스스로 선택하신 적이 없다. 오직 하나님께서 그분을 위해 희생의 장소를 선택해주셨다. 그러면 주님은 아버지의 목표가 이루어질 수 있도록 자신의 삶을 기꺼이 순종의 희생제사로 드렸다.

"아버지께서 나를 보내신 것같이 나도 너희를 보내노라"요 20:21.

구별의 위상

자신을 구별하여 바치는 이유가 인류를 위한 것인가 아니면 하나님을 위한 것인가? 하나님을 위한다고 하면서 놀랄 정도의 열심과 정열과 힘을 쏟는 사람들이 있다. 나아가 순교까지 한다. 그럼에도 결국 의미 없는 헌신이 되는 수도 있다. 이렇게 허망한 경우는 자신들이 직접 헌신의 장소를 선택하기 때문이다. 하나님께서는 우리가 무엇보다 성도로서의 부르심을 받기를 원하신다. 곧 주님의 뜻을 행하기를 원하시는 것이다. 이러한 참된 헌신의 자세는 우리에게 가장 생생한 신앙적인 체험을 하게 한다. 그 이유는 이러한 헌신이야말로 예수 그리스도를 향한 인격적이고 열정적인 헌신이기 때문이다.

바울은 실제로 "내가 내게 있는 모든 것으로 구제하고 또 내 몸을 불사르게 내줄지라도 사랑이 없으면 내게 아무 유익이 없느니라"고 했다고전 13:3. 이 부분이 우리의 헌신에서 가장 많이 속는 부분이다. 이때 사람들이 속는 이유는 주님을 위해서가 아니라 자신의 어떤 대의명분을 위해 헌신하기 때문이다. 보통 이러한 잘못된 헌신을 하는 사람들을 보면 스스로 종교의 가장 심오한 비밀을 접했다고 착각한다. 그러나 실제로는 자신의 인간적인 영웅 심리에 속았을 뿐이다. 사실 그들은 기독교의 가장 근본적인 영적 비밀에 대해 아무것도 알지 못한다. 기독교는 살아계신 예수님께 온 마음을 다해 나 자신을 완전하게 드리는 것이다. 참된 헌신이란 주님을 통해 얻게 될 다른 어떤 대의명분을 위한 것이 되어서는 안 된다. 그것은 예수님의 이름을 빙자한 어떤 자선단체를 위한 것이 아니라, 오직 예수님께 전인격적으로 모든 것을 드리는 것을 말한다.

바울은 "우리는 우리를 전파하는 것이 아니라 오직 그리스도 예수의 주 되신 것과 또 예수를 위해 우리가 너희의 종 된 것을 전파함이라"고후 4:5고 했다. 바울은, 우리가 사람들의 종이 된 이유는 그들의 필요가 우리를 사로잡았기 때문이 아니라 예수 그리스도께서 우리의 주가 되시기 때문이라고 말한다. 즉, 이 시대의 절박한 필요와 절규하는 소리를 들었기 때문이 아니라 주 예수 그리스도께서 우리를 구원하셨고 거룩케 하셨으며 지금 우리 삶의 주가 되셔서 무의식 가운데 우리를 다른 사람의 종이 되게 하셨기 때문이다. 한마디로, 주님 때문에 섬기는 것이다. 이것이 바로 하나님께서 정하신 제단 위에서 번제를 드리는 비결이다.

구별의 열정

만일 우리의 열정이 '영혼을 향한 열정'이 아니라면 아주 위험한 열정이 된다. 사회주의자들도 영혼을 향한 열정을 가지고 있다. 그러나 그리스도인의 영혼을 향한 열정은 사람 때문이 아니라 주 예수 그리스도 때문에 발생한다. 이것이 선교 사역의 가장 중요한 핵심이다. 하나님을 아는 지식이 없어 멸망하는 이방인들이 내가 선교하는 주요 원인이 되어서는 안 된다. 이러한 동기로 선교할 경우 시작할 때는 강한 의지를 보이지만 얼마 가지 않아 고갈된다.

설교자가 청중 및 헌신 가능자를 데리고 겟세마네 동산으로 가 본다고 하자. 깊은 밤 조용한 동산이 보인다. 희미한 달빛이 나뭇잎 가운데 흐르고 그곳에 땅바닥에 엎드린 우리 왕이신 주님이 보인다. 그분은 구속주시며 하나님이시다. 그분의 몸은 피처럼 흐르는 땀에 범벅이 되어 있다. 마치 두꺼운 이슬로 덮인 것 같아 보인다. 이 장면을 성령께서 설교자와 청중에게 깨닫게 하신다.

"이것이 내가 너를 사랑하기 위해 치르는 대가이니라."

설교자와 청중의 마음이 전부 갈보리로 향한다. 그곳은 그리스도의 십자가가 있는 곳이며 시간의 세계와 영원의 세계가 만나는 '역사적인 곳'이다. 그 후 성령의 열정과 능력이 사람들의 마음, 머리, 생각을 사로잡더니 "밧줄로 절기 제물을 제단 뿔에 맬지어다"시 118:27. 즉, 그들의 삶이 하나님의 뜻대로 마음껏 사용될 수 있도록 바쳐진다.

수척하고, 배고프고, 죄로 물든, 상한 심령의 사람들을 보는 것도 중요하다. 그러나 그것만으로 하나님의 나라를 세우는 데는 불

충분하다. 이들의 얼굴을 보면서 그 뒤에 "그의 모양이 타인보다 상하였고 그의 모습이 사람들보다 상하신" 주님의 얼굴을 볼 수 있어야 한다사 52:14. 그분은 온 세계의 고통을 그분의 가슴에 안고 고통을 당하신 분이다. 주님께서 당하신 그 고통이 우리 마음속에 임해야 한다. 그때에야 우리는 영원토록 주의 것이 되면서 주님 지신 십자가의 성찬의 잔을 마시는 것이다. 즉, 나의 몸과 영혼이 완전하게 그리스도의 것과 일치하게 된다.

05

영혼을 얻는 기쁨

주님의 목적을 향해 쇠하여짐

"그는 흥하여야 하겠고 나는 쇠하여야 하리라"요 3:30.

이 땅에서 가장 섬세한 사명은 예수님을 위해 영혼을 얻는 것인데, 이때 그 영혼으로 하여금 우리에게 매력과 애착과 사랑을 느끼게 해서는 안 된다. 세례 요한은 위 구절을 낙심이나 굴욕의 슬픔 가운데 말하지 않았다. 오히려 자신의 입장을 분명하고 열정적으로 실현하려는 자세를 보이고 있다.

우리는 기독교 사역자로서 가장 거룩한 사업을 다룬다. 그 사업은 예수님을 위해 영혼을 얻는 것이며 신랑인 주님과 신부인 교회와의 거룩한 관계를 위해 애쓰며 섬기는 것이다. 이 일을 할 때 우리는 개인적 성향 및 기분 때문에 신랑에 대해 잘못된 인상을 주어서는 안 된다. 특히 신붓감이 될 만한 사람을 우리의 못난 모습 때문에 쫓아내는 일이 없도록 특별한 주의를 해야 한다. 우리는 주님을 위해 이곳에 있을 뿐이다. 따라서 우리는 주님의 명예에 손상을 끼치지 않도록 주의해야 한다. 종종 이 일은 영혼들로 하여금 우리 자신의 매력에 빠지게 하기보다 오직 예수 그리스도의 매력에 빠지게 하는 일을 의미한다.

특별히 청중의 마음속에 공적으로 외쳐진 복음에 의해 주님의 모습이 새겨지도록 해야 한다. 설교자의 인상이 그들에게 새겨지면 그들의 마음속에서는 복음에서 제시된 예수님의 인상이 사라진다. 특히 자신을 멋지게 드러내려는 사역자는 예수 그리스도보다 예수님께서 자신에게 행하신 것만을 제시함으로써 오히려 영혼들이 주님께 오는 것을 막는 방해꾼이 된다. 이때 그들은 "얼마나 멋진 사람인지!"라고 칭찬을 받지만, 그들은 예수님을 가리운 것이다. 이러한 사역자는, 자신은 언제나 흥하여야 하고 예수 그리스도는 쇠하여야 하는 사역자이다.

주님의 능력을 향해 인도함

영적인 느낌은 첫사랑을 느끼는 것처럼 예리하고 섬세하다. 인간의 영혼 속에서 가장 절묘한 느낌은 주님과 첫사랑에 빠질 때 느끼는 처음 기분이다. 모든 것 위에 가장 뛰어나시고 아름다우신 예수 그리스도! 말씀의 사역자는 주님 앞에서 그리스도인으로서 예절을 갖추고 주의 메시지로 그분의 배우자를 찾아야 한다. 이때 우리는 우리의 메시지에 의해 청혼을 받은 영혼들이 주님을 향해 진정한 열정과 사랑이 생기는지를 확인해야 한다. 이때 그 과정에서 중매자인 사역자는 전혀 보이지 않아야 하고 그들이 주님을 만나게 되면 사역자는 더 이상 필요하지 않기 때문에 뒤로 빠져야 한다. 오직 신랑의 친구가 아닌 거짓 사역자만 그들 틈에 끼어들어 그들을 주님께 헌신하는 사람이 아니라 자신을 따르는 광신자로 만든다. 그들을 주님 앞으로 인도하는 대신 그들을 꾀어 자신의 집단에 소속하게 하고 자기의 개인적 관점을 배우게 한다. 그러나 세례 요한의 기쁨은 신랑의 친구로서의 기쁨이었다. "마침내 저들이 신랑을 만났도다!", "그는 흥하여야 하겠고 나는 쇠하여야 하리라." 세례 요한의 말은 슬픔이 아니라 기쁨 가운데 한 것이다.

하나님을 위해 영혼들을 보살피는 자는 그 영혼들로 하여금 주님을 바라보게 한다. 만일 그들에게 절대적 존재가 되어버린다면 당신은 하나님의 질서에서 벗어나 하나님의 자리를 차지하는 것이다. 주님께서 가장 필요로 하는 사역자는 신랑의 친구 역할을 하는 사역자이다. 당신이 선하고 순결해야 하는 이유는 사람들로 하여금 당신이 아니라 예수님께로 인도하기 위해서이다. 만일 당신의 거룩함이 사람들을 주님께로 인도하지 못한다면 이는 궤도에서 이탈한 잘못된 거룩이다. 이러한 자기 중심적인 거룩은 오히려 다른 영혼들의 부적절한 애착심을 부추겨 곁길로 빠지게 한다. 이러한 종류의 사역자는 신랑의 친구가 아니며 사람의 동정심에 덫을 놓는 자로서 가장 위험한 사람이다. 어느 날 자기 중심적인 사역자에게 속은 영혼들이 말할 것이다.

"그 사람은 신랑의 친구가 아니었다. 그는 영혼의 도둑으로서 예수 그리스도를 향한 나의 애착을 앗아간 사람이다. 나는 그에게 속아서 비전을 잃었다."

주님의 공급하심 가운데 기뻐함

당신이 어떤 영혼에게 영향을 미쳤을 때 그 영혼이 주님의 요구를 보기 시작한다면 제대로 가고 있는 것이다. 그때 그 영혼이 주님의 요구를 따르는 것을 어려워해도 도우려고 하지 말라. 대신 그들이 수십 배 더 강해지도록 중보 기도하라. 이 땅이나 지옥의 그 어떤 권세도 예수 그리스도로부터 그 영혼을 앗아가지 못하도록 기도하라눅 14:26. 잘못된 자세를 가지고 기뻐하지 않도록 주의하라. 언제나 옳은 마음을 가지고 기뻐하도록 하라.

"신부를 취하는 자는 신랑이나 서서 신랑의 음성을 듣는 친구가 크게 기뻐하나니 나는 이러한 기쁨으로 충만하였노라"요 3:29.

우리가 죄를 지을 때와 신랑의 친구로서 살지 못할 때 영혼들이 주께 오는 것을 방해하게 된다. 당신이 하나님을 의지하는 삶에 대해 설교하고 그러한 삶이 얼마나 아름다운지 증거했다고 하자. 그런데 당신은 설교를 마친 후 곧장 삶의 염려에 빠지더니 하나님을 조금도 의지하지 않고 잔꾀를 부린다고 하자. 청중들은 이러한 모습을 보고 말할 것이다.

"결국 다 위선이었군. 그 어디에도 의지할 만한 전능하신 그리스도는 없어. 잠시 잠깐의 감상이었어."

결과적으로 당신의 행동으로 인해 사람들에게 남은 인상은, 예수 그리스도는 당신에게 진짜가 아니었다는 것이다.

"요한은 아무 표적도 행하지 아니하였으나 요한이 이 사람예수님을 가리켜 말한 것은 다 참이라" 요 10:41.

인격적으로 주님께 헌신함

그리스도를 향한 우정과 충성을 유지하기 위해서는 다른 그 어떤 것보다, 심지어 순종하느라 주님을 망각하기보다 주님과의 살아 있는 관계를 유지해야 한다. 즉, 주님과의 관계에 가장 많이 유의해야 한다. 가끔 특별히 순종할 것 없이 단조로운 삶이 계속 되풀이되는 때가 있다. 그때에도 계속 주님과 당신 사이에 아무것도 끼어들지 못하도록 살펴서 예수 그리스도와의 생동감 있는 관계를 유지해야 한다. 물론 특별히 순종할 것이 있을 때는 더욱 순종해야 한다. 삶의 위기가 찾아오면 하나님의 뜻을 찾아 철저하게 순종해야 한다. 그러나 대부분의 삶에서는 의식적인 순종보다 주님과의 관계를 유지하는 것이 더 필요하다.

사역자가 자신의 눈을 성공적인 사역에 고정하는 것은 기독교 사역자에게 위험한 함정 중 하나이다. 그 이유는 성공의 욕망이 우리의 마음을 빼앗아 예수 그리스도께 집중되는 것을 방해하기 때문이다. 성공적인 사역에 마음이 빼앗기면 우리는 시간이 지나면서 신랑의 친구가 되는 대신에 주님을 대적하는 자들이 된다. 나아가 주님께서 주의 사역을 위해 사용하라고 주신 영적 무기를 오히려 주님을 대적하는 데 사용한다. 이들은 하나님의 섭리를 운운하지만 실제로는 얕은 꾀를 사용하며 상황을 조작하려 한다. 신랑이 말할 때 그 음성을 들으려 하지 않는다.

  사역자는 자신이 완전히 보이지 않을 때까지 쇠하여야 한다. 그래서 아무도 그를 기억하지 않을 정도가 되어야 한다. 이것이 바로 진정한 사역자가 가져야 할 헌신의 자세이다. 세례 요한은 자신이 쇠하고 주님이 흥하는 것이 자신의 기쁨이라고 말했다. 한 영혼의 생명이 신랑의 음성을 들을 때까지 기다리라. 아무리 그에게 큰 곤경이 있어도, 곤경 때문에 그의 마음이 어렵더라도, 그에게 건강의 문제가 있어도, 그가 신랑의 음성을 들을 때까지 기다리며 기도하라. 그러나 마침내 신랑의 음성이 들리면 그로 인해 하늘의 기쁨으로 기뻐하라.

06

인간적인 사랑과 신적인 사랑

"사랑은 언제까지나 떨어지지 아니하되 예언도 폐하고 방언도 그치고 지식도 폐하리라"고전 13:8.

얼마나 멋진 구절인가! 그렇다면 이 사랑의 실체는 얼마나 더 멋지겠는가! 하나님의 마음과 목적을 방대하게 알려주는 예언보다 더 위대한 사랑! 산을 옮길 만한 실질적인 믿음보다 더 위대한 사랑! 자신을 불사르기까지 내어주는 박애주의적인 희생보다 훨씬 더 큰 사랑! 그 어떠한 감정과 황홀함과 방언 등의 예외적인 은사보다 더 위대한 사랑! 그 사랑은 우리에게 주어진 성령에 의해 우리 마음 가운데 넓게 부어진 사랑이다.

최고의 인간적 사랑

"사람이 친구를 위하여 자기 목숨을 버리면 이보다 더 큰 사랑이 없나니"요 15:13.

이 멋진 구절은 전쟁 중에 자주 인용되는 구절로서 그 의미가 과

장되거나 축소되어 본래 의미를 벗어날 때가 많다. 그러나 이 말씀은 주 예수 그리스도의 말씀으로서 위대하게 서 있다. 이 구절은 최고의 신적인 사랑을 말하는 것이 아니라 최고의 인간적인 사랑을 보여준다. 사실 친구를 위해 자신의 생명을 내어놓는 사랑은 종교적인 믿음과 상관없다. 종교적인 믿음이 부족해도 친구를 위해 목숨을 버리는 것은 가능하다. 인류 역사를 보면 무신론자이든, 이방인이든, 성도이든, 죄인이든 상관없이 친구를 위해 자신의 목숨을 버리는 최고의 인간적인 사랑을 보인 사례들은 많다.

전쟁 중에는 종종 이러한 위대한 인간적 사랑이 최상에 이른다. 그러나 아쉽게도 기독교 교회 내에는 위대한 희생적 사랑의 조짐이 보이지 않는다. 자신을 고려하는 사랑은 단지 연약하고 이기적이고 낭만적인 사랑일 뿐이다. 대부분의 사람들은 자신을 고려하는 사랑의 차원에서 벗어나지 못한다. 심지어 자신을 고려하는 사랑을 차원 높은 사랑이라고 속기도 한다. 결국 연약한 감상을 사랑이라고 오해한다.

"최상의 주님께 나의 최선을 드립니다"라는 표어는 위대한 예술가 와츠G. W. Watts의 표어였다. 이 표어는 전쟁을 치르는 수많은 젊은이들의 마음을 사로잡았다. 이 표어에 따라 수많은 젊은이들이 자신의 생명을 던짐으로써 그들의 이름이 사망자의 명단에 남게 되었다. 최고의 인간적 사랑은 종교적 믿음과 전혀 관계 없다는 사실을 잊지 말라. 예수 그리스도의 이 강력한 발언이 왜곡되는 이유는 주님의 말씀의 핵심을 오해하기 때문이다.

아마 최고의 인간적 사랑을 잘 보여주는 가장 멋진 성경적 사건은 사무엘하 23장 15-17절일 것이다.

"다윗이 소원하여 이르되 베들레헴 성문 곁 우물 물을 누가 내게 마시게 할까 하매 세 용사가 블레셋 사람의 진영을 돌파하고 지나가서 베들레헴 성문 곁 우물 물을 길어 가지고 다윗에게로 왔으나 다윗이 마시기를 기뻐하지 아니하고 그 물을 여호와께 부어드리며 이르되 여호와여 내가 나를 위하여 결단코 이런 일을 하지 아니하리이다 이는 목숨을 걸고 갔던 사람들의 피가 아니니이까 하고 마시기를 즐겨하지 아니하니라 세 용사가 이런 일을 행하였더라."

최고의 신적 사랑

"우리가 아직 죄인 되었을 때에 그리스도께서 우리를 위하여 죽으심으로 하나님께서 우리에 대한 자기의 사랑을 확증하셨느니라"롬 5:8.

이 구절은 신적인 사랑의 특징을 말한다. 하나님께서는 '친구'가 아니라 '원수'를 위해 생명을 내려놓으신다. 이 사랑은 인간적 사랑이 아니다. 이 말은 사람이 원수를 위해 자신의 생명을 내려놓을 수 없다는 뜻이다. 즉, 주님의 구속을 통해 신적인 속성을 받지 않고서는 그 어떤 인간도 이렇게 사랑할 수 없다는 뜻이다.

지금 이 언급은 진화론의 사상을 가진 많은 현대인들에게는 매우 생소하다. 그 이유는 그들의 사상에 의하면 인간과 신 사이에는 그 어떠한 간격도 있을 수 없기 때문이다. 그들은 인간적 사랑과 신적 사랑은 하나이며 같은 것이라고 주장한다. 그러나 실제로 이 둘은 전혀 같은 것이 아니다. 물론 인간의 덕과 하나님의 속성은 하나이며 같은 것이라고 오해하기 쉽다. 그러나 이것 역시 실제로는 사실과 거리가 먼 이야기이다. 우리는 우리의 생각을 사실들에 맞게 조정해야 한다.

죄가 들어온 이후 인간적 사랑과 신적 사랑 사이에, 인간의 덕과 하나님의 속성 사이에 균열이 발생했다. 따라서 현재 인간의 속성에서 우리가 보는 선한 것들은 단지 신성의 잔재 및 굴절일 뿐이다. 주님께서는 분명히 어떤 사람이 자신의 인격 안에 인간적 요소와 신적 요소를 동시에 소유하려면 반드시 위로부터 거듭나야 한다고 말씀하셨다. 이론상으로는 인성적 요소와 신적 요소가 하나이지만, 현실적 삶 속에서는 죄가 이 둘을 따로 분리시켰다. 그러나 예수 그리스도께서는 그분의 속죄의 효력에 의해 이 둘을 다시 하나로 만드셨다. 따라서 죄가 실제하는 한, 이 구분은 신학적으로도 우리 현실 속에서 증명될 수 있다.

"하나님께서 … 자기의 사랑을 확증하셨느니라."

아버지의 사랑, 어머니의 사랑, 아내, 연인 등 인간관계는 하나님의 사랑을 설명하기 위해 사용될 수 있다. 그러나 비유를 위한 설명일 뿐, 하나님의 사랑과 인간들 간의 사랑이 일치되는 것은 아니다. 즉, 인간적 사랑은 신적 사랑을 설명할 수 있다. 그러나 인간적 사랑은 죄 때문에 신적 사랑과 일치될 수 없다. 하나님의 사랑은 인간의 차원에서 볼 때 매우 이상하기 때문에 사람들은 그분의 사랑을 보지 못한다. 오직 우리가 자신의 죄와 패역함에 가책을 느끼게 될 때, 비로소 "우리가 아직 죄인 되었을 때에" 우리를 사랑하시는 하나님의 위대한 사랑을 깨닫게 된다.

테니슨Tennyson은 위험스러울 정도의 말을 했다.

"우리가 만일 최고를 보게 된다면 반드시 그 대상을 사랑하게 될 것이다."

이 말이 틀린 이유는, 주님께서 이 땅에 계실 때 사람들은 자신들 앞에 서 계신 최고의 대상을 보았지만 오히려 그분을 미워했고 나아가 십자가에 달아 죽였기 때문이다. 이사야 선지자의 말은 우리를 부끄럽게 하지만 정확하게 맞는 말이다. 우리가 최고의 대상을 만나면 우리는 그분을 "마른 땅에서 나온 줄기 같아서 고운 모양도 없고 풍채도 없은즉 우리의 보기에 흠모할 만한 아름다운 것이 없는" 분으로 여긴다.

가장 높은 신적 사랑은 말로는 다 표현할 수 없는 갈보리의 비참함 가운데서 드러났다. 뿐만 아니라 신적 사랑은 그 신적 생명이 나사렛에서 30년을 계심으로, 또한 3년간의 공생애 중에 욕설과 미움과 비방을 받는 가운데 드러났으며, 앞으로 재림하실 때 드러날 것이다.

십자가는 시간 및 영원의 세계에서 최상의 순간이다. 십자가에서 신적 사랑의 속성이 가장 집중적으로 드러난다. 하나님께서는 십자가를 통해 주께서 친히 창조하신 이 세상에서 자기의 생명을 내놓으셨다. 이 세상은 고작 인간들이 자신의 이기적인 욕심을 채우는 장소인데도 말이다. 하나님은 인간들이 하나님의 뜻을 대항하며 세운 문명 세계를 향해 오래 참아오셨다. 심지어 이 세상의 역사 가운데 십자가 위에서 주님의 생명을 내놓으셨다. 하나님께서 그분의 원수들을 위해 우리 주 예수 그리스도의 죽음과 삶을 통해 자신의 모든 것을 내놓으신 것이다. 따라서 십자가에서 신적 사랑과 인간적 사랑 사이에 죄로 인해 생겼던 그 무한한 간격이 제거되었고 인간적 사랑은 신적 사랑 안에 다시 안기게 되었다. 바로 이 사랑이 "언제까지든지 떨어지지 아니하는" 사랑이다.

최고의 기독교의 사랑

"이제부터는 너희를 종이라 하지 아니하리니 종은 주인이 하는 것을 알지 못함이라 너희를 친구라 하였노니"요 15:15.

이 구절은 주님께서 최고의 인간적 사랑을 최고의 신적 사랑에 연결시키신 가장 멋진 방법을 말한다. 이 연결은 주님의 제자들 안에서 이루어지고 있다. 이 말씀은 친구를 위해 자기 목숨을 내려놓는 점을 강조하고 있다. 그러나 그 상황은 어떤 비참한 위기를 말하거나 감상적 사랑 속에서 자기 목숨을 내어놓는 그러한 상황이 아니다. 오히려 매일의 현실적인 삶 속에서 자기 희생을 강조하고 있다. 즉, 평범한 일들 가운데서 신적인 주님께서 주님의 인간 친구들을 위해 매일 마음과 뜻을 다해 목숨을 버리는 것을 의미한다. 이것이 바로 "언제까지든지 떨어지지 아니하는" 사랑이다. 이 사랑은 인간적인 사랑 혹은 신적인 사랑이 아니라, 신적이며 동시에 인간적인 사랑이다. 이 사랑은 예수님의 거듭난 제자들에게만 나타난다.

'경제', '보험', '정책' 등 현실 속에서 우리가 사용하는 단어들은 사람들의 마음이 얼마나 강퍅한지를 보여준다. 이러한 단어들은 완곡어로서 우리가 얼마나 하늘 아버지를 지독할 정도로 불신하는지를 의미한다.

"그러므로 하늘에 계신 너희 아버지의 온전(완전)하심과 같이 너희도 온전(완전)하라"마 5:48.

여기서 '완전함'의 의미를 알기 위해 이 구절과 관련된 다음 문맥을 보아야 한다.

"이같이 한즉 하늘에 계신 너희 아버지의 아들이 되리니 이는 하나님이 그 해를 악인과 선인에게 비추시며 비를 의로운 자와 불의한 자에게 내려주심이라"마 5:45.

주님은 '완전함'을 말씀하시면서 우리의 현실적 삶 속에서의 인간관계가 어떠해야 하는지를 분명하게 보여주신다. 곧 그들이 누구이든 상관없이 하늘 아버지께서 우리에게 보여주신 친절과 관용을 그들에게도 보이라는 것이다. 고린도후서 4장 7-11절을 보면, 바울의 삶에는 이상적인 조건이 하나도 없음을 알 수 있다.

"우리가 이 보배를 질그릇에 가졌으니 이는 심히 큰 능력은 하나님께 있고 우리에게 있지 아니함을 알게 하려 함이라 우리가 사방으로 우겨쌈을 당하여도 싸이지 아니하며 답답한 일을 당하여도 낙심하지 아니하며 박해를 받아도 버린 바 되지 아니하며 거꾸러뜨림을 당하여도 망하지 아니하고 우리가 항상 예수의 죽음을 몸에 짊어짐은 예수의 생명이 또한 우리 몸에 나타나게 하려 함이라 우리 살아 있는 자가 항상 예수를 위하여 죽음에 넘겨짐은 예수의 생명이 또한 우리 죽을 육체에 나타나게 하려 함이라."

바울은 자신의 삶의 현실적 조건 속에서 "최상의 주님께 나의 최선을 드리는" 삶을 살았다. 이 삶은 바로 그리스도인들이 살아야 할 '완전한' 삶으로서 주님에 의해 성도들에게 맡겨진 사랑의 삶이다. 최고의 기독교적 사랑은 일이나 명분이 아니라 오직 예수 그리스도께 헌신하는 것이다. 예수님의 유년 시절에 요셉과 마리아의 마음에 근심과 놀라움을 준 사건이 있었는데, 그 사건은 예수님께서 아버지 집에 거하셨던 사건이었다.

"예수께서 이르시되 어찌하여 나를 찾으셨나이까 내가 내 아버지 집에 있어야 될 줄을 알지 못하셨나이까 하시니 부모가 그가 하신 말씀을 깨닫지 못하더라"눅 2:49-50.

예수님을 찾는 명분이나 수고도 좋았지만 이들이 예수님을 향해 취한 사랑은 온전치 못한 사랑이었다. 오직 예수님을 위해 목숨을 버릴 때에만 언제까지 떨어지지 않는 기독교적 사랑을 드러낼 수 있다. 주님께서는 당시 바리새인과 열심당원들의 명분에 자신을 일치시키지 않으셨다. 따라서 사회적 관점에서 예수님은 잘못되고 문제가 많은 사람이었다. 그럼에도 예수님께서는 하나님의 종으로서 자신의 생명을 내려놓으셨다.

"그러므로 예수도 자기 피로써 백성을 거룩하게 하려고 성문 밖에서 고난을 받으셨느니라 그런즉 우리도 그의 치욕을 짊어지고 영문 밖으로 그에게 나아가자 우리가 여기에는 영구한 도성이 없으므로 장차 올 것을 찾나니"히 13:12-14.

"언제까지든지 떨어지지 아니하는 사랑"고전 13:4-8으로 주님께서 다른 사람을 향해 가지신 관심에 자신을 일치시키자. 그리고 이러한 영광스러운 삶의 기회를 주신 하나님께 감사드리자.

07

그리스도를 향한 열정

"내 증인이 되리라" 행 1:8.

이 말씀은 부활하신 주님께서 승천 직전에 하신 말씀이다. 우리는 '영혼을 향한 열정'이 '그리스도를 향한 열정'과 경쟁하지 않도록 주의해야 한다. 성령께서 주님의 구속을 우리 안에 실제적으로 나타내시면 우리 안에 큰 열정이 발생하는데, 바로 '예수 그리스도'를 향한 열정이다.

우리의 증거는 예수님께서 내게 이루신 일들과 그분이 하실 수 있는 일에 대한 것이 아니다. 우리가 어느 곳에 있든지 예수님의 마음을 가장 기쁘게 하는 것은 예수님을 증거하는 것이다. 현대 기독교의 위험은 주 예수 그리스도를 주인공으로 하지 않고 그분으로부터 점점 멀어지는 데 있다.

그리스도인의 체험은 생각이 아니다. 하나님께서 인간의 삶 가운데 어떻게 역사하시는가를 생각해내는 것을 '체험'이라고 하지 않는다. 하나님께서 구하는 자에게 성령을 주신다는 것을 신학적으로 말할 수 있는 능력을 '체험'이라고 말하지도 않는다. 이러한 것들은 기독교적 사고방식은 될 수 있어도 그리스도인의 체험은 아니다. 그리스도인의 체험이란 성령의 놀라운 능력으로 이러한 생각들을 현실 속에서 살아내는 것이다.

내 안에서 역사하시는 성령은 다른 사람들로부터 나의 신앙 체험에 대해 "얼마나 멋진 체험인가!"라는 칭찬을 듣게 하지 않는다. 내 안에 성령이 역사하시면 가장 뚜렷하게 드러나는 현상은 오직 주 예수 그리스도와의 사랑에 푹 빠지는 것이다. 그래서 예수님만을 향해 열정과 헌신이 타오르게 된다.

'열정'Passion은 놀라운 단어이다. 적극적 의미로는 타오르는 열과 감정을 의미하지만, 소극적 의미로는 엄청난 고통 및 인내를 의미한다. 영적으로 이 의미는, 우리를 위해 고난을 당하신 주님을 향해 우리의 열정이 강하게 타오르는 것을 의미한다. 하나님께서는 우리가 성령에 사로잡혀서 열정적인 예수 그리스도의 증인이 되기를 원하신다.

다음 구절은 성령을 기다리는 내용들이다.

"이는 그를 믿는 자들이 받을 성령을 가리켜 말씀하신 것이라(예수께서 아직 영광을 받지 않으셨으므로 성령이 아직 그들에게 계시지 아니하시더라)"요 7:39.

"내가 아버지께 구하겠으니 그가 또 다른 보혜사를 너희에게 주사 영원토록 너희와 함께 있게 하리니"요 14:16.

"이 말씀을 하시고 그들을 향하사 숨을 내쉬며 이르시되 성령을 받으라"요 20:22.

성령의 영향력과 능력은 성령께서 공식적으로 이 땅에 오시기 전, 곧 오순절 전에도 이미 역사하셨다. 사람을 변화시키는 것은 성령의 세례가 아니다. 성령의 세례는 그리스도께서 승천하셔서 영광을 받으신 증거이다. 사람의 변화는 승천하신 그리스도의 능력이 성령을 통해 사람의 생명에 임하게 될 때 나타난다. 성령은 주님의 구속의 선상에서만 역사한다. 이를 꼭 기억하라. 즉, 성령은 구속 및 구속의 완성을 위해 일하신다. 그러므로 성령의 엄청난 능력은 구원받은 자들의 체험을 언제나 하나님께로 인도한다. 궁극적으로 말하면 구속을 통해 완성될 새하늘과 새땅의 완전한 체험도 우리로 하여금 하나님께로 항상 인도할 것이다.

"진리의 성령이 오시면 … 그가 내 영광을 나타내리니"요 16:13-14.

인간의 마음만으로는 주님께서 요구하시는 만큼 주 예수님을 사랑할 수 없다. 예수님의 요구는 "무릇 내게 오는 자가 자기 부모와 처자와 형제와 자매와 더욱이 자기 목숨까지 미워하지 아니하면 능히 내 제자가 되지 못하"는 것이다눅 14:26. 예수님의 이 강한 요청은, 이 땅에서 다른 어떤 관계보다 훨씬 더 주님을 사랑해야 한다는 것이다. 어떻게 이것이 가능한가? 사람으로는 할 수 없다. 오직 주 예수 그리스도를 가장 유일하게 사랑하시는 성령을 받을 때만이 가능하다. 성령이 우리 마음에 계실 때만이 우리는 예수 그리스도를 열정적으로 사랑할 수 있다. 성령이 우리 마음에 계시면 우리의 삶을 통해 치유 및 축복의 생수의 강이 흘러넘치게 된다. 한편 우리는 오직 예수 그리스도 때문에 예수님만을 위해 모든 것을 드리며 모든 것을 참고 견

딘다.

　사람을 구원하는 것은 영혼을 향한 우리의 열정이 아니다. 사실 영혼을 향한 열정만 가진 사람은 결국 심한 마음의 상처와 함께 슬퍼하며 낙심하게 된다. 그러나 성령에 의해 만들어진 그리스도를 향한 열정은 이 세상과 정욕과 마귀가 만들어낼 수 있는 그 어떤 고통보다 더 깊은 곳까지 내려갈 수 있다. 즉, 주님께서 내려가셨던 그곳까지 곧바로 내려갈 수 있다. 그러므로 그리스도를 향한 열정만이 그 어떠한 난관과 역경도 다 이길 수 있다. 성령이 역사하시면 우리의 마음과 생각은 어떠한 상황에서든지 그리스도 예수를 향한 열정으로 타오르게 된다. 따라서 어떠한 고통도 감당할 수 있다. 이때 예수님은 그 영혼에 타오르는 열정을 보고 만족하신다.

　하나님께서는 우리에게 어떤 사람이 구원을 받을 수 있다고 믿으라고 말씀하신 적이 없다. 우리가 어떤 사람을 지옥에서 끄집어낼 수 있다고 믿는다고 해서 그 사람을 끄집어낼 수 있는 것이 아니다. 사실 우리가 지옥에 합당한 사람들을 본다면 우리의 영혼과 마음은 마비되어 그 사람들이 구원을 받을 수 있다고 생각하지 않을 것이다. 하나님께서는 누구든지 구원을 받을 수 있다고 하셨다. 그러나 당신이 생각하는 그 누군가가 반드시 구원을 받을 수 있다고 믿으라고 말씀하지는 않으셨다. 하나님은 그 사람을 구원할 능력이 예수님께 있음을 믿으라고 당부하신다. 사람의 구원은 주님의 손에 달려 있다.

　이 세상에는 너무나 무서운 일들이 많다. 사람들의 마음은 악으로 둘러싸인 무서운 현실 가운데 무너져 있다. 성령이 우리 안에 임하시더라도 그러한 악한 현실은 당장 바뀌지 않는다. 그러나 이 모든 죄악과 무질서 가운데 위대하고 멋진 한 분이 등장한다. 바로 주 예수 그리스도이시다. 성령께 사로잡힌 사람은 자신 안에서 그리스도의 구속의 역사가 임한 것을 알고 말한다.

"주여, 주님이 아십니다."

이러한 사람을 통해 구원의 사역은 계속 진행된다. 갈라디아서 2장 20절 말씀은 성령이 역사할 때 나타나는 그리스도인의 체험을 언급한 것이다.

"나는 그리스도의 것이며 그분은 나의 것이라."

이는 열정의 실체를 표현한 것으로서 '나'라는 존재가 예수 그리스도와 하나가 된 멋진 체험을 의미한다. 바울은 예수님께 너무나 사로잡혀 자신이 예수 그리스도와 일치된 이 놀라운 사건 외에는 아무것도 생각하지 못하고 있다. 일치는 연합보다 더 가까운 개념이다. 성경은 일치를 나무와 가지의 연결로 설명한다. 예수님은 자신을 '나무'로 비유하시고 우리를 향해 "너희는 가지"라고 하셨다. 예수님과 우리의 하나됨은 예수님께서 아버지와 하나된 만큼 가까운 것이다.

바울은 그의 인생에서 화산이 폭발할 듯한 사건을 당한 적이 있었는데, 바로 그의 모든 완고함이 성령의 폭탄에 의해 무너진 사건이다. 물론 많은 사람들이 얻어맞고 깨어지지만 그럴 필요가 없는 사건들도 많다. 인생 가운데 가장 큰 문제와 아픔과 실망과 곤경은 일반적으로 인간의 완고함 때문에 찾아온다. 따라서 우리는 완고함을 버리고 예수 그리스도의 놀라운 속죄를 단순하고 진실되게 믿도록 간구해야 한다. 그 믿음 가운데 우리는 성령을 받게 된다. 그러면 성령은 우리로 하여금 주님을 열정적으로 사랑하게 만드신다. 그리스도를 향한 이 뜨거운 사랑이 우리로 하여금 우리가 어디에 있든지 예수님을 증거하게 한다. 이러한 자들을 주께서 기뻐하시며 인정하신다. 주님께서는 이러한 자들을 믿고 그늘 혹은 양지에 두신다. 이들이 침대에 있을 때나 열심히 발로 뛸 때나 언제나 신뢰하신다. 그리고 주님이 원하시는 곳으로 이들을 보내신다.

하나님께서는 우리 마음속에 '그리스도를 향한 열정'이라는 표어를 두셨다. 성령께서는 모든 상황과 사건 속에서 그리스도를 체험할 수 있도록 역사하신다. 성령은 그리스도께서 우리에게 원하시는 대로 정확하게 행하신다.

08

주님의 고난에 동참하라

"오히려 너희가 그리스도의 고난에 참여하는 것으로 즐거워하라 이는 그의 영광을 나타내실 때에 너희로 즐거워하고 기뻐하게 하려 함이라"벧전 4:13.

하나님께서 우리를 쓰려고 하실 때는 우리에게 아무 의미 없는 듯한 많은 경험들을 겪게 하신다. 이러한 경험들을 통해 우리는 주님의 손에 쓰임받는 데 아주 유용하게 된다. 우리는 세상 관점에서 볼 때 도무지 설명할 수 없는 일들을 경험한다. 하나님께 가까이 갈수록 설명할 수 없는 일들이 더 많이 발생한다. 오직 먼 훗날에 돌아보고 하나님의 말씀으로부터 설명을 얻게 될 때에야 우리는 주께서 그때 왜 그렇게 하셨는지 이해하게 된다. 우리는 하나님께서 목표하시는 것이 무엇인지 알아야 한다. 이것을 아는 것은 그리스도인의 사명 중 가장 중요한 부분이다.

예수 그리스도께서는 '하나님의 뜻에 따라' 고난을 당하셨다. 사람이 사적으로 당하는 그러한 고난이 아니었다. 우리는 예수 그리스도의 위격Person, 인격 안에서 모든 인류를 대표하시는 분을 보게 된다.

믿음의 긴 여정 가운데 고난들

"너희는 나의 모든 시험 중에 항상 나와 함께한 자들인즉"눅 22:28. 예수 그리스도는 자신의 인생을 하나의 시험으로 보셨다. 주님께서 이 땅에 계시는 동안 친히 그 몸으로 시험을 당하셨다. 지금 주님은 우리 안에서 영적으로 같은 시험을 지나신다. 기독교의 근본은 하나님의 아들이 우리 안에서 '살며 기동'하는 것이다. 영적 성장이란 우리의 죽을 육체를 통해 주께서 주님 자신을 드러내실 수 있는 기회가 많아지는 것을 의미한다. 예수님께서 당하신 유혹들은 '인자'가 사람으로서 받으신 시험이 아니라 하나님이 '인자'로서 받으신 시험이다.

"그러므로 그가 범사에 형제들과 같이 되심이 마땅하도다"히 2:17. 예수 그리스도가 당하신 시험들과 우리가 당하는 시험들은 전혀 다른 영역에 속한다. 그러나 우리가 위로부터 거듭나 주님의 형제가 되면 우리의 당하는 시험은 주님의 것과 같아진다.

"거룩하게 하시는 이와 거룩하게 함을 입은 자들이 다 한 근원에서 난지라 그러므로 형제라 부르시기를 부끄러워하지 아니하시고" 히 2:11.

중생으로 인해 하나님의 아들이 우리 안에 조성되신다. 그후 하나님의 아들은 그분이 이 땅에 계셨을 때처럼 이제는 내 안에서 그때와 같은 입장에 계신다. 이는 예수 그리스도의 영예가 내 몸의 삶에 의해 좌우된다는 뜻이다. 내 안에 계신 주님의 생명을 둘러싼 시험들 가운데서 나는 주님께 충성하는가?

유혹이란 어떤 사람의 마음속에 나쁜 것을 취하게 하는 것이 아니라 좋은 것을 지름길로 얻게 만드는 것이다. 사탄은 주님께 광명의 천사로 찾아와 유혹했다.

"당신이 하나님의 아들이라면 하나님의 일을 당신의 방법대로 하라. 사람의 필요를 먼저 채우라. 먼저 사람을 먹이고 병을 치유하라. 그러면 그들이 당신에게 왕관을 씌울 것이다."

그러나 주님은 사탄이 유혹하는 방법으로 왕이 되려고 하지 않으셨다. 주님은 뜻을 다해 사탄이 제안한 지름길을 거절하셨고, 조금도 고생을 피하려 하지 않고 먼 길을 택하셨다요 6:15.

"예수께서 대답하시되 기록된 바 사람이 떡으로만 살 것이 아니라 하였느니라"눅 4:4.

하나님께서 말씀하시는 모든 말씀을 놓치지 않고 다 들을 수 있으려면 오랜 훈련의 기간이 걸린다. 주님께서 아무리 많은 말씀을 주셔도 우리가 배고플 때는 '빵'이라는 한 단어밖에 듣지 못한다. 광신자는 성경을 읽을 때만 하나님의 말씀을 듣는 경향이 있다. 그러나 하나님의 말씀은 세상 역사를 통해서도 온다. 참된 교회를 통해서도, 심지어 자연을 통해서도 온다. 즉, 우리는 어디서나 하나님의 음성을 들을 수 있는 방법을 배워야 한다. 그러나 이 훈련은 많은 시간이 걸린다. 만일 우리가 하나님의 말씀을 한번에 다 들으려고 하면 우리는 체하게 될 것이다.

오랜 기간의 소망을 잃음에 대한 슬픔

"너희가 나와 함께 한 시간도 이렇게 깨어 있을 수 없더냐" 마 26:40.

나는 삶 속에서 예수님과 함께 깨어 있는가? 주님의 뜻을 추구하는가? 아니면 자신의 만족을 추구하는가? 우리는 주님이 우리를 위해 깨어 계시다는 생각은 하지만, 자신이 주님을 위해 깨어 있어야 한다는 인식을 갖지는 못한다. 주님께서 제시하시는 이러한 기준은 오직 몇몇 사람들만 깨달을 뿐, 대부분의 사람들은 주님을 이해할 수 없다.

우리는 상처를 받으면 쉽게 분노한다. 다른 사람들의 부도덕한 죄를 보면 참지 못하고 흥분한다. 그러나 사람들이 분노하는 죄악들보다 더 무한하게 무서운 죄악들이 있다. 하나님을 향한 인간들의 죄악이다. 하나님의 아들은 이 죄악들을 느끼며 괴로워하신다. 하나님의 아들이 느끼는 괴로움을 당신도 느끼는가? 겟세마네 동산에서 주님께서 그 죄의 공포를 고통 가운데 체험하신다. 당신은 인간들의 범죄들과 비참으로 인해 공포를 느끼는가? 아니면 하나님을 대항하는 인간의 교만한 마음을 보면서 공포를 느끼는가? 이 질문은 당신이 주님의 마음과 함께하는가를 시험하는 질문이다.

"네가 만일 하나님의 아들이어든 여기서 뛰어내리라" 눅 4:9.

"만일 당신이 초자연적인 일을 하고 기적과 기사를 행하면 사람들이 당신을 왕으로 모실 것이다. 사람들에게 마법을 걸어라. 전 세계가 당신의 발 앞에 엎드릴 것이다."

사탄의 유혹에 대해 예수님께서 말씀하셨다.

"주 너의 하나님을 시험하지 말라"눅 4:12.

당신은 예수님을 다시 시험하려고 하는가?

"하나님께서 놀라운 기적을 행하신다면야!"

우리에게는 하나님께 초자연적인 기사와 기적을 행하시도록 강요할 권리가 없다. 지금 교회가 당면한 유혹은 하나님의 기적을 통해 '쇼 사업'Show Business을 하려는 것이다. 그러나 하나님께서 우리 안에서 주의 은혜의 기적을 행하실 때는 언제나 철저하게 통제된 질서 가운데 행하신다. 당신은 '정상적인 길'을 무시하고 자아실현을 위한 '지름길'을 택하지는 않는가?

"왜 내가 지금 나를 만족시켜서는 안 되지? 왜 이것저것을 하지 말라는 거야? 왜 지금 내게 보이는 명분에 나 자신을 헌신하지 말라는 거냐고?"라고 주장하며 자아실현을 위한 삶을 사는 것은 아닌가? 그러나 우리에게는 예수 그리스도의 죽으심에 나 자신을 일치시키는 권리 외의 다른 명분에 나 자신을 드릴 권리가 없다.

예수 그리스도께서 우리 안에서 하나님의 뜻을 실현하시게 되면 우리는 시험으로부터 해방되는 것이 아니라 오히려 시험이라고 부르시는 곳으로 인도함을 받게 된다. 그곳에서 우리는 개인적인 야망을 포기할 때까지 시험 받을 것이다.

당신은 개인적인 야망을 버리고 하나님의 아들과 함께 고통을 받겠다고 결단하겠는가? 이러한 결단을 하면 하나님의 목적은 표면적으로는 나타나지 않기 때문에 마치 주께서 나의 모든 것을 무너뜨리시는 것처럼 보일 것이다. 그러나 우리는 예수님께서 친히 하나님 아버지와 완벽하게 하나이셨던 것처럼 예수님과 친히 하나가 된다.

"그러나 인자가 올 때에 세상에서 믿음을 보겠느냐?" 눅 18:8.

가장 가까운 사랑을 잃어야 하는 긴장

"누가 내 어머니이냐" 마 12:48.

"보라 네 어머니라" 요 19:27.

하나님께서 사람에게 주신 최고의 축복인 가정이 예수 그리스도를 머리로 하지 않으면 오히려 가장 큰 저주가 된다. 예수 그리스도를 머리로 인정하지 않는 가정은 매우 배타적이고 이기적인 가정이 될 것이다. 그러나 예수 그리스도를 머리로 하는 가정은 그 안에서 사랑이 흘러넘쳐서 그 사랑과 축복이 모든 사람들에게 흐르게 된다. 따라서 주님을 머리로 하는 가정은 '전 세계를 향해 사랑을 전달하는 축복의 열린 가정'이 된다. 주님께서는 죽으심과 부활로 인해 모든 사람들에게 영생을 주실 권한을 가지셨다. 그분은 하늘에 오르셔서 인류를 향해 하늘 문을 여셨다.

지금 치르는 전쟁으로 인한 각 나라들의 고통을 통해 하나님의 영은 그분의 목적을 이루신다. 하나님의 목적에서 벗어나는 나라는 있을 수 없다. 성령이 어떤 사람을 선교사로 부르시면 그는 당장 자신 안에 요한복음 3장 16절의 하나님의 마음이 임하는 것을 느끼게 된다.

"하나님이 세상을 이처럼 사랑하사 독생자를 주셨으니…."

고통당하는 세상 나라 가운데 '독생자'를 보이기를 원하는 마음이 넘치게 된다. 이는 성령께서 하나님의 사랑을 우리 마음 가운데 부으시기 때문에 그 사랑이 우리의 몸과 영혼을 넘어 밖으로 흘러넘치는 것이다. 성령은 우리의 인간적인 관계를 초월해 우주적인 관계로 연결해주신다. 이 관계는 그 무엇으로도 끊을 수 없는 사랑의 띠로서 전 세계적으로 연결된다. 하나님의 부르심은 전 세계를 향한 것이다. 우리가 거하는 위치는 하나님의 섭리 가운데 주께서 조성하시는 것뿐이다.

어떤 사건들은 당장 이루어지며 눈에 잘 띈다. 그러나 씨앗 속의 생명 같은 것들은 천천히, 그리고 조용하게 일을 한다. 복음의 역사가 그러하다. 우리가 이해하지 못한 것을 다른 사람이 이미 이해한 경우가 있다. 이때 이해한 그 사람이 우리를 이해시키도록 돕기 위해 그들의 관점을 알려준다. 그러면 우리는 그들의 관점을 취하면서 그전에 이해할 수 없던 것들을 이해하게 된다. 하나님의 진리가 그러하다.

당신은 "나는 그 진리를 이해할 수 없다"라고 말한다. 이 뜻은 당신이 그 진리에 관여되지 않았다는 뜻이다. 하나님은 우리의 모든 것을 아시기 때문에 우리는 자신에 대해 하나님을 이해시킬 필요가 없다. 그러나 우리는 하나님에 대해 아는 바가 없기 때문에 하나님께서는 자신의 입장을 우리에게 이해시키셔야 한다. 즉, 우리가 주님의 뜻을 깨닫도록 그분에 의해 인도함을 받는 것이지, 우리가 주님의 뜻을 이미 알고 그분의 뜻에 동의하는 것이 아니라는 말이다.

우리는 우리가 의식하는 것보다 의식하지 못하는 것이 훨씬 많다는 사실을 인정해야 한다. 하나님께서 계획하신 일들이 우리의 눈으로 볼 때는 우연히 발생하는 것처럼 느껴진다. 그러나 모든 사건의 배후에는 언제나 하나님의 뜻이 있다. 성경은 그 뜻이 무엇인지 알려 준다. 그것은 우리가 "그리스도의 고난에 참여하는 것"이며 이것으로 "즐거워하는" 것이다 벧전 4:13. 주님의 고난에 참예하는 자들만이 주님의 영광이 나타날 때 감당할 수 없는 기쁨으로 즐거워하게 될 것이다.

이러한 삶의 자세에는 교만이 싹틀 틈이 없다. 그 이유는 이러한 삶의 자세에는 자신을 위한 목적이 없고 오직 하나님의 목적만 있기 때문이다.

2부 진정한 쉼

01

성경적 쉼은 무엇인가?

"수고하고 무거운 짐 진 자들아 다 내게로 오라 내가 너희를 쉬게 하리라"마 11:28.

성경이 말하는 쉼이란 활동을 멈추라는 뜻이 아니라 아무리 많은 활동을 해도 전혀 피곤치 않은 그러한 안정된 상태를 말한다. 사실 성경에서 말하는 개념 중에는 우리의 상식적 개념과 잘 맞지 않는 단어들이 많다. 예를 들어, 성경이 말하는 '쉼', '기쁨', '평강'은 일반 사람들이 사용하는 개념과 다르다. 성경의 단어를 이해하려면 우리의 상식을 초월해 하나님께서 그 단어를 어떻게 사용하시는가를 배워야 한다. 그렇지 않으면 하나님의 '유머'를 놓치게 된다.

배 안에서 풍랑을 만난 제자들이 주무시던 예수님을 깨운 사건막 4:35-41은 '인자'이신 하나님께서 겪으신 사건이다. 우리가 잘 알듯이 배에서 주무시는 '인자'는 하나님께서 성육신한 분이시다. 예수님께서는 이미 제자들에게 "우리가 저편으로 건너가자"라고 말씀하셨다. 그러나 광풍이 일어나자 제자들은 예수님을 의지하지 못하고 공포와 불안에 빠졌다. 그들은 주께 기쁨을 드리지 못하고 실망을 안겨드렸다. 실제 상황이 너무 급박해 정신이 없었다. 난리 가운데 그들은 공포에 떨며 예수님을 깨운다.

사람들은 두려움에 빠지면 그때서야 하나님께 기도한다. 그러나 주님은 주님의 속성을 지닌 우리가 그러한 풍랑 가운데서도 주님의 이름을 부르는 가운데 주님에 대한 확신을 놓치지 않을 것을 기대하신다. 어쩔 줄 모르는 상황에서 믿음을 잃게 되면 주의 제자들마저 하나님을 알지 못하는 사람들이나 드리는 초보적인 기도만 드리게 된다. 그러나 이러한 기도는 그들의 마음속에 여전히 이 세상을 다스리시는 하나님의 주권과 하나님에 대한 확신이 없음을 드러낼 뿐이다.

주님은 잠들어 계신다. 배의 조정 키가 주님의 손에 있지 않다. 제자들은 죽은 사람들처럼 긴장 가운데 주저앉아 있다. 하나님께서는 주의 자녀들이 위기 가운데서도 조금의 흔들림이 없이 하나님을 의지하기를 원하시며 하나님을 향한 굳은 확신을 소유하기를 기대하신다. 영적으로 높은 경지에 이르게 되면 우리는 더 이상 개인적인 문제나 상황으로 하나님께 염려를 끼쳐드리지 않게 된다. 사실 하나님께서는 우리로부터 주님을 영화롭게 하는 단 한 가지를 기대하신다. 그 기대는 바로 위기 가운데서 주님께서 말씀하신 바를 기억하면서, 주님의 목적이 반드시 이루어질 것을 확신하는 가운데 조금도 흔들림 없이 하나님만 철저하게 신뢰하는 것이다.

주님을 향한 당신의 신앙을 가로막는 것들을 언제나 경계하라. 보통 일반적인 상식이 당신의 신앙을 가로막을 것이다. 풍랑이 이는 위기의 장면 가운데서 상식은 단지 하나님을 향한 신앙을 방해할 뿐이다. 이 사건에서 주님은 제자들의 절규에 응답하셨지만, 그들의 믿음 없음에 대해 꾸짖으셨다.

"어찌하여 이렇게 무서워하느냐. 어찌 믿음이 없느냐"라는 꾸지람을 들으면서 제자들은 얼마나 부끄러웠겠는가?

"또 실수했구나!"

어떤 상황에서도 주님만 절대적으로 신뢰한다면 우리는 예수님의 마음에 큰 기쁨을 드릴 수 있다. 그러나 제자들처럼 믿음으로 행하지 못할 때마다 우리 마음에 얼마나 아쉬움이 남는지! 하나님의 자녀가 하나님께 드릴 수 있는 유일한 기쁨은 바로 이때인데, 그러한 기쁨을 주께 드리지 못하는 우리의 모습을 깨달을 때마다 얼마나 부끄러운지 모른다. 우리는 종종 어느 지점까지는 하나님을 잘 신뢰하다가 갑자기 "이제 더 이상은 안 되겠어. 내 힘으로 최선을 다해야 할 것 같아"라고 하며 주님을 향한 신뢰를 포기한다. 그러나 인간의 최선의 힘으로는 아무것도 해결할 수 없을 때가 많다. 그러한 때는 하나님의 최선이 역사하실 수 있도록 여지를 남겨두라. 하나님께서는 하나님을 아는 우리가 주의 능력과 지혜를 신뢰하기를 기대하신다.

풍랑을 맞은 제자들이 배운 것을 우리도 배우도록 하자. 먼저 우리는 나사렛의 목수가 우리보다 인생 항해에 대해 훨씬 더 잘 알고 있다는 사실을 인정해야 한다. 예수 그리스도가 당신에게 단지 목수인가? 아니면 하나님이신가? 만일 예수님이 당신에게 단지 평범한 사람이라면 당신은 어떻게 당신 인생의 항해의 키를 주께 맡기겠는가? 어떻게 그분께 간구하겠는가? 그분이 하나님이시라면 그분을 당신의 배의 선장으로 모시고 그분에 대한 신뢰를 잃지 않는 가운데 어떠한 극한 상황까지라도 끝까지 가보겠다는 영웅적인 마음을 가질 수 있게 된다.

믿음이란 전능하신 하나님을 믿는 것이다.

"나 여호와가 이 일을 말하고 이룬 줄을 너희가 알리라" 겔 37:14.

우리는 믿음을 갖고 꾸준하게 주님께 순종해야 한다. 당신은 하나님 앞에서 잠잠히 있는 법을 배우고 있는가? 아니면 쓸모없는 기도로 하나님께 염려를 끼치고 있는가? 지금 우리는 세계 전쟁의 무서운 위기 가운데서 용기를 잃고 있다. 할 수 있는 것은 아무것도 없고 단지 패배만 내다보고 있다. 그러나 이러한 상황에서도 하나님께서 말씀하신다.

"저편으로 건너가자."

마치 대장이 끝까지 용기를 잃지 않고 싸우는 용사들을 찾는 것처럼 주님께서도 끝까지 주님을 믿는 자들을 찾으신다.

"그러나 인자가 올 때에 세상에서 믿음을 보겠느냐" 눅 18:8.

지금 우리의 상황은 개인적으로나 공동체적으로나 하나님을 향한 우리의 신뢰를 가장 잘 증거할 수 있는 영광스러운 기회이다. 이 시점에서 우리의 믿음을 굳건히 해야 한다.

별들은 야단법석을 떨지 않으면서도 자신들의 일을 수행한다. 하나님께서는 조금도 소동함이 없이 주의 사역을 이루신다. 마찬가지로 성도들도 조용히 자신에게 주어진 사명을 이루어야 한다. 정신없이 급한 마음을 지닌 사람들은 언제나 문제만 일으킨다. 그러나 일을 해결하는 사람들은 하나님께서 실패하지 않으신다는 사실을 알고 주님과 한마음을 유지하는 자들이다. 상하고 멍들고 어그러진 심령을 섬길 수 있는 사람은 눈앞의 풍랑 앞에서 공포에 빠지는 사람이 아니다. 주님과 한마음이 되어 완벽한 평강을 누리는 자만이 주님을 위해 일할 수 있다. 결국 하나님께서는 이러한 믿음의 사람들을 통해 주의 일을 하신다.

거룩하게 된 성도는 하나님을 완벽하게 신뢰해야 한다. 그 이유는 그가 누리는 거룩이란 하나님께서 주신 어떤 '것'이 아니라 '하나님'이 그 사람 안에 거하시는 것이기 때문이다. 오직 하나님의 거룩이 있다. 오직 하나의 성결 곧 예수 그리스도께 뿌리를 내린 성결이 있다.

"너희는 하나님으로부터 나서 그리스도 예수 안에 있고 예수는 하나님으로부터 나와서 우리에게 지혜와 의로움과 거룩함과 구원함이 되셨으니"고전 1:30.

거룩케 된 성도는 자신과 자신에게 발생하는 모든 일들로부터 자유한다. 그 이유는 하나님께서 모든 것을 통해 선을 이루실 것을 확신하기 때문이다.

사람들은 영적 실체를 모방하려고 한다. 그러한 모방을 언제나 경계하라. 예를 들어, '주님 안에서의 안식'은 종교적인 '감상'이나 '게으름'으로 모방될 수 있다. 성화를 통해 결국 어디에 이르는가? 성경은 예수님께서 누리셨던 아버지와의 하나됨이 바로 우리가 성화를 통해 이르게 될 '하나님 안에서의 안식'이라고 말한다. 그 지점에 이르면 우리는 하나님이 보시기에 흠이 없을 뿐 아니라 하나님께 무한한 기쁨이 될 것이다. 우리에게 이러한 역사가 나타나기를 하나님께 계속 기도하자.

02

화목제물

"내가 너희 영혼을 위하여 크게 기뻐하므로 재물을 사용하고 또 나 자신까지도 내어주리니 너희를 더욱 사랑할수록 나는 사랑을 덜 받겠느냐"고후 12:15.

사람들 간의 친교는 대단히 깊은 경지까지 갈 수 있지만 변할 수 있다. 그러나 하나님과의 친교는 언제나 변함이 없다. 사도 바울은 실제로 자신을 '화목제물'로 하나님께 바쳤다. 바울은 다른 사람들이 이해하든 안 하든 상관없이 온전히 자신을 하나님의 손에 의탁하고 그분께 봉사했다.

당신은 화목제물에 대해 알고 있는가? 화목제물이란 하나님께서 당신에게 주신 최고의 것을 그분께 다시 바치는 것이다. 그러면 하나님께서 당신을 다른 자녀들을 위한 '찢겨진 빵과 부어지는 포도주'주님의 찢겨진 살과 쏟으신 피를 의미함로 만드신다.

화목을 위한 재난들

"살 소망까지 끊어지고"고후 1:8.

주 예수 그리스도와 진정한 화목을 이룬 자들이 맞이해야 하는 재난들이 있다. 하나님께서는 삶의 여러 문제들로부터 우리를 보호해 주겠다고 약속하신 적이 없다. 주님은 "저희 환난 때에 내가 저와 함께하여 저를 건지고 영화롭게 하리라"고 말씀하셨다. 이는 문제가 전혀 없게 하시겠다는 것이 아니라 문제 가운데 함께하시겠다는 약속이다. 바울은 "하나님의 뜻에 의해 예수 그리스도의 사도"가 되었다. 그러나 그를 기다리고 있는 것은 밀려오는 비난과 앙심을 품은 원수들이었다. 바울은 바리새인 중의 바리새인이었다. 그 당시 누구든지 그 앞에서 굽실거릴 만한 최고의 석학이었다. 그러나 예수님을 만난 이후 그는 조롱거리가 되었고 도망자의 신세가 되었으며 자신의 모든 개인적인 야망을 다 잃게 되었다. 이러한 바울을 주님께서는 이방인의 사도로 세우시고 이방 나라로 보내셨다.

"내가 그를 택하였노라."

바울이 언제나 흔들리지 않고 서 있던 기반은 바로 주님께서 바울을 선택하셔서 사명을 주셨다는 사실이었다. 이 기반만이 바울의 존재와 사역에 의미를 줄 수 있었다. 그는 "하나님의 뜻에 의한" 사도였다갈 1:15-16.

만일 당신이 화목제물이 되기 위한 고난을 겪고 있다면 낙심하지 말라. 흔들리지 말고 조금도 주저하지 말며 예수 그리스도께 충성하라. 한 순간이라도 타협하지 않도록 하라. 아무리 당신의 삶을 압박하는 상황이 닥쳐와도 "이 사명을 이룰 수 없다"라고 말하지 말라. 화목제물이 될 때 고난을 겪게 된다. 그러나 그 고난 가운데서 유익을 얻도록 하라. 하나님께서는 언제나 당신으로 하여금 고난을 통해 하나님의 아들과 더욱 화목할 수 있도록 인도하신다. 하나님을 위한 사역을 할 때 이 진리를 절대로 잊지 말라.

"내가 진실로 진실로 너희에게 이르노니 한 알의 밀이 땅에 떨어져 죽지 아니하면 한 알 그대로 있고 죽으면 많은 열매를 맺느니라" 요 12:24.

화목을 위한 연단

"우리는 우리 자신이 사형 선고를 받은 줄 알았으니…"고후 1:9.

만일 내가 예수 그리스도와 화목하고 주님께서 내 안에 거하시면 나는 사형 선고를 받은 자이다. 따라서 세상과 정욕과 마귀가 나를 더 이상 만질 수 없다. 이 신성한 깨달음이 바울에게 임함으로써 그는 에베소에서의 절망적인 상황을 이기고 나올 수 있었다. 바울은 더 이상 두려운 것이 없었다. 바울이 화목제물이 됨으로써 받게 되는 연단은 더욱 자신으로 하여금 주님과 하나가 되게 했다.

우리는 우리가 믿는 바를 말로 표현한다. 그러나 그 믿음은 아직 시험되지 않은 믿음이다. 믿음은 연단을 통과해야만 진정한 우리의 영적 소유가 될 수 있다. 따라서 믿음의 시련이 얼마나 귀한지 모른다. 그러므로 당신의 믿음을 방해하는 일들이 있을 때마다 당신의 믿음이 이제 당신의 실제 영적 소유가 될 수 있도록 끝까지 예수 그리스도를 붙들라. 하나님을 믿는 것은 용기이고 대담함이다.

화목을 위해 헌신함

"…이는 우리로 자기를 의지하지 말고…"고후 1:9.

하나님보다 사역의 성공에 집착하는 그 순간부터 우리는 자신을 신뢰하기 시작한다. 주님께서는 "귀신들이 너희에게 항복하는 것으로 기뻐하지 말고 너희 이름이 하늘에 기록된 것으로 기뻐하라"고 말씀하셨다눅 10:20. 오직 우리의 믿음 생활에서 예수 그리스도만이 시작이고 과정이며 끝이어야 한다.

신앙생활에서 무서운 속임은 많은 사람들이 거룩해지기를 원하지만 "거룩 그 자체이신 예수 그리스도"를 원하지 않는다는 사실이다. 사람들은 어떤 분야에서든 "주님, 제가 성공하는 것을 보고 싶습니다"라고 기도한다. 이러한 신앙 자세는 스스로 속는 것이다.

바울이 그토록 수고한 고린도 교회의 분쟁과 문제들을 보면서 그의 마음이 어떠했을지를 헤아려보자. 모든 것이 비참했을 것이다. 이때 만일 그가 자신을 의뢰했다면 낙망 가운데 일어나지 못했을 것이다. 화목제물로 자신을 헌신한다는 것은 결과를 바라며 하는 행위가 아니다. 화목을 위한 진정한 헌신은 오직 다음 진리에 대한 확신에 든든히 서는 것이다.

"내가 확신하노니 사망이나 생명이나 천사들이나 권세자들이나 현재 일이나 장래 일이나 능력이나 높음이나 깊음이나 다른 어떤 피조물이라도 우리를 우리 주 그리스도 예수 안에 있는 하나님의 사랑에서 끊을 수 없으리라"롬 8:38-39.

하나님만이 영원토록 우리에게 유일한 실체이시다.

화목을 위한 선언

"…오직 죽은 자를 다시 살리시는 하나님만 의지하게 하심이라" 고후 1:9.

"나의 간절한 기대와 소망을 따라 아무 일에든지 부끄러워하지 아니하고 지금도 전과 같이 온전히 담대하여 살든지 죽든지 내 몸에서 그리스도가 존귀하게 되게 하려 하나니"빌 1:20.

바울은 살든지 죽든지 상관없다고 말한다.

"나는 하나님을 신뢰한다. 나는 하나님께서 그분의 의도하신 바를 나를 통해 이루실 것을 안다. 그 누구도 그 어떤 것도 하나님의 뜻을 좌절시킬 수 없다."

당신은 화목제물에 대해 아는가? 화목제물이 된다는 것은 내가 주 예수 그리스도와 하나 되는 것이다. 이러한 화목제물이 되면 이제 내게 발생하는 그 어떠한 사건들도 상관없게 된다. 비참한 일들이든 기쁜 일들이든 개의치 않는다. 사도 바울의 삶 속에서 그를 사로잡았던 단 한 가지 열정은 예수 그리스도께 인격적으로, 그리고 간절하게 드려지는 헌신이었다.

"이 모든 일에 우리를 사랑하시는 이로 말미암아 우리가 넉넉히 이기느니라"롬 8:37.

03

휴식의 시간을 조심하라

"그 소문이 요압에게 들리매 그가 여호와의 장막으로 도망하여 제단 뿔을 잡으니 이는 그가 다윗을 떠나 압살롬을 따르지 아니하였으나 아도니야를 따랐음이더라" 왕상 2:28.

요압과 비슷한 면이 당신의 삶 속에도 있는가? 예수님께 충성하다가 중요하지 않은 사소한 것 때문에 주님으로부터 멀어진 적이 있는가? 당신의 삶 가운데에도 하나님을 위해 용감하게 선 적이 있을 것이다. 예수 그리스도를 향한 절대적인 헌신 가운데 주님을 위해서라면 어디든지 가겠다고 하며 온 마음과 생각과 몸을 열정으로 불태운 적이 있었을 것이다. 그때에는 이 세상 사탄이 당신에게서 아무 흠과 틈도 발견하지 못했다. 세상과 정욕은 당신이 반석처럼 강한 것을 보고 혼비백산하여 도망했다.

그런데 어느 날 하나님께서 베일을 거두시니 열정이 사라진 당신의 모습이 보인다. 예수님을 향한 그 위대한 헌신도 사라졌다. 세상 신이 찾아와 당신 속에서 틈을 찾아낸다. 비참하게도 당신을 넘어뜨린 것은 아주 사소한 것이었다. 당신이 과거처럼 하나님의 영광을 향해 열정적이지 못하고 영적인 것들에 예리하지 못한 이유는, 바로 아주 미세한 것에서 당신이 항복했기 때문이다.

영적으로 휴식할 때 조심하라

"그리스도께서 우리를 자유롭게 하려고 자유를 주셨으니 그러므로 굳건하게 서서 다시는 종의 멍에를 메지 말라"갈 5:1.

요압 장군은 압살롬으로부터 오는 아주 큰 유혹을 물리치고 큰 시험을 이겨낸 사람이었다. 그러나 그는 인생 끝에서 겁쟁이 아도니야 편에 서면서 다윗을 저버렸다. 성경의 인물이 실패하는 곳이 우리 모두 실패하는 곳임을 결코 잊지 말라.

"그런즉 선 줄로 생각하는 자는 넘어질까 조심하라"고전 10:12.

당신은 무거운 짐을 진 채 격렬한 영적 전쟁을 치르면서 큰 시험을 이겨냈다. 이제 영적으로 휴식의 시간을 보내고 있다. 바로 이때를 조심하라. 모든 것이 끝난 것 같은 그때 언제나 영적 후유증이 있다는 것을 잊지 말라. 당신은 분명히 '압살롬'으로 상징되는 것을 차단했다. 이제 당신은 아무것도 당신에게 영향을 미칠 수 없다고 안심한다. 그러나 절대 그렇지 않다.

당신은 압살롬에게 큰 승리를 거두었다. 그러나 바로 이때 당신은 겁쟁이 아도니야를 좇아가기 쉽다. 영적인 큰 승리를 지난 직후에 '방심의 영역'이 찾아든다.

"자, 큰 위기를 다 이겨냈으니 이제 안심이다. 절대로 세상 것들에게 쓰러지지 않겠지."

그런데 이때가 가장 위험한 때이다. 가장 안심하고 있는 그때 가장 작은 방심의 부분이 당신을 무너뜨린다.

성경의 인물들은 자신의 약점을 잘 알 때 쓰러지지 않았다. 오히려 자신이 강하다고 생각할 때 넘어졌다. 우리의 장점은 영적으로 깨어 있는 가운데 보호를 받아야 한다. 그렇지 않으면 자신의 장점은 언제나 두 배의 약점이 된다. 우리가 영적으로 깨어 있어야 하는 때는 모든 일을 마치고 휴식하는 때이다. 물론 이 뜻이 당신의 내면을 병적일 정도로 성찰하라는 의미는 아니다. 두려움으로 미래를 바라보라는 의미도 아니다. 단지 계속 깨어 있으라는 말씀이다. 유혹이 언제 어떻게 어디에서 올 것인지 예측하지 말라. 그러한 예측을 한 이후에 나머지 부분에서 당신 마음대로 방심할 수 있기 때문이다.

영적인 부요함을 누리기 위해 언제나 깨어 있으라. 영적으로 깨어 있기 위해 가장 좋은 방법은 계속 기록하는 것이다. 하나님께서 당신을 위해 이루신 놀라운 일들, 당신이 깨달은 성경의 깨달음들을 노트에 기록하라. 그 구절들을 표시해두고 수시로 참조하라. 그러면 당신의 마음은 계속 새로울 것이다. 토마스 보스톤은 "오 주님, 당신의 부르심을 언제나 강하게 느끼게 하소서"라고 기도했다. 가만히 있는데 예수님께 저절로 계속 연결되어 있을 것으로 착각하지 말라. 항상 깨어 있으라.

영적인 역류를 조심하라

"너희가 달음질을 잘하더니 누가 너희를 막아 진리를 순종하지 못하게 하더냐"갈 5:7.

역류는 표면에서 흐르는 물과 반대 방향으로 흐르는 저변에 깔린 물의 흐름을 말한다. 사람이 익사하는 이유는 보통 역류 때문이다. 수영하는 사람들은 절대로 역류가 있는 곳에 가서는 안 된다. 어리석은 사람은 역류가 흐르는 곳에 갈 것이다.

갈라디아 교회에 흘렀던 영적인 역류는 유대교 곧 형식주의 및 율법주의였다. 이 가르침은 공식적으로 드러나게 들어온 것이 아니라 '몰래' 들어왔다. 그리스도의 복음에 의해 참된 자유를 누리고 있던 갈라디아 교인들에게 정확하게 역류가 흐르기 시작한 것이다. 하나님의 자녀로서 바다로 나아가 영광스러운 자유함을 누리려고 할 그때 그들 안에 역류가 들어온 것이었다.

"너희가 달음질을 잘하더니…."

그들은 대양을 향해 잘 나아가고 있었다. 그러나 의식주의의 역류가 그들을 유혹하더니 마침내 그들로 하여금 진리에 순종하지 못하도록 했다.

하나님과의 위대한 만남 이후에 당신의 삶에는 당신을 대양으로 이끄는 물결이 흐르게 된다. 그 물결은 항구의 경계를 넘어서서 잘 나아간다. 이때 당신을 뒤로 잡아당기는 영적 역류가 발생할 수 있으니 조심하라. 강과 바다가 만나는 곳에는 언제나 역류가 있는데, 바로 그곳이 가장 위험한 장소이다. 역류는 강과 같은 성분의 물로서 당신을 원위치로 돌아오게 하려는 속성을 가지고 있다. 그래서 그곳에서 당신은 소용돌이를 맞게 된다. 이 소용돌이 가운데 빠지면 대양을 향해 나아가지 못하고 결국 둑에 부딪쳐 파선하게 된다. 그중 가장 비참한 배는 소용돌이에 밀려 결국 항구 내에서 파선하는 배들이다.

당신이 하나님의 목적을 실현할 수 있는 곳으로 가고 있다면, 당신의 삶 가운데 당신을 무너뜨렸던 것들을 특별히 조심하라. 표면의 흐름은 하나님께서 당신의 삶을 향해 정하신 것으로서 가장 강력한 흐름이다. 그러나 반대 방향으로 흐르는 '숨겨진' 영적 역류를 조심하라. 일반적으로 홍수처럼 큰 영적 흐름 뒤에 영적 역류가 시작된다는 사실도 주목하라. 사실 표면의 흐름이 셀수록 역류가 더욱 강하게 흐른다. 또한 우리 각자에게 해당하는 역류도 가지각색이다. 역류의 발생은 표면의 흐름이 어느 정도 되면 발생한다. 그러나 흐름이 완전해지면 더 이상 역류가 발생하지 않는다.

영적 저음을 조심하라

"데마는 이 세상을 사랑하여 나를 버리고 데살로니가로 갔고" 딤후 4:10.

음악에서 불협화음을 내는 저음이 있다. 화음의 파장을 낼 때 오르간 또는 피아노에서 나오는 반음 같은 저음의 불협화음이다. '복스 휴마나 스톱' The Vox Humana Stop은 사람 목소리의 효과를 낸 것인데, 다른 음들에 반음 효과를 낸 것으로서 거의 불협화음에 가까운 특이한 소리가 난다. 영적으로도 마찬가지이다.

하나님께서 당신의 삶을 통해 들려주시는 음악을 잘 들어보면 화음을 이루지 않는 이상한 저음이 들린다. 전혀 조화를 이루지 못하는 음이 있다. 그 음은 대단히 적은 소리이기 때문에 영적으로 전문가가 아니면 그 소리를 알아낼 수 없다. 데마에게는 세상을 사랑하는 영적 저음이 있었다. 초기에 바울은 데마를 기뻐하며 '나의 동역자 데마'라고 불렀다. 그러나 데마는 세속의 저음을 듣고 따라가더니 마침내 궤도에서 벗어나게 되었다. 음악에서 저음은 대단한 매력을 지니고 있기 때문에 사람들의 마음을 사로잡는다.

마찬가지로 영적인 세계에서도 한 사람의 삶을 망치는 것은 거의 느끼지 못할 정도의 아주 작은 저음이다. 이 저음이 사람의 마음을 사로잡아 그의 인생을 망친다. 그러므로 영적 저음을 주의하라. 별것 아닌 것으로 무시하던 저음들이 우리를 하나님께로부터 멀어지게 한다는 사실을 기억하라. 가장 주의하지 않는 방심의 영역이 언제나 하나님의 사람들을 쓰러지게 만든다.

당신은 하나님과 위대한 관계를 맺은 후에 하나님의 목적에 사로잡히게 될 것이다. 그러나 영적 충만함을 체험한 직후, 방심의 때를 특별히 주의해야 한다. 위대한 시험의 때에 하나님께 충실하게 서 있었다 하더라도 오늘 여전히 가장 작은 것들에서도 깨어 있어야 한다. 칼라일은 "위대한 사건들도 지푸라기 하나에 따라 달라진다"고 말했다. 그러므로 미리 경계하는 것이 최대의 무장임을 기억하라.

항상 깨어 있는 방법은 하나님 앞에서 당신의 기억을 항상 새롭게 하는 것이다. 당신이 하나님과 함께 깊은 관계에 있었던 때를 잊지 않도록 기도하라. 혹시 하나님께서 당신에게 지금 이렇게 말씀하시는 것은 아닌가?

"너는 지금 나를 사랑하지 않는구나. 나는 네가 과거에 나를 사랑했던 때를 그리워한다."

"여호와께서 이와 같이 말씀하시기를 내가 너를 위하여 네 청년 때의 인애와 네 신혼 때의 사랑을 기억하노니 곧 씨 뿌리지 못하는 땅, 그 광야에서 나를 따랐음이니라"렘 2:2.

만일 당신이 하나님과의 사랑의 때를 기억하지만 지금은 하나님과 더 이상 그러한 관계가 아니라면 부끄러움과 슬픔을 느끼라. 그러한 부끄러움은 회개로 인도하는 거룩한 근심이 될 것이다. 하나님의 꾸지람을 단순하게 받지 말고 지금 당장 방심의 자세를 고치라. 우리의 유일한 안전한 포구는 언제나 오직 예수님 안에 거하는 것이다. "믿음으로 말미암아 하나님의 능력으로 보호하심"을 입으라.

04

허상에서 벗어나는 훈련

"주께서 내게 말씀하시고 또 친히 이루셨사오니 내가 무슨 말씀을 하오리이까 내 영혼의 고통으로 말미암아 내가 종신토록 방황하리이다 주여 사람이 사는 것이 이에 있고 내 심령의 생명도 온전히 거기에 있사오니 원하건대 나를 치료하시며 나를 살려 주옵소서 보옵소서 내게 큰 고통을 더하신 것은 내게 평안을 주려 하심이라 주께서 내 영혼을 사랑하사 멸망의 구덩이에서 건지셨고 내 모든 죄를 주의 등 뒤에 던지셨나이다 스올이 주께 감사하지 못하며 사망이 주를 찬양하지 못하며 구덩이에 들어간 자가 주의 신실을 바라지 못하되 오직 산 자 곧 산 자는 오늘 내가 하는 것과 같이 주께 감사하며 주의 신실을 아버지가 그의 자녀에게 알게 하리이다 여호와께서 나를 구원하시리니 우리가 종신토록 여호와의 전에서 수금으로 나의 노래를 노래하리로다" 사 38:15-20.

허상에서 벗어난다는 것은 더 이상 착각 속에 살지 않는다는 뜻이다. 스스로 허상에서 벗어난 사람들은 보통 똑바르지만 종종 다른 사람을 향해 심각할 정도로 냉소적이고 불친절한 경향이 있다. 그러나 하나님께서 우리를 허상에서 벗어나게 하실 때 우리는 정확하고 분명하며 확실하게 이해하면서도 냉소적인 사람이 되지 않는다.

"예수는 그의 몸을 그들에게 의탁하지 아니하셨으니 이는 친히 모든 사람을 아심이요."요 2:24.

허상에서 벗어나는 훈련은 우리로 하여금 다른 사람을 정확하게 볼 수 있게 만든다. 그럼에도 냉소적인 사람이 되지 않는다. 남을 쏘는 말이나 독한 말을 하지 않는다.

무지한 허상 버리기

사실 인생 속에서 발생하는 대부분의 잔인한 사건들은 허상에서 비롯된다. 서로의 있는 모습 그대로를 보지 못하기 때문에 생긴다. 허상에 빠진 사람들은 다른 사람들을 정확하게 보지 못하고 자신의 허상에 따라 다른 사람들을 보고 행동한다. 상대에 대한 나의 허상에 따라 모든 것이 좋기도 하고 싫기도 하다. 내 생각에 따라 상대가 멋지기도 하고 천박하기도 하다. 그러나 어느 날 자신의 허상이 틀렸다는 것을 알고 무너질 때 잔인한 사건들이 발생하는 것이다. 사람의 영혼에 대해 가장 잘 아는 최고의 전문가는 예수 그리스도이시다. 그분은 사람의 마음속에 무엇이 있는지 아셨다막 7:21-22. 주님은 사람에 대해 허상을 가지신 적이 없다.

극소수의 사람들만이 예수 그리스도의 말씀을 믿는다. 한편 대부분의 사람들은 자신의 무지한 허상을 믿기를 더 좋아한다. 그들은 자신의 허상을 믿으며 스스로 순진하다고 생각한다. 그러나 무지를 순진함으로 받아들일 때 이는 자신의 허상을 마음 보좌에 앉히고 예수 그리스도를 밀쳐버리는 것과 같다. 대부분의 사람들은 예수님의 말씀이 옳다는 것을 인정하고 그 말씀을 사실대로 받기 전에 자신의 영혼을 일깨우는 특별한 사건이 일어나야 한다고 생각한다. 이러한 사람들은 뼈아픈 사건들을 당해야만 주님의 음성을 듣게 될 것이다. 그러나 먼저 우리의 마음을 주님께 드리고 주님의 말씀을 진리로 받아들인다면 굳이 주님의 진리를 깨닫기 위한 뼈아픈 삶의 체험들을 거칠 필요가 없을 것이다.

순진함이 다 옳은 것은 아니다. 어떤 순진함은 옳지 않기 때문에 책임을 물어야 하는 것도 있다. 순진함은 어린아이의 특징이다. 그러나 어른들에게 순진함이란 잘못된 것이며 이로 인한 책임은 스스로 져야 한다. 어른들은 순진함이 아니라 순결과 덕이 있어야 한다. 덕이란 순진함이 삶의 여러 갈등을 겪고 이겨낸 결실이다. 어떤 사람들은 어렸을 때의 순진함에 집착한 나머지 어른이 되어서도 어른다운 장성한 삶을 살지 못한다.

인간의 삶 가운데 대부분의 고통은 스스로 허상에서 나오기를 거부하기 때문에 겪는 것이다. 예를 들어, 내가 하나님을 사랑하지 않는 가운데 어떤 사람을 사랑한다고 하자. 나는 그가 내게 무한한 만족을 줄 것이라는 허상을 갖게 된다. 그러나 나의 허상은 끝까지 이루어지지 않는다. 상대로부터 나의 허상을 만족시킬 어떤 완전한 것을 기대했지만 마침내 그것을 얻지 못한다. 결국 상대를 향해 잔인해

지고 나아가 보복심이 생기거나 질투에 빠지게 된다.

당신의 결혼 생활을 생각해보라. 결혼 후 5년 또는 10년 후를 생각해보라. 당신의 처음 꿈이 얼마나 진부하게 바뀌었는가! 그 이유는 남편과 아내가 하나님을 바르게 알지 못해 그렇다. 그들은 그들의 사랑을 승화시키지 못했으며 서로를 향한 허상에서 벗어나지 못했기 때문이다. 나아가 하나님 안에서 만족하는 훈련을 받지 못했던 것이다. 결국 그들은 하나님 안에서 서로 만족을 얻기보다 억지로 견디는 삶을 시작한다.

사람은 본래의 속성상 마음의 만족을 얻어야 한다. 그러나 인간의 그 깊은 마음속까지 참된 만족을 줄 수 있는 분은 오직 우리 주 예수 그리스도밖에는 없다. 이러한 이유 때문에 주님께서는 모든 인간관계에 대해 아주 엄하고 분명하게 말씀하신다. 만일 우리가 주님의 제자가 되려면 "자기 부모와 처자와 형제와 자매와 및 자기 목숨까지 미워"해야 한다고 말씀하신다. 주님은 사람에 대해 착각하지 않으셨다. 주님은 주님을 향한 충성에 근거하지 않는 모든 인생 속에서의 관계는 결국 비참으로 마치게 될 것을 알고 계셨다.

고난을 통해 올바르게 되면서 허상을 제거함

"내 영혼의 고통으로 말미암아 내가 종신토록 방황하리이다"사 38:15.

사람은 죽음을 맞이할 때 가장 장엄하고 고결해진다. 즉, 죽음 앞에서 실제적인 관점을 갖게 되면서 모든 것을 진정한 의미 가운데 보게 되는 것이다. 우리는 고난을 통해 허상을 제거한다. 물론 이기심으로 인해 당하는 고난은 허상을 제거하지 못한다. 사실 사람은 고난을 통해 온전해지기도 하지만 반대로 더 악화되기도 한다. 이것은 고난을 당할 때 그 사람의 성향이 어떠한지에 따라 다르다. 나는 허상에서 나오고 있는가? 아니면 하나님께서 어려움과 고난 가운데 나에게 말씀하실 때 허상을 벗기를 거부하는가? 거부한다면 이는 내가 여전히 허상의 세계에 속해 있음을 드러내는 것이다. 이때 자신은 아무 잘못이 없다고 생각한다. 하지만 실제로는 죄악 가운데 있는 것이다. 그 악함에 대한 책임은 하나님께 있는 것이 아니라 내게 있다.

한 사람의 도덕성은 그가 인생의 평범한 일들을 어떻게 대하는지를 보면 알 수 있다. 우리의 삶은 평범과 심오함, 두 영역으로 나뉜다. 예수님 당시에 종교인들은 예수 그리스도를 평범한 사람으로 여겼다. 그들은 예수님을 "먹기를 탐하고 포도주를 즐기는 사람"으로 보았다눅 7:34. 주님의 삶은 너무나 평범해서 사람들에게 특별한 관심을 끌지 못했다. 그분은 무시당했으며 중요한 사람으로 대접받지 못했다. 사람들은 주님의 삶의 심오함을 보지 못했던 것이다. 사람의 심오함은 그가 혼자 있을 때 얼마나 하나님과 깊은 사귐을 갖는가 하는 데 있다. 하나님께서 우리 삶의 심오함을 사람들 앞에 드러내시기까지 우리는 자신의 심오함을 드러낼 필요가 없다. 우리의 평범한 삶의 영역은 다른 사람들과 함께 현실 속에서 표면적으로 사는 삶을 말한다. 나는 하나님께서 나의 삶의 평범한 부분과 심오한 부분 모두를 주관하시기를 허락하는가?

영적인 삶의 시험은 하나님을 위해 평범한 삶을 어떻게 살아가느냐 하는 것이다. 기도회에서 신앙적으로 행동하는 것은 쉽다. 그러나 온갖 종류의 사람들이 모인 결혼 잔치에서 신앙인으로 행동하는 것은 하나님의 은혜가 필요하다. 이때 평범한 삶의 영역을 종교적으로 만든다고 해서 심오하게 되는 것이 아니다. 예를 들어, 결혼 잔치를 할 때 사람들 앞에서 나의 심오함을 드러내기를 원하여 결혼식을 기도회로 만들어버리면 안 된다. 참된 심오함은 종교적 허상을 고집하지 않으면서도 평범한 일들 속에서 하나님과의 관계를 드러낼 수 있다.

영적인 사람들은 한때 열광적인 과정을 지난다. 그때는 평범한 삶의 리듬이 깨어지고 주변 사람들이 그 사람을 경계한다. 옳고 그름의 문제에서 크게 부딪히게 된다. 자신은 맞고 다른 사람은 다 틀리다고 생각한다. 이러한 열광적인 상태는 마치 과거의 평범한 삶으로부터 극단적인 반대편의 삶을 사는 것처럼 보인다. 나의 '오른손'은 과거에 다른 사람들에게 기쁨을 주는 손이었다. 그러나 예수 그리스도께서 말씀하신다.

"만일 네 오른손이 나와의 동행을 방해한다면 잘라내라."

따라서 손을 잘라낸 후 한동안 불구의 기간을 지나게 된다. 그러나 불구의 상태에 계속 머물면 문제가 된다. 그리스도인의 목표는 불구의 삶이 아니라 평범한 삶 속에서 주 예수 그리스도의 생명으로 사는 것이기 때문이다마 5:29-30,48.

구원을 통해 깨달음 가운데 허상을 제거함

"주께서 내 영혼을 사랑하사 멸망의 구덩이에서 건지셨고 내 모든 죄를 주의 등 뒤에 던지셨나이다"사 38:17.

인생에 충격을 주는 가장 위대한 계시가 있다면 하나님께서 죄인을 사랑하신다는 사실이다. 하나님께서는 죄 많은 이 세상을 너무나 사랑하셔서 그 죄를 제거하기 위해 하나님의 아들을 보내셨다. 주님은 우리를 향해 아무런 허상을 가지고 있지 않으신다. 모든 사람들을 죄인 아담의 후손으로 인식하실 뿐이다. 아담의 죄가 얼마나 큰 죄인지 우리로서는 전혀 알 수 없다. 인간의 자연적인 재능들로는 우리를 죄로부터 구원할 수 없다. 그러한 재능들은 기독교 봉사 및 문명과 관계할 뿐이다.

히스기야 왕은 하나님의 눈에 비치는 자신의 모습이 어떠한지를 보기 시작했다. 우리가 성령에 의해 자신의 모습을 '벌거벗겨진 채'로 보게 되면 그 누구에게도 실망하지 않게 된다. 눈에 보이는 죄악은 기껏해야 어떤 사건들에 의해 드러나지만 성령은 인간의 죄성이 얼마나 깊은가를 드러내신다. 자신의 죄성을 성령 안에서 보는 자들이야말로 구원이 무엇인지를 이해하기 시작한다. 하나님은 그분이 구원하시려는 사람에게 죄가 얼마나 질긴지 죄를 끄집어내어 보여주신다. 어떤 사람이 죄가 무엇인지 아직 깨닫지 못했다면 그에게 구원이란 아무 의미가 없다고후 5:21.

구원을 통해 허상이 제거되는 것을 체험했는가? 당신이 아는 가장 악한 사람을 생각해보라. 당신은 그 사람마저 예수 그리스도 안에서 완전하게 될 수 있다고 믿는가? 만일 믿지 않는다면 당신은 아직도 자신에 대한 허상이 있다는 뜻이다. 당신은 여전히 당신 안에 당신이 구원받을 만한 떳떳한 요소가 있다고 의식하는가?

부자 청년이든 베다니의 마리아 같은 종류의 사람들이든 그들이 성령을 받기 전까지는 스스로 결백하고 흠이 없다고 생각한다. 그러나 성령이 임하면 놀라운 일들이 발생한다. 즉, 자신들의 자연적인 덕들에 대해 부패를 느끼기 시작한다. 이 사실은 매우 심오해 말로 표현하는 것이 쉽지 않다. 예를 들면, 천성적으로 인내하는 기질을 소유한 사람이 거듭나게 되면 그는 자신이 인내심이 없다는 것을 발견하게 된다. 대단히 순결하고 올바른 사람이 거듭나게 되면 그는 전에는 한 번도 생각하지 못했던 사실을 발견하게 된다. 곧 자신이 너무나 악하다는 사실이다.

우리는 자연적인 덕을 통해 주께 받을 약속이 없다. 따라서 자연적인 덕들은 무시되어야 한다. 우리의 구원은 자연적인 덕을 완성하는 것이 아니다. 하나님은 인간을 창조하셨을 때 선하게 창조하셨다. 그러나 인간은 타락했다. 자연적인 덕이란 인간에게 남아 있는 선한 부분이다. 그러나 이 덕들은 죄에 의해 망가진 잔재일 뿐이다. 예수 그리스도는 인간의 자연적인 덕을 메우기 위해 이 땅에 오신 것이 아니다. 그분은 새로운 사람을 창조하기 위해 오셨다.

"그런즉 누구든지 그리스도 안에 있으면 새로운 피조물이라 이전 것은 지나갔으니 보라 새것이 되었도다"고후 5:17.

우리가 소유한 모든 덕은 주님 한 분뿐이다. 예수 그리스도는 자연적인 덕목으로 설명될 수 없다. 예를 들어 '인내가 많으신 인자', '순수하고 고상하신 인자'라고 말할 수 없다. 주님은 하늘로부터 오신 '인자'로서 완전하시다. 성경은 우리가 주님이 사신 대로 살아야 한다고 말한다. 사물을 보는 우리의 생각과 관점도 완전히 바뀌어야 한다. 모든 것이 새로워져야 한다. 우리가 허상에서 벗어났는지 못 벗어났는지를 확인하는 방법은, 우리가 아직 자신을 신뢰하는지 아니면 하나님만을 경배하는지를 보면 된다. 만일 아직도 자신 및 자신의 재능과 덕을 신뢰하고 있다면 이는 주님의 교훈과 거리가 멀다. 하나님께서는 우리가 바른 교훈을 배울 때까지 계속 같은 교훈을 되풀이하실 것이다. 우리의 믿음이 오직 하나님께만 있지 않다면, 아직 우리는 허상을 안고 있는 것이다.

계시에 순복함으로 허상에서 벗어남

"구덩이에 들어간 자가 주의 신실을 바라지 못하되"사 38:18.

순복이란 하나님께서 힘이 세시니까 어쩔 수 없이 굴복하는 것을 의미하지 않는다. 금욕주의자들은 아무 열정 없이 굴복한다. 이는 일종의 노예가 되는 것이다. 그러나 성도는 하나님의 뜻을 알고 뜨거운 사랑으로 그 뜻에 순종한다. 매일의 삶은 하나님을 향한 그의 사랑이 순복으로 나타나는 삶이다. 순복의 진정한 의미는 산상수훈에서 발견된다.

"만일 네가 하나님과 바른 관계에 있다면 그 관계를 사람들에게 알려라. 그 관계를 너의 매일의 삶 가운데서 살아냄으로 충분히 나타내라."

이는 남에게 피해를 당하는 것을 거절하지 말라는 뜻이 아니다. 당신이 얻어맞거나 피해를 입음으로써 주님께 폐를 끼치지 않게 된다면 피해를 당하라는 것이다. 주님께서 우리에게 주신 영예를 생각해보라. 그 점을 생각할 때 우리는 주님의 영예에 해를 끼치느니 차라리 내가 피해를 당하는 것이다.

"나는 이제 너희를 위하여 받는 괴로움을 기뻐하고 그리스도의 남은 고난을 그의 몸된 교회를 위하여 내 육체에 채우노라"골 1:24.

누군가가 우리의 권한을 넘어서 우리에게 해를 끼치려 한다면 우리는 저절로 화가 날 것이다. 도덕적으로 말한다면 그래야 맞다. 그러나 예수 그리스도께서는 "만일 네가 나의 제자라면 십 리라도 더 가야 한다"고 말씀하신다. 신기한 것은 우리가 주님의 말씀에 순종하는 순간, 주께서 예상하신 대로 사람들은 우리의 이름을 악하다고 하며 멀리한다.

사람은 하나님과 바른 관계를 가지기까지는 사람의 용맹과 용기를 신성화한다. 사람들에게 영감을 주는 영웅적인 것이라면 뭐든지 하려고 한다. 그러나 성경은 하나님을 위해 약한 자가 되라고 한다. 이때 주께 순복하기 위해 하나님을 위해 약한 존재가 되려고 하면 우리에게는 전능하신 하나님의 능력이 필요하다.

"그리스도께서 약하심으로 십자가에 못 박히셨으나 하나님의 능력으로 살아계시니 우리도 그 안에서 약하나 너희에게 대하여 하나님의 능력으로 그와 함께 살리라"고후 13:4.

우리 중 몇몇은 이 선상에서 허상을 벗는 과정을 지나야 할 것이다. 왜냐하면 우리는 순복하기를 싫어하고 우리의 권한을 주장하기를 더 좋아하기 때문이다. 예수님께서는 "나의 멍에를 메고 내게 배우라"고 하셨다마 11:29. 나는 주님께 충성하는가? 아니면 나 자신의 권리에 매달려 있는가? 나의 혀는 주님의 것인가? 아니면 혀 밑에 뱀의 독을 품고 있는가?

희생을 통해 기뻐함으로 허상에서 벗어남

"여호와께서 나를 구원하시리니 우리가 종신토록 여호와의 전에서 수금으로 나의 노래를 노래하리로다"사 38:20.

히스기야 왕은 지금 안락한 의자에 앉아 감상에 젖은 노래를 하는 것이 아니다. 그는 병으로 죽어가면서도 노래한다.

"찬미의 제사를 주님께 드린다."

이는 희생을 치르는 찬양이다. 만일 당신이 처져 있다면 찬양하라. 희생이란 우리가 포기하기 어려운 것을 드리는 것을 말한다. 우리는 물질을 희생한다고 말하지만 그것은 우리의 것이 아니기 때문에 우리가 드릴 수 있는 것이 아니다눅 12:15. 주님께서는 우리를 가장 고통스럽게 하는 단 한 가지의 희생을 요청하신다. 바로 자신에 대한 권리를 희생하는 것이다. 예수 그리스도는 제자들에게 단 한 가지의 '위선'을 가르치셨다.

"너는 금식할 때에 머리에 기름을 바르고 얼굴을 씻으라"마 6:17.

당신이 금식하고 있다고 말하지 말라. 밤새 기도했다고 말하지 말라. 얼굴을 씻고 당신의 가장 가까운 사람마저 당신이 금식하고 있다는 사실을 모르게 하라. 자연적인 것을 절제하는 것은 하나님의 의도이다여기서 '금식'의 개념은 음식뿐 아니라 삶의 모든 것을 절제하는 것을 의미한다.

성령께서 금식을 승화시키시면 다른 사람들이 전혀 눈치채지 못한다. 당신을 드러내지 말고 오직 예수님만 드러내라.

"그는 흥하여야 하겠고 나는 쇠하여야 하리라"요 3:30.

요한은 예절을 갖추기 위해 또는 두려움에 떨리는 입술로 이 말을 한 것이 아니다. 그는 기쁨 가운데 이 고백을 하고 있다.

"그분이 오셨기 때문에 나는 쇠하여야 합니다!"

요한은 너무나 큰 희열 가운데 이 말을 하고 있다. 예수 그리스도께서 나의 삶을 통해 흥하고 계신가? 아니면 나 자신이 주님의 모든 것을 가로채고 있는가? 그렇다면 내 안에 아직 허상이 가득 차 있다는 증거이다.

내가 허상에서 벗어나야만 주님을 보게 된다. 주님만 바라보면 더 이상 허상은 남지 않는다. 내가 얼마나 해를 받는가는 별로 중요하지 않다. 내게 중요한 것은 모든 사람들이 "그리스도 예수 안에서 완전하게" 드러나는 것이다.

05

예수님이 주시는 평안

성탄 메시지

"이는 한 아기가 우리에게 났고 한 아들을 우리에게 주신 바 되었는데 그의 어깨에는 정사를 메었고 그의 이름은 기묘자라, 모사라, 전능하신 하나님이라, 영존하시는 아버지라, 평강의 왕이라 할 것임이라" 사 9:6.

"지극히 높은 곳에서는 하나님께 영광이요 땅에서는 하나님이 기뻐하신 사람들 중에 평화로다 하니라" 눅 2:14.

기독교에 관한 여러 일반적 관점들 중에는 틀린 내용들이 더러 있다. 예를 들어, 기독교는 평화를 위한 종교이고 사람들을 사랑하는 종교이며 국가의 평화와 번영을 위한 종교라는 것이다. 그러나 기독교를 자세히 들여다보면 이러한 관점이 전혀 맞지 않음을 발견하게 된다. 솔직한 비평가들이 질문한다.

"평화라고요? 평화의 왕 예수님이 오시고 천사가 평화를 예언한 지가 벌써 2000년이 지났는데 도대체 평화가 어디 있다는 말입니까?"

성경은 천사가 평화를 '예언'한 것이 아니라 '선포'했다고 말한다. "땅에서는 기뻐하심을 입은 사람들 중에 평화로다."

'하나님을 즐거워하는 자들에게 평화'라는 의미이다. 예수 그리스도는 하나님께서 사람과 함께하시는 사실을 '나타내시기' 위해 오셨다.

"그의 이름은 임마누엘이라 하리라 하셨으니 이를 번역한즉 하나님이 우리와 함께 계시다 함이라"마 1:23.

예수 그리스도는 '신-인'God-Man이신 유일한 존재이다. 그분에 의해 누구든지 예수 그리스도의 '임마누엘'의 본을 따라 하나님의 자녀가 될 수 있다. 이것이 기독교가 계시하는 내용이다. 예수님께서는 사람들에게 "내게로 오라"고 하셨다. 누구든지 예수님께 나아오면 영적인 영역으로 거듭나게 되며 모든 관점이 바뀌게 된다. 죄로부터의 구원은 거듭남의 한 부분일 뿐이다. 물론 우리가 죄인이기 때문에 이 부분이 매우 중요하다. 그러나 하나님으로부터 거듭났다는 뜻은 거듭난 그 사람이 그분의 아들의 관점을 가지게 된다는 뜻이다. 성탄의 메시지는 모든 것을 정화시킨다. 육체로 오신 하나님은 주의 구속을 근거로 살아가는 모든 자들에게 가장 심오한 삶을 살 수 있도록 하셨다.

그리스도의 위협

"내가 세상에 화평을 주러 온 줄로 생각하지 말라 화평이 아니요 검을 주러 왔노라"마 10:34.

예수님께서 이 땅에 '검을 주러 오셨다'고 생각하는가? 일반적 관젊은 예수님께서 전 세계에 사랑과 평화를 알리기 위해 오셨다고 한다. 그분은 온유하고 친절하며 자상한 성품을 지닌 분으로서 인생을 가장 아름답게 하기 위해 오셨다는 것이다. 그러나 예수님은 "화평이 아니요 검을 주러 왔노라"고 말씀하신다.

우리는 성경이 말하는 대로 생각하지 않고 우리가 예수 그리스도에 대해 배운 대로 우리의 생각을 내세우는 경향이 많다. 우리는 예수님이 온유하고 사랑이 많은 분이라고 배운다.

물론 그렇다. 그러나 우리는 주님의 마음 중심이 하늘 아버지의 영광을 위한 열정으로 불타고 계시다는 사실을 매번 잊는다. 성전에서 우리는 온유하고 친절하며 자상한 예수님이 아니라 노끈으로 채찍을 만들어 돈 바꾸는 사람들을 내어쫓으며 분노하시는 예수님을 본다. 예수님께서는 "나는 마음이 온유하고 겸손하다"고 하셨다. 그러나 그분의 온유하심은 하나님을 향한 것이지 사람을 향한 것이 아니었다. 하나님 아버지께서는 자기가 원하시는 대로 그분의 아들에게 행하셨다. 이때 아들은 완벽한 온유함 가운데 아버지의 뜻을 받아들였다.

"화평이 아니라 검을 주러 왔노라."

성령께서 전에 우리가 알지 못하던 진리를 깨닫게 하시면 우리의 마음에는 평화가 사라지고 대신 죄책감이라는 검이 우리를 찌르기 시작한다. 예수 그리스도의 임하심은 화평이 아니라 소요를 불러일으킨다. 그 이유는, 예수님은 그분과 인격적인 관계를 가지고 있지 않은 모든 '평화'를 향해 칼을 드시기 때문이다. 만일 죄책감으로 마음의 평화를 잃으면 다시 평화를 찾는 길은 오직 거룩 외에는 없다.

바울은 "전에 법을 깨닫지 못할 때에는 내가 살았더니"라고 말한다. 그러나 예수 그리스도께서 요구하시는 것이 무엇인지를 깨닫는 순간 마음의 평화는 산산조각이 난다. 예수님께서도 "내가 와서 그들에게 말하지 아니하였더라면 죄가 없었으려니와"라고 말씀하셨다요 15:22. 그렇다면 주님은 왜 오셨는가?

사람들은 말한다.

"산상수훈은 내가 행하기에 충분하다."(정말 그렇다면 얼마나 좋겠는가!)

사람들은 또 말한다.

"그러나 속죄와 그리스도의 십자가를 왜 선포해야 하는지 이해할 수 없다."

당신은 산상수훈을 통해 어디에서부터 그 교훈을 따라 행해야 하는지 아는가? 예수 그리스도의 요구는 예수님만큼 거룩해야 한다는 것이다. 우리는 우리의 행위에서 "눈보다 더 희어져야" 한다고 한다. 우리 마음은 측량할 수 없을 만큼 순결해야 한다고 한다. 진실로 당신의 마음은 너무나 순결해서 정욕이 전혀 틈타지 못하는가? 당신의 마음 그 어디에도 하나님께서 책잡으실 만한 것이 없는가? 만일 예수 그리스도께서 오셔서 하신 일이 우리가 이룰 수 없는 이상을 세우신 것이라면 우리는 그 이상을 모르는 것이 더 행복할 것이다.

그러나 예수 그리스도께서 오신 첫째 이유는 가르치기 위함이 아니다. 주님은 우리 안에 주님의 성향을 넣어주기 위해 오셨다. 바로 성령이시다. 성령에 의해 우리는 완전히 새로운 생명으로 살 수 있게 된다. 죄에 대한 가책으로 사람들은 자신을 정확하게 인식하게 되고 거듭나야 할 필요를 깨닫게 된다. 그 자리에 이르면 주님께서 말씀하신다.

"너는 복이 있나니."

한 사람을 그리스도인으로 만드는 가장 근본적인 요소는 머리로 믿는 것이 아니다. 그리스도인으로 만드는 가장 근본적인 요소는 그 사람의 마음 안에 새롭게 침투되는 성향이다. 예수 그리스도는 사람의 생명의 가장 중심 자리에 임하신다. 기독교의 근본은 예수 그리스도께서 나 자신으로서는 할 수 없는 것을 하시기 위해 나를 위해 오셨다는 점이다. 기독교는 어떤 원칙이나 프로그램을 고수하는 것을 의미하지 않는다. 예수 그리스도와의 인격적인 관계가 기독교의 핵심이다. 성령께서 주님과의 관계가 맺어진 성도의 마음속에서 임의로 역사하신다. 그러한 그리스도인의 삶은 세상 사람들에게는 일관적으로 보이지 않기 때문에 세상 사람들은 그를 이해할 수 없게 된다. 그리스도인은 어떤 사상이나 신조에 일관된 것이 아니라 오직 자신 안에 살아계시는 하나님의 아들의 생명에 일관된다.

그리스도인의 되었다는 의미

"그런즉 누구든지 그리스도 안에 있으면 새로운 피조물이라 이전 것은 지나갔으니 보라 새 것이 되었도다"고후 5:17.

하나님의 은혜로 구원을 받았다는 뜻은 멸망으로부터 구원을 받았을 뿐 아니라 새로운 피조물이 되었다는 것이다. 사람이 정죄를 받아 마땅한 이유는, 알면서도 행하지 않기 때문이다. 우리는 하나님의 은혜를 경험했다. 그러나 현실 속에서 거듭난 생명으로 살아가고 있는가? 우리는 기독교의 관점을 어느 정도 취하지만 결국 자신이 믿는 대로 자신의 관점을 바꿔버린다. 보통 그리스도인들은 이렇게 말한다.

"그럼요, 저는 구원받았습니다."

그렇다면, 열매를 보이라. 당신은 구원받지 못한 사람과 무엇이 다른가? 세상 사람들처럼 이해타산의 문제가 생기면 다투지 않는가? 만일 당신이 믿는다고 하는 기독교가 당신의 금전 문제나 결혼 문제에 영향을 주지 않는다면 결국 아무 의미가 없다. 오늘날 기독교에 대해 알고자 하는 사람이 없다. 사람들은 질문한다.

"기독교가 말하는 것이 참인가? 실제인가? 현실의 삶에 얼마나 영향을 미치는가?"

만일 누구든지 주님의 구속을 근거로 예수님과 인격적인 관계를 맺게 된다면 그 사람의 삶과 다른 사람을 대하는 자세는 반드시 바뀔 수밖에 없다.

"이전 것은 지나갔으니 보라 새것이 되었도다."

예수 그리스도께서 평화를 위해 오셨는가? 그렇다. 그러나 그 평화는 주님 자신의 평화이지 다른 종류의 평화가 아니다.

"나의 평안을 너희에게 주노라"요 14:27.

예수님께서 주시는 평안은 외부 상황에 의해 오는 평안이 아니다. 이 평안은 그 어떠한 상황에서도 누릴 수 있는 것으로서 예수님과의 인격적 관계를 근거로 한 평안이다.

"이것을 너희에게 이르는 것은 너희로 내 안에서 평안을 누리게 하려 함이라 세상에서는 너희가 환난을 당하나 담대하라 내가 세상을 이기었노라" 요 16:33.

오, 우리 구세주께서 주시는 평안!
전에는 알지 못했던 평안!

이 평안이 성경이 말하는 평안이다. 곧 인간의 영혼 가장 깊은 곳에서 누릴 수 있는 평안이며 모든 이해를 초월하는 전능한 평안이다.

06

영적 교육

"너희의 인내로 너희 영혼을 얻으리라" 눅 21:19.

교육이란 없는 것을 더하는 것이 아니라 원래 있는 것을 끄집어내어 그것이 외부로 표현될 수 있도록 하는 것이다. 영적 교육이란 거듭난 이후 우리 안에 있는 신성한 생명을 외부로 표현하는 방법을 배우는 것이다.

예수님께서는 제자들에게 "너희의 인내로 너희 영혼을 얻으리라"고 말씀하셨다. 영혼은 내 몸을 통해 나의 인격적인 영을 표현하는 것을 말한다. 곧 영혼은 우리로 하여금 이성적으로 생각하며 행동하게 한다.

예수님께서는 영혼을 얻기 위해서는 영혼을 잃어야 한다고 가르치셨다. 이는 사물 및 사건에 대해 자기 마음대로 생각하고 따지던 과거의 자세를 완전히 버리고 이제는 모든 것을 새로운 관점에서 보기 시작하라는 뜻이다. 우리 안에는 예수님의 영이 은혜로 와 계신다. 그러나 우리는 그리스도 예수 안에 있는 '마음'을 형성해야 한다. 그 누구도 뜻을 다해 이 '마음'을 만들어 내지 않으면 그리스도의 마음을 가질 수 없다.

신성한 사랑의 차원

"하나님이 세상을 이처럼 사랑하사 독생자를 주셨으니" 요 3:16.

"능히 모든 성도와 함께 지식에 넘치는 그리스도의 사랑을 알고 그 너비와 길이와 높이와 깊이가 어떠함을 깨달아 하나님의 모든 충만하신 것으로 너희에게 충만하게 하시기를 구하노라" 엡 3:18-19.

영적으로 가장 먼저 교육받아야 하는 것은 하나님의 사랑의 차원, 곧 하나님 사랑의 넓이와 길이와 높이와 깊이가 어떠한지 깨달아 아는 것이다. "하나님은 사랑이시다"라는 것은 계시이다. 위로부터 거듭나지 않은 사람에게 "하나님은 사랑"이라고 말하는 것은 아무 의미가 없다. 사실 거듭나지 않은 사람에게는 하나님은 사랑이 아니시다. 전쟁에서 하나님의 사랑이 어디에 있는가? 어쩔 수 없는 인생의 고통과 비참함 가운데서 하나님의 사랑이 어디 있는가? 예수 그리스도에 의해 나타난 하나님의 사랑의 계시를 받아들이지 않는다면, 그 누구도 하나님은 사랑이라는 증거를 제시할 수 없다.

"하나님이 세상을 이처럼 사랑하사"라는 내용은 예수 그리스도를 통해 나타나는 하나님의 사랑을 알지 못하면 전혀 알 수 없다. 평범한 사람들이 어쩔 수 없는 상황 가운데 처하게 되었을 때 요한복음 3장 16절을 읽게 하라. 삶의 가장 깊은 곳에서 어떤 비참함을 깨닫지 못한다면 하나님의 사랑을 발견할 수 없다.

십자가에서 우리는 하나님의 사랑이 어떤 차원인지를 보게 된다. 십자가는 사람의 십자가가 아니라 하나님의 마음을 표현한 곳이다. 이 세상에서 발생하는 모든 사건의 배후에는 두 팔을 벌리고 계신 하나님이 서 계신다. 십자가에까지 이끌려야만 하나님의 품으로 인도 받게 된다. 예수님의 십자가는 하나님의 사랑의 최상의 증거이다 롬 8:35-39.

"누가 우리를 그리스도의 사랑에서 끊으리요"롬 8:35.

그리스도의 십자가는 하나님의 사랑이 타오르는 중심점이다. 그런데 십자가에서 타오르는 그 사랑은 하나님의 거룩으로 인한 것이다. 하나님의 친절이나 동정심에 의한 것이 아니다. 만일 내가 옳지 않은데 하나님께서 나를 사랑하신다는 이유 하나만으로 나를 옳다고 한다면 하나님은 더 이상 공의로운 분이 되실 수 없다. 결코 그럴 수 없다. 하나님은 거룩한 분이시다. 구속의 기적은 거룩하신 분께서 거룩하지 않은 내게 새로운 성향 곧 하나님의 아들의 성향을 넣어주신 것이다.

신성한 삶의 방향

"사랑은 오래 참고 사랑은 온유하며 시기하지 아니하며 사랑은 자랑하지 아니하며 교만하지 아니하며 무례히 행하지 아니하며 자기의 유익을 구하지 아니하며 성내지 아니하며 악한 것을 생각하지 아니하며 불의를 기뻐하지 아니하며 진리와 함께 기뻐하고 모든 것을 참으며 모든 것을 믿으며 모든 것을 바라며 모든 것을 견디느니라 사랑은 언제까지나 떨어지지 아니하되 예언도 폐하고 방언도 그치고 지식도 폐하리라"고전 13:4-8.

　사랑이란 나의 인격이 다른 인격을 선호하는 것이다. 예수님은 자신이 우리의 사랑의 대상이 되기를 요구하신다. 그리스도와 함께하는 신성한 삶은 다른 사람을 향한 예수님의 관심에 내 마음을 일치시키는 것이다.

　위 성경 구절은 그리스도인들이 현실의 삶에서 어떠한 삶을 살아야 하는가를 말한다. 만일 내가 남의 흉을 찾는 성향을 가졌다면 나는 다른 사람이 함께하기에 가장 불편한 사람일 것이다. 그러나 하나님의 사랑이 내 마음속에 부어진 바 되면 나는 가장 험난한 외적인 상황 가운데서도 자기 희생을 가장 많이 치르려는 사람이 될 것이다. 과거에는 다른 사람의 흉만 보였는데 이제는 고상함이 보인다. 그 이유는 우리에게 바르게 볼 수 있는 능력이 생겼기 때문이다. 이 능력이 생긴 이후에 얼마나 과거의 자신의 모습에 부끄러움을 느끼게 되는지!

　신성한 삶의 방향은 다른 사람에 대한 하나님의 관심에 나 자신을 일치시키는 것이다. 주님은 바로 당신과 나같이 아주 모순된 사람들에게도 관심을 가지신다. 우리는 종종 하늘 아버지의 유머를 볼 수 있는데, 하나님께서는 우리가 하나님께 어떠한 사람이었는지를 알려주시기 위해 우리와 같은 부류의 사람을 우리에게 이끄신다. 이제 하나님께서는 우리가 그들에게 어떻게 행동하는지 지켜보신다. 예수님께서 우리를 어떻게 대하셨는가? 주님께서는 우리를 무한히 오래 참으심과 엄청난 용서와 관용으로 대하셨다. 주님께서 말씀하신다.

　"이제 너도 이처럼 다른 사람을 대하라."

"너희가 사람의 잘못을 용서하지 아니하면 너희 아버지께서도 너희 잘못을 용서하지 아니하시리라"마 6:15.

실제하지 않는 추상적인 원수와의 화해에 대해 논하지 말고 실제 원수와 화해하려고 노력하라. 믿지 않는 자를 사랑하는 것에 대해 '말하는 것'은 쉽지만 이는 추상일 뿐이다. 내가 만날 수도 없는 사람에 대해 사랑을 논하지 말고 내가 만나는 사람을 사랑하라. 신성한 삶의 방향은 하나님께서 내게 하신 대로 나도 다른 사람들에게 행하는 것이다. 하나님께서 내게 선대하신 대로 다른 사람을 선대하는 것이다.

"오직 너희는 원수를 사랑하고 선대하며 아무것도 바라지 말고 꾸어주라 그리하면 너희 상이 클 것이요 또 지극히 높으신 이의 아들이 되리니 그는 은혜를 모르는 자와 악한 자에게도 인자하시니라 너희 아버지의 자비로우심같이 너희도 자비로운 자가 되라"눅 6:35-36.

신성한 삶의 또 다른 방향은 자신의 권리를 주장하지 않는 것이다. 이 교육은 가장 배우기 어렵다. 주님께서는 산상수훈에서 우리 자신을 위해 공평한 대우를 구하는 대신 다른 사람들에게 공평한 대우를 하라고 말씀하신다. 이러한 말씀은 상식과 상충되기에 이렇게 행동하는 사람은 정신병자이든지 아니면 진정한 그리스도인이다.

자신을 위해 공평을 구하는 것은 신성한 삶이 아니다. 자신에 대한 '신성한' 권리를 주장하지 말라. 다른 사람의 연약함을 찾으려는 자세를 주의하라. 우리에게 보이는 다른 사람의 연약함은 정확하게 우리 자신의 연약함이다. 이를 깨닫는다면 다른 사람을 비판하거나 자신의 잣대로 남들을 재려는 자세를 버리게 될 것이다.

하나님의 사랑이 내 안에 거할 때 나는 그 사랑을 표현하는 법을 배워야 한다. 이 점에서 나는 스스로 훈련해야 한다. 이 훈련에는 많은 시간이 걸릴 것이다. 그러나 성경은 "너희의 인내로 너희 영혼을 얻으리라"고 했다. 따라서 절대로 포기하지 말라. "오, 또 실패했구나. 이제 그만두자"라는 마음을 버리라. 당신 자신에게 오래 참으라. 주님의 구원은 미래를 위한 것이 아니라 현실 속에서 역사해야 한다는 사실을 기억하라.

신령한 충성심을 갖기 위한 훈련

"네가 나를 사랑하느냐 … 내 양을 먹이라"요 21:17.

당신은 예수 그리스도의 양을 먹이는 일을 해왔는가? 간단한 질문을 하나 해보자. 당신은 사람들로 하여금 예수님을 이해하도록 영양분을 공급하는가? 아니면 당신의 특별한 생각을 주입시키려고 하는가? 예수님께서는 "신령한 충성심은 나의 양으로 하여금 나를 알도록 먹이는 것이지 너의 생각을 나의 양에게 주입시키는 것이 아니다"라고 말씀하신다. 베드로는 처음에 주님을 향한 자신의 사랑을 자랑했다.

"모두 주를 버릴지라도 나는 결코 버리지 않겠나이다"마 26:33.

그러나 지금 그에게는 이러한 자랑이 전혀 남아 있지 않다.

"주님 모든 것을 아시오매 내가 주님을 사랑하는 줄을 주님께서 아시나이다"요 21:17.

신성한 충성의 훈련은 나 자신의 신조가 아니라 예수님께 충성해 다른 사람들이 예수님을 알아가도록 영양분을 공급하는 것이다. 뭔가 선한 일을 해야 한다는 생각을 버리라. 주님께서 말씀하신 것을 기억하라.

"나를 믿는 자는 성경에 이름과 같이 그 배에서 생수의 강이 흘러 나오리라"요 7:38.

그리스도인의 삶은 절대로 "하라. 하라"가 아니고 "되라. 되라"이다. 주님께서는 "되면 내가 너를 통해 일하겠다"고 하신다. 예수님의 성령에 의해 만들어지는 사람은 날마다 예수님을 더욱 닮아간다.

세월이 지나면서 당신은 더욱 고결해지고 있는가? 남들에게 도움이 되며 더욱 겸손하고 선한 사람이 되고 있는가? 다른 사람들이 내 삶을 보며 예수님과 함께하는 삶이 어떠한 삶인지 알게 되는가? 아니면 여전히 자기 주장이 강하여 자기 방법만 고집하는가? 이 질문은 당신이 신령한 충성심을 가지고 있는가를 판별하는 질문이다.

지금까지 검토한 영적 교육을 정리해보자. 하나님의 사랑의 차원을 배우라. 그 사랑의 중심은 거룩이다. 신령한 삶의 방향은 예수 그리스도의 관점을 배우기 위해 나의 관점을 의도적으로 내려놓는 것이다. 신령한 삶은 다른 사람들로 하여금 나에 대해 알게 하는 것이 아니라 예수님을 알게 하는 삶이다. 이를 이룰 수 있는 유일한 방법은 예수님께 충성하는 것이다.

07

사역자로 부르실 때

상처를 향기로 만드시는 하나님

"맨 나중에 만삭되지 못하여 난 자 같은 내게도 보이셨느니라"고전 15:8.

"내가 이전에 유대교에 있을 때에 행한 일을 너희가 들었거니와 하나님의 교회를 심히 박해하여 멸하고"갈 1:13.

바울은 자신을 "만삭되지 못한 자"라고 언급한다. 하나님을 위한 모든 사역자들은 자신들에 대해 이러한 느낌이 있다.

"좀더 일찍 깨달았다면…", "내 시간을 좀더 제대로 사용하였더라면." 이러한 생각들은 사역자들의 마음속에 끊임없이 발생하면서 사역자가 앞으로 나아가지 못하도록 뒤로 잡아끈다. 따라서 사역자들은 이 부분을 반드시 극복해야 한다. 그리고 궁극적으로 깨달아야 하는 것은 하나님을 섬기는 데 유일한 방법은 "육체를 신뢰하지" 말아야 한다는 점이다빌 3:3.

바울이 "뒤에 있는 것은 잊어버리고"라고 말할 때 그는 자신의 과거의 삶을 언급하고 있는 것이 아니다. 바울은 결코 과거에 자신이 "비방자요 박해자요 폭행자였다"는 사실을 잊은 적이 없었다 딤전 1:12-17. 그러나 그는 자신의 삶 가운데서 이루어놓은 모든 일을 단호하게 잊기로 했다. 그는 단지 "앞에 있는 것을 잡으려고" 언제나 마음을 다했다. 하나님의 은혜의 복음은 사역자에게서 그의 기억을 제거해 과거를 무시하게 만드는 것이 아니다. 오히려 과거를 기억함으로 하나님을 더 잘 섬길 수 있어야 한다. 사역자는 사람들에게 결코 과거를 잊으라고 말해서는 안 된다. '기질의 복음'the gospel of temperament. 당시 초자연적인 복음의 능력을 적용하지 못하고 초등학문의 수준에서 도덕 또는 교양에 머무는 거짓 복음을 지칭한다을 전하는 설교자들이나 그렇게 할 것이다. 만일 우리가 과거를 잊으면 우리는 강퍅하고 둔감한 사람이 될 것이다. 우리가 강퍅해지면 우리는 하나님께 아무 쓸모가 없는 존재가 된다.

그러나 우리 기억 속에 있는 뼈아픈 상처들을 그리스도의 십자가를 통해 치유한 후 그 상처를 승화시키면 우리는 다른 사람들에게 큰 유익을 줄 수 있게 된다. 만일 사역자가 하나님의 은혜를 체험하는 가운데 과거의 상처를 개인적인 구원의 경험으로 승화시킨 일이 없다면 그에게는 여전히 하나님의 메시지를 막는 못된 성품과 강퍅함이 있다.

과거의 죄에 대한 뼈아픈 느낌이 없다면 과거의 상처는 결코 승화될 수 없다. 최근의 교육과 문화는 바울이 가르친 내용과는 정반대의 입장을 취하고 있다. 과거를 무조건 잊고 자신의 가치를 살려서 전진하라고 한다. 그러나 자신의 과거의 죄악됨을 알지 못하는 자는 세상을 변화시킬 수 없다. 복음은 죄 없는 자의 입술을 통해 외쳐져서는 안 된다. 오직 구속에 의해 죄로부터 구원을 받은 사람들의 입술에 의해 선포되어야 한다. 죄가 전혀 없는 천사는 복음을 선포할 수 없다. 그러나 당신이나 나 같은 죄인 또는 죄수 같았던 바울과 같은 사람들이 복음을 선포할 수 있다. 우리는 예수님께서 복음을 선포했다고 말한다. 그러나 주님은 그 이상을 하셨다. 그분은 가르쳐야 할 복음이 존재하게 하기 위해 이 땅에 오셨으며 그 일을 완성하셨다.

사역자를 만드는 첫째 요소는 과거의 기억을 사용할 줄 아는 것이다. 자신을 합리화하기 위해서가 아니라 하나님의 은혜가 자신을 어떻게 변화시켰는지를 기억하기 위해 과거를 사용한다. 우리는 하나님께서 우리의 기억 중에 아픈 상처의 기억을 따로 취하셔서 그 기억으로 하여금 다른 사람을 구원하는 데 사용하신다는 것을 깨달아야 한다. 그러므로 성령은 계속 과거의 쓰라린 상처의 장소로 우리를 돌아가게 하신다. 그리고 그 상처가 있는 자리에 하나님의 은혜가 우리 마음속에 함께함으로 그 상처는 가장 향긋하고 밝은 향기가 된다. 이는 하나님의 은혜의 가장 위대하고 놀라운 역사로서, "죄가 더한 곳에 은혜가 더욱 넘치게" 하는 것이다.

제자들을 만남

"그 후 삼 년 만에 내가 게바를 방문하려고 예루살렘에 올라가서 그와 함께 십오 일을 머무는 동안"갈 1:18.

아라비아에서 삼 년간 머물렀던 바울을 생각해보자. 그는 그곳에서 하나님의 은혜에 의해 완전히 부서지고 깨어진 후에 새롭게 바뀌었다. 그 후 바울은 베드로를 찾아가 15일을 그와 함께 머문다. 그때 무슨 일이 발생했는지 상상할 수 있는가? 베드로는 모든 이야기를 시작했을 것이다. 자신이 갈릴리 호수에서 예수님을 만난 사건부터 시작해 겟세마네 동산의 사건들, 십자가 사건들, 부활 사건들을 다 말했을 것이다. 그리고 모든 성도들을 불러모아 바울과 함께 성만찬의 시간을 가졌을 것이다.

그런데 그곳에서 바울은 과부가 된 여인들을 수없이 만났을 것이다. 이들은 바울의 손으로 죽인 사람들의 아내들이었다. 아무리 죄사함을 받은 사람이라고 할지라도 자신이 피해를 입힌 사람들을 직접 만난다는 것은 쉬운 일이 아니다. 그 이후로 바울은 자신이 행한 일이 무엇인지를 기억하면서 더욱 더 고아와 과부를 염려하게 되었다. 그 '괴수'를 변화시킨 것이 십자가의 구속이기에 바울은 이러한 고백을 하게 된다.

"내가 너희 중에서 예수 그리스도와 그가 십자가에 못 박히신 것 외에는 아무것도 알지 아니하기로 작정하였음이라"고전 2:2.

이러한 고백이 우리의 삶에도 있어야 한다. 성령께서 매번 우리의 지나간 잘못을 지적하실 때마다 영혼은 고통 가운데 눈물을 흘리며 주님께서 허락하신 놀라운 구원을 외쳐야 한다.

영적인 평가

"그러므로 우리가 이제부터는 어떤 사람도 육신을 따라 알지 아니하노라 비록 우리가 그리스도도 육신을 따라 알았으나 이제부터는 그같이 알지 아니하노라"고후 5:16.

독일 신학자 벵겔은 "구약의 관점으로부터 그리스도를 아는 지식이 이제 역사적 예수님을 아는 지식으로 발전했다. 신약의 관점으로부터 예수님을 역사적으로 알 때 그 지식은 그리스도를 아는 지식으로 발전한다"라고 말한 바 있다. 그러나 이러한 지식의 발전은 우리에게는 해당하지 않는다. 그 이유는 개인적으로 영적인 자유함을 얻은 후에야 비로소 역사적 예수가 어떤 분이셨는가를 바르게 알 수 있기 때문이다. 따라서 "역사적 예수를 알자"라는 구호는 바울이 성령을 따라 예수님을 알았던 방법과 어울릴 때 올바른 것이다. 예수님은 삼위 하나님의 한 분으로서 "근본 하나님의 본체"이시다. 주님은 "오히려 자기를 비어" 하나님의 형체를 내려놓으시고 종의 형체 곧 사람의 형체를 취하셨다. 주목할 만한 것은 바울의 경우는 예수 그리스도를 알 때 사람의 형체 또는 하나님의 형체로 알지 않았다는 점이다.

하나님을 본 사람이 없었기 때문에 바울도 하나님의 형체로서의 예수님을 본 적이 없다. 그는 예수님께서 이 땅에 종의 형체, 사람의 형체로 계셨을 때에도 뵙지 못했다. 바울은 영광을 얻으신 이후의 예수 그리스도를 만났을 뿐이다. 바울이 만난 예수 그리스도는 아주 유일한 존재였다. 예수 그리스도는 부활해 영화롭게 된 육체 가운데 하나님께서 계신 상태의 존재였다. 따라서 바울은 다른 사도들과는 다른 각도에서 예수 그리스도를 알린다. 그는 성령에 의해 그리스도의 '위격'person의 교리를 세울 수 있었다. 우리는 초기 제자들처럼 예수 그리스도를 '육체대로' 알 수 없고 성령을 따라 주님을 알 뿐이다. 그러므로 성경은 우리가 성령 받기를 주장한다.

당신은 그리스도께서 십자가에서 이루어놓으신 것에 뭔가를 더 추가하기를 원하는가? 바울의 삶의 열정을 배우기까지 이러한 함정은 계속 우리에게서 떠나지 않을 것이다.

"내가 너희 중에서 예수 그리스도와 그가 십자가에 못 박히신 것 외에는 아무것도 알지 아니하기로 작정하였음이라" 고전 2:2.

하나님께서 당신을 설교자로 부르신다는 것을 어떻게 아는가? 어떤 특별한 은사를 가지고 있기 때문일까? 하나님께서 거룩하게 하셨기 때문일까? 하나님께서 사역자로 부르시는 자들은 하나님께서 그리스도의 십자가를 통해 무엇을 의미하시는지를 하나님의 은혜의 기적 가운데 깨닫고 그 인생이 근본적으로 바뀐 자들이다. 이들이 바로 복음을 설교하도록 하나님의 부르심을 받은 자들이다.

아직도 자신을 기독교 사역자라고 부르는 자들 중에는 하나님의 갈보리 학교에서 다시 배워야 하는 자들이 많다. 그리스도의 십자가가 나를 위해 무엇을 할 수 있는지를 아는 것도 무한한 가치가 있지만, 그것만으로 설교자가 될 수 있는 것은 아니다. 설교자는 "내가 십자가에 못 박혔다"는 사실뿐 아니라 그리스도의 십자가에서 드러난 하나님의 마음을 본 이후에 "예수 그리스도와 그의 십자가에 못 박히신 것 외에는 아무것도 알지 아니하기로 작정한" 자들이어야 한다.

08

버려진 소망 가운데 충성하기

"내가 만일 스스로 이르기를 내가 그들처럼 말하리라 하였더라면 나는 주의 아들들의 세대에 대하여 악행을 행하였으리이다" 시 73:15.

하나님께 충성하는 것과 하나님의 자녀들을 충성되게 섬기는 것은 성도의 삶에서 최고의 시험이다. 우리의 현실 속에서 실제로 충성하지 않는다면 우리는 불충성의 자리에 머물게 될 것이다. 시인은 이것을 깨닫고 그가 하던 일들이 하나님의 자녀들을 배반하는 것이었다고 말하고 있다. 우리는 이 세대 속에서 누구의 편에 서 있는가? 하나님과 그분의 자녀들에게 충성하고 있는가? 그리스도의 멍에 외에 다른 멍에에 대해 분개하고 있는가?

실망은 자기 중심에서 발생한다. 그것은 '허상에서 깨어난 자기 중심'이다. 자신이 원하는 허상이 사라짐으로써 고통을 당하는 것이 실망이다. 성도는 예수 그리스도께서 그러하신 것처럼 실망하지 말아야 한다.

"그는 쇠하지 아니하며 낙담하지 아니하고" 사 42:4.

왜 그러한가? 그 이유는 주님은 오직 아버지의 뜻을 행하는 것 외에는 아무것도 원치 않으셨기 때문이다. 우리는 우리가 들은 진리에 따라 행하지 않기 때문에 실망하게 된다. 언제나 자신을 기분 좋게 하고 신나게 하는 일들만 바라보기 때문이다.

전 세계를 다스리시는 하나님을 향한 믿음

하나님께서 만물을 다스리신다고 말하는 것은 쉽다. 그러나 사탄의 역사와 고통과 죄가 왕성한 현실을 보면 하나님은 전혀 힘이 없어 보인다시 73:1-14. 이때 하나님이 모든 것을 다스리신다고 고백하는 것은 쉽지 않다. 하나님을 믿는 믿음은 언제나 시험을 이겨야 한다. 그래야 하나님과 주의 백성들에게 인정을 받을 수 있다. 연단된 믿음만이 하나님 앞에서 그 믿음의 부요함을 인정받을 수 있다. 우리는 고백한다.

"하나님은 사랑이시다. 그분은 공평하시며 거룩하시고 참되시다."

그러나 자신이 믿는다고 말했던 바와 뚜렷하게 상충되는 현실을 맞게 되면 우리의 믿음은 상식과 충돌된다. 이때 당신은 시편 73편에서 시인이 거의 실족할 뻔했던 것처럼 비관에 빠지지 않겠는가? 그리고 결국 하나님을 저버리지 않겠는가? 지식이나 과학적인 사고를 통해 지금 이 세상의 문제들에 대한 해답을 찾으려고 하지 말라. 이러한 사람들은 정신병자가 되든지 아니면 직면한 문제 자체를 인정하지 않게 될 것이다. '크리스천 사이언스'와 같은 이단은 실제적 문제를 인정하지 않는다. 죽음이나 죄나 고통은 허상이라고, 그러한 문제들은 실제로는 존재하지 않는다고 가르친다.

그러나 예수 그리스도께서는 우리의 눈을 활짝 열어 이러한 고통들을 보라고 하신다. 사탄과 고통과 죄는 실제로 존재한다. 이러한 것들로 인해 발생하는 모든 비방과 책임을 감당하실 수 있는 분은 오직 한 분 하나님이시다. 실제 상황을 정면으로 마주하라. 하나님 안에 그리스도와 함께 숨겨진 생명에 진실되게 서라. 그렇게 하면 지적으로는 답변을 얻지 못하더라도 하나님을 향한 당신의 믿음은 조금도 흔들림이 없이 견고하게 될 것이다. 이때 다른 사람들은 당신의 믿음을 보고 그들이 생각할 수도 없었던 해답이 있다는 것을 보기 시작한다. 바로 예수 그리스도를 보게 된다.

"내가 곧 길이요 진리요 생명이니"요 14:6.

원리적으로 볼 때 고통이란 죄의 결과라고 보는 것이 맞을 것이다. 그러나 이 원리에는 무슨 문제가 있는가? 지적인 해답이 실제 죄의 현실들을 해결하지 못한다는 점이 문제이다. 또한 하나님께서 어떻게 역사하시는지 설명할 수 없다는 점이 문제이다. 성경은 죄에 대한 문제는 지적인 원리가 아니라 전인격적인 결정에 의해 해결되는 것이라고 알려준다. 즉, 하나님께서 어떻게 역사하시는지 우리는 다 이해할 수 없어도 하나님을 믿으며 그분과 인격적인 관계를 맺을 때 죄에 대한 우리의 문제가 해결된다.

오늘날 우리는 하나님께 충성하는 대신에 자기가 믿는 신조나 교리에 충성하는 경우가 많다. 예수님보다 자신의 체험을 의지하기도 한다. 그러나 이러한 것들은 문제를 해결할 수 없다. 가장 중요한 마지막 질문은, 죄와 사탄이 난무하는 이 세상에서, 우리가 믿는 하나님의 성품과는 반대되는 일들이 가득한 이곳에서 여전히 하나님께 진실한 주의 자녀가 되겠는가 하는 것이다.

"이는 내가 악인의 형통함을 보고 오만한 자를 질투하였음이로 다"시 73:3.

악한 자의 형통은 하나님 안에 그리스도와 함께 감추인 생명을 모르는 모든 자들에게는 가장 큰 수수께끼요 문제이다. 오직 믿음을 통해서만 서서히 이 문제에 대한 해답을 얻을 수 있다. 악한 자의 형통에 관해 지적으로 또는 심리학적으로 해답을 얻을 수 없다. 이는 어떤 사람의 도덕적 순결과 영적 진실함을 그 사람이 누리는 하나님의 축복으로 측정할 수 없다는 뜻이다. 하나님께서는 선한 자와 악한 자에게 똑같이 자비를 베푸신다. 하나님의 축복은 하나님의 은혜가 흘러넘친다는 사실을 나타내는 것이며, 그분의 축복은 하나님과 관계가 없는 사람에게까지도 흘러넘친다.

따라서 이 땅에서의 축복은 사람이 하나님과 어떤 관계를 맺느냐 하는 것과는 무관하다. 어떤 사람은 이 땅에서 하나님의 축복을 크게 받고 누릴 수 있다. 그러나 여전히 하나님과 아무 관계가 없을 수 있 다마 5:45-48.

"이는 하나님이 그 해를 악인과 선인에게 비추시며 비를 의로운 자와 불의한 자에게 내려주심이라"마 5:45.

세속의 세계를 다스리시는 하나님을 믿음

도덕적 또는 영적 공황에 빠져들지 않으려면 하나님께 집중해야 한다시 73:15-22. 산상수훈의 단 한 가지 메시지는 하나님께 집중하는 것이다. 다른 것에 너무 마음을 빼앗기지 않도록 주의하라. 오늘날 우리는 하나님께 집중하는 것을 멀리하고 대신 주님을 위한 '일'에 자신을 헌신한다. 그래서 이 시대의 성도들은 사탄에 의해 패배하기보다 주님을 위한다고 하는 의무 때문에 너무나 바빠서 패배한다. 즉, 하나님과의 관계에서 스스로 패배하는 것이다. 또한 오늘날의 그리스도인들은 자기들끼리 친교하는 것에 너무 바빠 주님과의 교제를 가질 시간이 없다. 결국 자기들끼리 은둔처를 만들고 그곳에 거한다. 어느새 그들은 도덕적으로 부패한 사회 속에서 흠이 없는 거룩한 삶을 사는 것이 그리스도인의 생명이라는 사실을 잊어간다.

"너희는 세상의 소금이니 소금이 만일 그 맛을 잃으면 무엇으로 짜게 하리요 후에는 아무 쓸데없어 다만 밖에 버려져 사람에게 밟힐 뿐이니라"마 5:13.

하나님을 망각하고 자신들의 은둔처를 만드는 자들을 향해, 하나님은 그들이 은둔처에 머물도록 내버려두신다.

만일 우리가 하나님과의 인격적인 관계를 놓친다면 절대 기준이 사라지게 되면서 옳고 그름의 문제가 분명치 않게 된다. 오늘날 기독교는 "대충 하세요. 어느 정도 허락하셔야지요"라는 입장을 취한다. 그러나 절대로 그렇게 해서는 안 된다. 그 이유는 기독교란 하나님 안에 그리스도와 함께 감추어진 생명으로 살아가는 것이기 때문이다. 이 뜻은 이 세상과 대항해 가장 순결한 삶을 살아야 함을 의미한다. 그리스도의 순결은 사람들에게 매력적인 것이 아니다. 오히려 그들의 순결치 못한 모든 것을 향해 위험스러울 정도로 상처와 아픔을 주는 것이다.

"우리 하나님은 소멸하시는 불이심이니라" 히 12:29.

그리스도의 순결함에 충성하기를 원한다면 당신은 당신의 육신의 삶을 철저하게 통제해야 한다. 만일 사람에게 보이든 보이지 않든 단 1초라도 하나님께서 빛 가운데 계심같이 빛 가운데 행하지 않는다면 그 즉시 옳고 그름의 절대적인 분별력을 잃게 되면서 '애착'에 사로잡히게 된다. 당신의 모든 감정적 애착을 지금 시험해보라. 그 애착이 끝까지 가면 어떤 결과를 초래할 것인가를 생각해보라. 만일 그 끝이 잘못된 것이라면 지금 당장 당신의 마음속에 들어오려는 애착의 목덜미를 붙잡으라. 당신의 생명을 걸고 그 애착이 당신의 관심조차 얻지 못하도록 하라.

어려움이 찾아오면, 외부 상황의 어려움이든 내적인 어려움이든 상관없이 오직 하나님께 계속 충성하라. 절대 타협하지 말라. 만일 타협하면 당신의 주변 사람들이 당신의 불충성 때문에 고통을 당하게 될 것이다. 우리가 주님께 불충성하게 되는 이유는 주님께서 상황을 보시는 대로 보지 않기 때문이다.

누가 보든 말든 당신이 하나님 앞에서 할 수 있는 일을 계속하라. 사람을 의식하지 말고 어느 상황에서나 하나님 앞에서 아름다운 마음 자세를 유지하라. 아무도 없는 곳에서 그가 어떤 사람인지가 실제 그 사람이다. 하나님께 계속 충성하고 개인적으로, 그리고 공적으로 주님의 백성들을 섬기라. 그렇게 계속 하나님께 진실하고 충성하면 하나님께서도 당신을 신뢰하실 것이다.

하나님의 말씀을 인정하는 가운데 하나님을 믿음

"내가 항상 주와 함께하니 주께서 내 오른손을 붙드셨나이다 주의 교훈으로 나를 인도하시고 후에는 영광으로 나를 영접하시리니 하늘에서는 주 외에 누가 내게 있으리요 땅에서는 주밖에 내가 사모할 이 없나이다 내 육체와 마음은 쇠약하나 하나님은 내 마음의 반석이시요 영원한 분깃이시라 무릇 주를 멀리하는 자는 망하리니 음녀같이 주를 떠난 자를 주께서 다 멸하셨나이다 하나님께 가까이 함이 내게 복이라 내가 주 여호와를 나의 피난처로 삼아 주의 모든 행적을 전파하리이다"시 73:23-28.

하나님과 그분의 약속은 영원하다. 하나님의 은사는 영생이다. 예수 그리스도는 우리에게 영생을 주시기 위해 오셨다. 영생은 바로 예수님께서 사셨던 생명이며 이 영생은 시간이나 공간, 그리고 고통과 죽음을 초월하는 생명이다. 다른 영혼이 거듭나기를 기도하는 것은 그 영혼에게 영생이 임하기를 구하는 것이다. 사실 이 기도는 너무나 어마어마한 것을 구하는 것이지만 그럼에도 하나님께서는 그러한 우리의 기도를 응답하신다. 또한 하나님은 우리에게 그러한 기도 응답을 기다리게 하신다. 성도는 어떠한 상황에서도 주님께서 자신과 함께하신다는 것을 아는 자이다. 따라서 어떤 특별한 영역에서 기도가 응답이 되지 않았다고 해도 주께서 자신과 함께하고 있다는 사실만 안다면 절대로 당황하거나 혼돈 가운데 빠질 수 없다. 믿음이나 고난은 논리적이지 않다. 하나님께서 우리를 다루시는 영역은 사람의 말로 표현할 수 없는 깊은 생명의 영역이다.

우리가 그리스도의 명령을 수행하려고 할 때 동료 그리스도인들 중에 방해하는 자들이 있다.

"너무 어리석게 굴지 마. 인간의 속성을 너무 자제하려고 하지 마. 너라고 하나님께 특별한 존재라고 생각하지 마."

이러한 음성은 하나님을 향한 충성을 벗어나게 하는 음성이다. 우리는 마음을 다해 끊임없이 하나님께 충성하고 주의 백성들을 섬겨야 한다. 이러한 주님을 향한 충성을 방해하는 것이 있다면 그것이 무엇이든 십자가에 못 박겠노라고 단호하게 결단하라. 만일 우리가 어두움과 우울함에 굴복한다면 우리는 하나님과 그분의 성도들에게 죄를 짓는 것이다. 하나님께서 우리의 모든 경험을 통해 우리에게 알리고자 하시는 것은, 믿음 없이 행하던 모든 것을 다 떨쳐버리고 하나님 앞에서 어린아이처럼 단순하고 진실하게 하나님을 믿고 행하는 것이다.

3부 영적 성장의 여정

01

좁은 문으로 들어가라

이 시대는 진화 사상에 사로잡혀 있다. 사람들은 슈퍼맨을 꿈꾸며 모든 삶이 점점 나아질 것이라고 말한다. 그러나 자신들이 어디로 향하는지 전혀 알지 못한다. 한편 예수 그리스도에 의해 계시된 영적 진보는 처음부터 분명한 목표가 있다. 그 목표는 예수 그리스도이시다.

인간에 대한 세상적 관점과 성경의 관점은 매우 다르다. 세상적 관점은, 사람은 위대한 존재로 되어가고 있다고 본다. 사람이 이룬 업적을 보면 인간이 장래에 더 위대한 존재가 될 수 있다는 것을 보여주는 멋진 약속이라고 한다. 그러나 성경의 관점은, 사람은 하나님께서 의도하신 것을 다 망쳐놓은 존재로 본다. 그래서 성경은 인류의 진화를 기대하지 않는다. 대신 사람이 반드시 다시 태어나야 한다는 '혁명'을 가르친다. 사람의 거듭남은 명령이 아니라 근본적 사실이다. 사람이 영적인 영역에 들어가기 전에 반드시 그 사람 안에 부서짐이 있어야 한다.

하나님은 그분과 하나 되게 사람을 창조하셨다. 그러나 죄가 들어와 그 관계를 단절시켰다. 이에 예수님이 오셨고 그 안에서 하나님과 사람이 다시 하나 될 수 있게 되었다. 예수님은 역사 속에서 진화되어 나오신 분이 아니라 역사의 외부 영역에서 역사 안으로 들어온 분이시다. 그분은 사람 중 최고의 사람이 아니다. 인간들 스스로의 힘으로는 그분이 누구신지 알 수 없다. 예수 그리스도는 처음과 나중이시다. 바울은 예수님의 모습이 인류가 추구할 마지막 목표라고 했다.

"우리가 다 하나님의 아들을 믿는 것과 아는 일에 하나가 되어 온전한 사람을 이루어 그리스도의 장성한 분량이 충만한 데까지 이르리니"엡 4:13.

자신을 위한 갈등

"좁은 문으로 들어가기를 힘쓰라"눅 13:24.

모든 사람들은 무엇보다 먼저 자신과 싸워야 한다. 좁은 문으로 들어가기를 힘쓴다는 것은 싸움을 한다는 의미이고, 무엇이든 좁은 문으로 들어가지 못하는 것은 전부 멸망할 것이다. 인간의 이기심, 자기 유익을 구함, 자기 도취 등은 좁은 문으로 들어갈 수 없게 한다. 좁은 문으로 들어가기 위해 갈등한다는 것은 자신을 영적으로 바로 세우려고 애쓴다는 뜻이다. 자기 도취는 자기 안의 갈등을 거절한 상태를 말한다. 우리는 다른 사람들이 올바르게 되도록 돕기 전에 먼저 자신을 영적으로 바르게 세워야 한다.

만일 당신이 영적인 갈등을 통해 영적 승리를 얻었다면 당신은 당신이 만나는 모든 사람들에게 유익을 주게 될 것이다. 그러나 당신이 영적인 갈등마저 하지 않는 사람이라면 당신은 영적인 전염병을 퍼뜨리는 사람이 될 것이다. 영적으로 절제된 삶을 살며 감정을 절제하라. 아무도 인식할 수 없는 부분인 당신의 내면의 갈등에서 이기고 서라. 그러면 당신은 다른 사람들에게 보이지 않는 큰 유익을 끼치게 될 것이다. 그러나 당신이 이러한 내적인 싸움을 치르지 않는다면 당신의 주변 사람들은 활력을 잃게 될 것이다. 이 현상은 많이 알려져 있지는 않지만 그럼에도 심리학적으로 인정된 법이다.

이기심을 철저히 다스려 이기라. 그러면 당신은 엄청난 도움을 주는 사람이 될 것이다. 그러나 영적인 게으름과 자아도취에 빠진다면 당신은 당신의 주변 사람들에게 장애가 될 것이다. 이러한 내면의 영역은 보이지 않지만 언제나 주변 사람들에게 좋은 영향 또는 나쁜 영향을 끼치도록 되어 있다. 예수님께서는 우리에게 "좁은 문으로 들어가기를 힘쓰라"고 말씀하셨다.

당신만이 이 문에 들어가기를 힘쓰는 사람이 아니다. 당신이 좁은 문으로 들어가려면 당신은 당신보다 더 강하고 나은 사람들을 보기 시작할 것이다. 언제나 우리에게 영감을 주며 도울 수 있는 자들은 우리보다 앞서서 좁은 문에 들어가려고 애썼던 사람들이다. 자기주장을 하지 말라. 이는 영적으로 연약한 자들의 특징이다. 대신 좁은 문에 들어가기 위해 더욱 자신의 인격성을 개발하라. 어떤 사람들을 만나보면 그들의 마음과 삶이 너무나 고결해서 내 삶의 모습이 부끄러워진다.

다른 사람을 위한 갈등

"둘째는 이것이니 네 이웃을 네 자신과 같이 사랑하라 하신 것이라 이보다 더 큰 계명이 없느니라"막 12:31.

당신 자신에게 참된 유익을 구하면 반드시 다른 사람이 연관된다. 다른 사람에게 유익을 끼치지 않는 도덕적, 영적 승리란 있을 수 없다. 만일 당신이 자신을 위해 갈등하다가 그 갈등을 극복해본 경험이 있다면 당신은 다른 사람들도 그들 스스로 자신들의 영적 전쟁을 싸워야 할 필요성을 느끼게 될 것이다. 잘못된 영적 훈련은 다른 사람들에게 영적으로 싸울 수 있는 기회를 주지 않는 것이다. 우리는 다른 사람의 삶을 돕는다는 명목을 내세우지만 정작 그들에게 필요한 것은 자신들 스스로의 갈등을 통해 영적 승리를 획득하는 것이다. 장성한 어른이 되어서도 어린아이와 같이 순진무구해서는 안 된다. 대신 어른들은 순결함과 덕이 있어야 한다. 순진함은 순결치 않은 것을 접할 때 그것과 싸워 이김으로써 순결함으로 승화된다. 덕이 많고 순결한 사람은 그가 어디로 가든지 주변 사람들에게 큰 도움을 주게 된다.

"사람이 친구를 위하여 자기 목숨을 버리면 이보다 더 큰 사랑이 없나니"요 15:13.

예수님께서는 "너희를 친구라 하였노니 내가 내 아버지께 들은 것을 다 너희에게 알게 하였음이라"고 하셨다요 15:15. 예수님께 헌신할 때 당신의 삶에서 나타나는 특징은 주님을 위해 당신의 삶을 내려놓는 것이다. 실제로 목숨을 내어놓으라는 뜻이 아니라 주를 위해 당신 삶의 주권을 포기하라는 뜻이다. 바울은 이를 "우리가 … 예수를 위해 … 너희의 종"이 되었다고 표현하고 있다고후 4:5. 즉 당신은 예수님을 위해 다른 사람을 섬기는 삶을 살게 된다. 만일 당신이 인류를 위해 헌신한다면 당신은 오래가지 않아 곧 지치게 될 것이요 인간들의 배은망덕으로 인해 가슴이 찢겨질 것이다. 그러나 당신의 섬김이 예수님을 향한 사랑으로 인한 것이라면, 당신은 그들이 당신을 '신발털이개'처럼 대우해도 그들을 섬길 수 있다. 이 세상에서 당신을 위한 공평을 구하지 말라. 대신 다른 사람들에게는 공평이 이루어지도록 하라. 만일 당신이 자신을 위해 공평한 대우를 구하기 시작하면, 당신은 당신의 참된 자아를 위한 싸움을 치를 수 없게 된다.

상호 관계를 위한 갈등

"그러므로 사랑을 받는 자녀같이 너희는 하나님을 본받는 자가 되고 그리스도께서 너희를 사랑하신 것같이 너희도 사랑 가운데서 행하라"엡 5:1-2.

만일 내가 나 자신을 위해 바른 선상에서 갈등한다면 다른 사람을 위해서도 갈등하게 될 것이다. 갈등은 하나님과 나와의 상호 관계를 세우기 위한 것이다. 이러한 삶의 특징은 예수님을 놀랍도록 닮는다는 점이다. 예수님이 내 안에 거하시면 나는 주님과 같이 된다. 예수님께서는 나의 무례함과 이기심과 죄가 다 사라지기까지 나를 사랑하셨다. 이제 주님은 내게 말씀하신다.

"내가 네게 보인 종류의 사랑으로 다른 사람을 사랑하라."

"용서하라 그리해야 하늘에 계신 너희 아버지께서도 너희 허물을 사하여 주시리라 하시니라"막 11:25.

지금 이 내용은 주님의 속죄에 근거한 객관적인 죄사함을 말하는 것이 아니다. 우리의 죄는 이미 다 속죄함을 받았다. 이 구절의 의미는 내가 다른 사람을 용서해야 하나님과 나와의 상호관계가 유지된다는 뜻이다.

"너희가 사람의 과실을 용서하지 아니하면 너희 아버지께서도 너희 과실을 용서하지 아니하시리라"마 6:15.

참으로 정곡을 찌르는 말씀이다. 내게 악을 행하는 자에게 하나님께서 내게 보이신 사랑을 보여줄 준비가 되어 있는가 하는 내용이다. 나는 하나님께서 다른 사람을 향해 가지신 관심에 나 자신을 일치시키는 법을 배워야 한다. 하나님의 관심은 내 이기적인 관심과 같을 수 없다. 언제나 그분의 관심이 나의 관심이 되도록 하라. 성령이 사람 안에 임하시면 성령은 그 사람에게 우주적인 안목을 주신다. 하나님께서는 사람을 외모를 취하지 않으신다.

"우리가 그를 전파하여 각 사람을 권하고 모든 지혜로 각 사람을 가르침은 각 사람을 그리스도 안에서 완전한 자로 세우려 함이니 이를 위하여 나도 내 속에서 능력으로 역사하시는 이의 역사를 따라 힘을 다하여 수고하노라"골 1:28-29.

나의 삶이 다른 사람에게 유익을 주는 삶이 될 수 있는 비결은 하나님께서 내게 원하시는 대로 나 자신을 위해 얼마나 갈등하는가에 달려 있다. 하나님께 대한 나의 가치는 내가 모든 것에 대해 주님의 관점을 취해 얼마나 하나님과 상호 동역적인 관계를 갖느냐 하는 것에 있다.

02

하나님의 신비와 비밀

"일을 숨기는 것은 하나님의 영화요."잠 25:2.

이 구절은 개별적인 구절이 아니라 성경 전반에 걸쳐 드러나는 사상을 요약한 것이다. 신명기 29장 29절을 보라.

"감추어진 일은 우리 하나님 여호와께 속하였거니와 나타난 일은 영원히 우리와 우리 자손에게 속하였나니 이는 우리에게 이 율법의 모든 말씀을 행하게 하심이니라."

로마서 11장 33절에서는 "깊도다 하나님의 지혜와 지식의 풍성함이여, 그의 판단은 헤아리지 못할 것이며 그의 길은 찾지 못할 것이로다"라고 말한다. 신비의 목적은 우리로 하여금 이해할 수 없도록 골탕 먹이려는 것이 아니다. 오히려 계시를 감당할 수 있도록 하는 하나님의 관용과 친절이 신비이다. 신비는 주께서 친히 천천히, 그러나 분명하게 하나님의 충만한 계시 가운데로 우리를 인도하시는 방법이다. 하나님의 영광은 주의 교훈을 순종 안에 숨겨놓으신 것이다. 이 의미는 우리가 순종할 때에만 비로소 주의 교훈의 의미를 알 수 있다는 뜻이다.

"사람이 하나님의 뜻을 행하려 하면 이 교훈이 하나님께로부터 왔는지 내가 스스로 말함인지 알리라"요 7:17.

오직 순종을 통해서만 하나님의 교훈을 이해할 수 있다. 주님의 말씀을 날마다 되풀이되는 평범한 상황에 적용해보자. 나는 가장 가까운 의무를 잘 수행하는가? 평범한 날들 속에서 하나님의 말씀을 잘 순종하는가? 평범한 상황 가운데 순종하지 않는다면 나는 아무리 노력을 한다고 해도 하나님의 신비를 결코 헤아릴 수 없을 것이다. 그러나 일상 속에서 순종하면 나는 나를 향한 하나님의 교훈이 무엇인지 잘 이해하게 된다. 당신은 당신이 알고 있는 하나님의 진리에 철저하게 순종하는가?

체험은 그 자체가 목적이 아니라 깨달음을 위한 입구이다. 즉, 체험이란 하나님의 비밀을 깨닫게 하는 수단이다. 우리 중에는 죄에 묶인 자들도 있지만, 자신의 체험에 마음을 빼앗겨 스스로 그 체험의 노예가 된 자들도 있다. 최근에 신실한 많은 그리스도인들 중에는 빛을 상실한 성도들이 많은데, 그 이유는 자신들의 체험에서 벗어나지 못하고 스스로 그 체험에 갇히기 때문이다. 그들은 신속하게 체험의 한계에서 벗어나 하나님의 무한한 빛으로 나아가야 한다. 하나님께서는 체험이 우리를 붙드는 것을 원치 않으시고 주님만이 우리를 완전하게 붙들기를 원하신다. 오! 체험에서 자유하라. 스스로의 굴레에서 나오라. 마음의 부담도, 노력도, 의식적인 체험도 다 흘러가게 두라. 오직 예수 그리스도만이 모든 것이 되게 하라.

하나님께서는 주의 영광을 시험 또는 시련 속에 숨겨두셨다. 야고보 사도는 "내 형제들아 너희가 여러 가지 시험을 당하거든 온전히 기쁘게 여기라"약 1:2고 말했다. 주께서는 "이기는 그에게는 내가 감추었던 만나를 주겠다"고 약속하셨다계 2:17. 승리의 잔치는 언제나 싸움을 지난 후에야 있다. 시험을 통과해야만 놀라운 기쁨과 승리의 향연이 있다. 그러므로 우리는 믿음의 시련을 당할 때 하나님께 감사하는 것을 배워야 한다. 그 이유는 "믿음의 시련이 인내를 만들어" 내기 때문이다약 1:3. 하나님의 눈에 가장 귀한 것은 시험을 이긴 믿음이다. 시련을 통과한 믿음은 하늘에 보관된 풍성한 자원이 되어 언제든지 다시 사용 가능하다. 우리가 믿음의 시험을 통과하면 할수록 우리는 하늘나라의 영역에서 더욱 부요해진다.

"마음이 청결한 자는 복이 있나니"마 5:8.

우리가 계속 하나님께 순종하면 주께서는 우리 앞에 빛을 비추어 주신다. 그러나 너무나 슬프게도 우리 중에는 너무 조급해서 하나님을 판단하는 일이 종종 있다.

"하나님의 목적은 나를 행복과 즐거움으로 가득 차게 하는 것인 줄로 생각했어요."

그렇다. 그러나 이 행복과 즐거움은 나의 관점이 아니라 하나님의 관점에 따른 것이다. 하나님께서는 영원한 행복과 즐거움을 위해 잠깐 있는 행복과 즐거움을 무시하신다. 영원토록 완전한 것을 위해 이 땅의 불완전한 것들을 무시하신다. 이러한 하나님을 깨닫지 못한 사람들은 자신의 잣대로 하나님을 판단하고 나아가 악평한다.

"나는 푸른 초장과 쉴 만한 물가를 원했는데, 왜 하나님은 이러한 천둥과 재난을 가져오셨는가!"

인내하며 기다려보라. 우리는 조금씩 구름 뒤에 숨겨진 하나님의 모습을 보기 시작할 것이다. 번개 뒤에 어두움이 없는 날들이 보이기 시작할 것이다. 천둥 뒤에 고요하게 임하는 작은 음성을 들을 때면 말로 다 표현할 수 없는 위로를 느끼게 될 것이다.

하나님의 영광은 그분의 보화를 난처한 상황 가운데 숨겨두시는 것이다. 우리는 어려움에 처한 상황에서 주님의 보화를 발견한다.

"네게 흑암 중의 보화와 은밀한 곳에 숨은 재물을 주어 네 이름을 부르는 자가 나 여호와 이스라엘의 하나님인 줄을 네가 알게 하리라"사 45:3.

영적인 계곡과 푸른 초장

우리는 하나님의 보화가 그곳에 있을 줄은 꿈에도 생각하지 못한다. 그러나 그 보화를 얻으려면 우리는 난처한 상황을 이기고 지나야 한다. 사실, 끝없는 태양 빛은 우리의 눈을 피곤하게 한다. 영적으로도 마찬가지이다. 그러나 그림자가 있는 계곡은 우리에게 돌아볼 기회를 준다. 그 계곡에서 하나님과 만나게 되면 우리의 영혼은 소생한다. 그리고 그 계곡으로 인해 하나님을 찬양하게 된다. 하나님께서는 그림자가 있는 계곡에서 그분의 자비를 새롭게 깨닫게 하신다.

우리를 영적으로 전진하게 했던 때가 언제였던가? 아무 염려도 없이 모든 것이 평탄한 가운데 날마다 태양 빛으로 가득 찬 푸른 초장의 때였는가? 그렇지 않다. 물론 그러한 때도 중요하다. 그러나 우리의 믿음과 인격을 가장 많이 성장시킨 때는 힘들어 지치고 날마다 구름이 끼던 시절이다. 그 기간 동안은 앞길이 보이지 않았으며 오직 참고 기다리며 인내해야만 했다. 이때 우리가 기다리는 동안에 결코 예측할 수 없는 방법으로 하나님께서 찾아오셔서 우리에게 힘을 주시고 우리를 위로하시고 회복시키셨던 것이다.

하나님께서는 우리가 하나님의 주권을 깨닫기를 원하신다. 그러나 우리는 자신의 기준에 하나님을 가둔 후에 하나님께 아무 선택의 자유를 드리려고 하지 않는다. 우리는 하나님께서 무엇을 하실지 안다고 말한다. 그러나 하나님은 갑자기 전혀 예측할 수 없는 방법으로 역사하심으로써 우리의 모든 계산을 뒤엎으신다. 우리는 하나님께서 어떻게 하실 것이라고 기대하지만, 오히려 하나님께서는 그 반대로 행하실 때가 많다. 인생을 살다 보면 반대로 되는 때가 얼마나 많은지! 슬픔을 예상했는데 기대치 않은 기쁨이 오며, 기쁨을 예상했는데 예상치 않은 슬픈 일이 발생한다. 이 모든 과정을 통해 우리는 단 한 가지를 배운다.

"나의 모든 기대는 오직 주님뿐이다."

하나님께서는 실망의 과정을 통해 우리를 훈련하신다. 삶은 마치 폭풍 같아서 언제든지 실망이라는 난관에 부딪히게 되어 있다. 그러나 인생을 통해 우리가 서서히 배우게 되는 것은 하나님께서 우리를 위해 실망스러운 상황을 정해놓으셨다는 것이다. 하나님께서는 어두움 속에 그분의 보화들을 숨겨놓으신다. 그래서 전에는 보이지 않던

밝은 별들이 어두움이 오면 밝게 드러나기 시작한다. 거친 인생을 지난 성도들에게서 당신은 보화를 발견할 것이다. 그들에게는 말로 표현할 수 없는 향기와 아름다움이 베어 있다. "하나님 앞에 값진 온유하고 안정된 심령"을 소유하고 있다벧전 3:4. 당신은 하나님의 아름다움이 그분을 통해 반사되는 것을 느낄 수 있다. 어떻게 이렇게 되었는가? 그들은 실망스러운 상황 가운데 하나님의 보화를 발견한 자들이다. 하나님께서 기대치 않은 방법으로 그분의 주권적인 뜻을 드러내시는 때는 언제나 어두운 때이다.

"내 의의 하나님이여 내가 부를 때에 응답하소서 곤란 중에 나를 너그럽게 하셨사오니 내게 은혜를 베푸사 나의 기도를 들으소서"시 4:1.

"일을 숨기는 것은 하나님의 영화요"잠 25:2.

하나님께서는 우리의 호기심 및 조바심을 만족시켜주지 않으신다. 사람이 도덕적, 지적 또는 영적으로 비정상이 되는 이유는 하나님께서 그들 앞에 두신 장애물을 자신의 힘으로 제거하려고 하기 때문이다. 그러나 하나님께서는 그들이 그 장애물을 통과해 영적 진보를 이루기까지는 절대 그 장애물을 치우지 않으신다. 이 장애물은 인간의 호기심에 대해 가차 없이 혹독하다.

하나님의 아들의 걸음은 느리지만 안정된다. 그러나 사람들은 이러한 걸음걸이를 싫어한다. 아무리 웅장한 역사가 임한다고 해도 조급한 인간들은 더 이상 기다리지 못한다. 그들은 기다리지 못해 이 문 저 문을 두드리기 시작한다. 그러나 그 어떤 문도 '장애물'을 해결할 수 없다.

"장로 중의 한 사람이 내게 말하되 울지 말라 유대 지파의 사자 다윗의 뿌리가 이겼으니 그 두루마리와 그 일곱 인을 떼시리라 하더라"계 5:5.

성령은 장애물을 두시고 우리에게 분명하게 말씀하신다.

"그 길이 아니라 이 길이라."

하나님은 우리가 주님의 구름과 그분이 가리신 신비를 받아들이고 주님을 향한 믿음 가운데 순종하기를 원하신다. 그러면 주께서는 그 길을 통해 깊은 비밀들을 우리에게 알려주신다.

03

근본을 잃고
덧없는 것에 빠진다면

"그러나 내게는 우리 주 예수 그리스도의 십자가 외에 결코 자랑할 것이 없으니 그리스도로 말미암아 세상이 나를 대하여 십자가에 못 박히고 내가 또한 세상을 대하여 그러하니라"갈 6:14.

우리는 예수님이 이루신 일을 경탄하지만 정작 예수 그리스도께 순복하기는 싫어한다. 여기서 순복이란 죄인으로서 처음에 하나님께 항복하는 것을 의미하는 것이 아니라 성도로서 하나님께 더욱 영광스러운 순종을 하는 것을 의미한다.

사소한 것들 곧 외적으로 보이는 것들에 사로잡힘

바울은 이미 구원받은 성도들에게 갈라디아서를 쓰고 있다. 갈라디아 교회는 지금 영적 전투의 중심이 되었다. 바울이 그 교회 성도들에게 말한다.

"내가 당신들 앞에 십자가에 못 박히신 그리스도를 보여주었을 때 당신들은 당장 주님께 사로잡혔었는데, 지금 다른 사람들이 와서 의식과 율법을 보여주니 당신들은 그것들에 마음을 빼앗기고 있군요."

만일 종교 의식과 행사를 통해 완성을 향해 나아가려 할 때 그것들은 오히려 우리를 곁길로 빠지게 할 것이다. 사실, 기도, 헌신, 순종, 성결 또는 어떤 신앙 체험을 성화의 방편으로 삼는다면 우리는 잘못된 선상에 서 있는 것이다. 성화의 유일한 힘과 뿌리는 주님이심을 잊지 말라. 따라서 만일 당신이 주님을 안다면 당신의 다른 체험들에 신경 쓰지 않을 것이다. 체험이란 단지 우리를 하나님의 계시의 그 놀라움과 경이로움 앞으로 인도하는 입구일 뿐이다. 당신의 삶 가운데서 체험을 오고 가게 하라. 그러나 당신의 마음과 믿음은 주님께만 있게 하라.

갈라디아 교회의 성도들은 죄로 물든 것이 아니라 고정된 종교 의식에 빠져든 것이었다. 생명력 없는 겉치레와 경건해 보이는 율법의 모양에 물들어갔던 것이다. 그들은 하나님께서 만들어내실 수 있는 독특한 부류의 사람이 되어야 한다고 생각했다. 율법 및 할례를 통해 같은 부류의 사람들로 획일화되어야 한다고 믿었다. 그러나 성경에 의하면, 성도란 거친 인간의 형상이 속죄에 의해 재창조되어 성령의 능력으로 하나님과 하나 되는 상태를 말한다. 최근에 성도들에게 획일화된 똑같은 종교 체험을 강요하는 운동이 있는데, 이는 매우 위험한 것이다. 이 운동은 신앙 체험을 인간적으로 조작하려는 위험을 안고 있다. 또한 그 안에 독선이 있다.

"나는 틀릴 수 없지만 너는 틀리다."

그 운동은, 자신이 깨닫는 바는 절대적으로 맞다고 확신하는 반면 다른 사람들의 깨달음은 정도에서 벗어나 잘못되었다는 입장이다. 예를 들어, 그 운동을 주장하는 사람들은 하나님께서 하지 말라는 것을 하지 않는 것이 '성화'라고 정의하면서 이 정의가 절대적이라고 생각한다. 나아가 성경이 말하는 성화보다 그들의 정의를 더 많이 확신한다. 이제 그들에게는 성경이 내리는 정의는 인생만큼 혼돈을 줄 뿐이다.

성경은 오직 단 한 가지 예수 그리스도와의 관계만 강조한다. 오늘날 우리에게 필요한 것은 사람들을 깨우기 위한 획기적인 부흥 운동이 아니라, 이 시대에 맞는 새로운 형식 속에서 하나님의 엄청난 생명이 다시 임하는 것이다.

영적으로 사소한 것들에 빠져드는 질병을 고치기 위해 우리는 예수 그리스도께서 우리의 구원을 이루시기 위해 얼마나 위대한 희생을 치르셨는지를 다시 깨달아야 한다. 오직 십자가를 계속적으로 바라볼 때만이 사소한 것들에 빠져드는 위험과 내적인 위선에서 벗어날 수 있다. 오늘날 가장 시끄러운 단어는 '하라'이다. 그러나 우리에게 실제로 가장 필요한 것은 우리의 영혼이 하나님과 대면하는 것이다. 그래서 우리의 삶이 바울의 고백과 같아야 한다.

"그러나 내게는 우리 주 예수 그리스도의 십자가 외에 결코 자랑할 것이 없으니 그리스도로 말미암아 세상이 나를 대하여 십자가에 못 박히고 내가 또한 세상을 대하여 그러하니라"갈 6:14.

현실 가운데 발생하는 일에 사로잡히다 보면 우리는 어느새 근본적인 것인 십자가를 잊는다. 가장 중심 되는 이 위대한 십자가로부터 당신의 마음을 앗아가는 것이 있다면 그것이 아무리 매력적인 것이라 해도 조심하라.

덧없는 것들 곧 불확실한 바탕들

"이제는 너희가 하나님을 알 뿐 아니라 더욱이 하나님이 아신 바 되었거늘 어찌하여 다시 약하고 천박한 초등학문으로 돌아가서 다시 그들에게 종 노릇 하려 하느냐 너희가 날과 달과 절기와 해를 삼가 지키니 내가 너희를 위하여 수고한 것이 헛될까 두려워하노라"갈 4:9-11.

바울은 갈라디아 교인들로 인해 경악하고 있다. 그 이유는 그들이 너무나 쉽게 가장 중요한 근본을 버리고 있었기 때문이다. 바울이 말한다.

"너희를 위해 수고한 것이 헛될까 두려워하노라."

근본을 잃고 덧없는 것들에 빠지는 이유는 진리를 생각하지 않기 때문이다. 사람들은 진리를 원하기보다 사람들 간의 평화를 더 원한다. 신조에 헌신된 자는 진리에 대해 더 생각할 필요가 없다. 그 신조로 충분하기 때문이다. 그러나 예수 그리스도께 충성하는 사람은 생각한다. 그는 일평생 매일 생각한다. 절대로 생각을 멈추면 안 된다. 사람에게 부족한 것은 어떤 한 순간의 용기가 아니라 예수 그리스도를 계속적으로 집중해서 생각하는 것이다. 게으름과 무관심과 핑계는 발로 차버리고 그리스도의 십자가를 바라볼 수 있도록 자신을 일으켜 세워야 한다.

근본을 잃고 불확실한 것들에 빠지는 것을 막는 치유책은 중보기도이다. 우리가 삶의 현실적 상황에서 당혹을 느끼는 이유는 주의 십자가를 통해 예수 그리스도와 연결되어 있지 않기 때문이다. 이때 우리는 영혼의 가장 깊은 내면 세계까지 살피시는 예수 그리스도와 만나야 한다. 그러면 십자가 뒤에서 놀라울 정도로 간절하게 우리를 권하시는 주님의 음성을 듣게 된다. 이것이 중보기도의 필요성이다.

"너희가 내 이름으로 무엇을 구하든지 내가 행하리니 이는 아버지로 하여금 아들로 말미암아 영광을 받으시게 하려 함이라"요 14:13.

중보기도는 사람들을 위해 하나님과 함께 기도하고, 하나님의 나라를 위해 사람들과 함께할 때 역사하기 시작한다. 나는 기도의 열정을 가지고 어두움 가운데 있는 다른 영혼을 위해 성령께서 역사하시기를 기도하고 있는가? 아니면 그 영혼을 하나님께서 도우실 수 없으니 내 힘으로 도와야겠다고 하며 주변에 앉아 불평하고 있는가? 기도의 열정은 '은밀한 장소'에서 하나님께 드릴 때 생겨난다. 예수 그리스도께서 치르신 대가 때문에 우리의 구원은 놀라움과 평안과 능력으로 가득 차 있다. 하물며 현실적인 상황 가운데서 영원한 실체를 의식하는 자들이 다른 사람을 위해 십자가 앞에서 드리는 그 기도는 얼마나 놀라운 역사를 일으키겠는가?

거친 형상 곧 영적 자아 만족

우리는 너무나 행복하고 안전하고 만족하다 보니 예수님의 삶을 특징지었던 '순복'을 잃어가고 있다. 주님은 아버지께 자신의 거룩한 삶을 희생하셨다.

"그들을 위하여 내가 나를 거룩하게 하오니" 요 17:19.

우리도 주님께 자신을 희생으로 드리는 똑같은 특권을 누릴 줄 알아야 한다. 예수 그리스도는 아버지의 말씀과 뜻에 자신의 지성을 순복했다. 당신은 예수 그리스도께 당신의 지성을 순복하는가? 그렇게 하지 않으면 당신은 하나님을 향해 영적 반란을 일으키게 될 것이다. 거짓 개혁은 언제나 이 선상에서 발생한다. 곧 내면의 감정과 지성을 예수 그리스도께 순복하지 않는 것이다. 주님의 음성 듣기를 거부하는 것이다.

언제나 의지를 가지고 사도 요한처럼 반응하라.

"몸을 돌이켜 나에게 말한 음성을 알아보려고 돌이킬 때에" 계 1:12.

온 마음과 힘을 다한 우리의 의지는 전 인격을 예수 그리스도의 발 앞에 꿇게 할 것이다. 많은 사람들이 주님을 위해 일한다고 하면서 너무나 바쁘다. 그러나 주님이 원하시는 것은 무엇보다 먼저 주께 순복하는 것이다. 그러면 주께서는 개인적인 모든 열정을 다스리시면서 주께서 원하시는 대로 우리를 사용하신다. 이때 주님의 약속이 그 사람을 통해 이루어진다.

"나를 믿는 자는 성경에 이름과 같이 그 배에서 생수의 강이 흘러 나오리라 하시니" 요 7:38.

당신은 하나님께 충성하는 것보다 사람의 마음을 사로잡으려고 더 노력하는가? 하나님의 친구가 되기보다 사람들의 친구가 되기를 애쓰고 있는가? 하나님의 입장에 서기보다 사람들을 더 동정하며 그들의 입장에 서는가? 구속의 진리에 서지 못하고 흔들리고 있는가? '그리스도의 십자가의 원수'가 되지 않도록 항상 조심하라. 이를 위해 우리의 삶에 가장 중요한 지표는 '그리스도의 십자가만을 자랑하는 것'이어야 한다. 더 이상 자신을 위한 축제를 멈추고 주께 순복하라.

"너희는 값으로 사신 것이니 사람들의 종이 되지 말라"고전 7:23.

이 놀라운 말씀을 언제나 당신의 영혼의 깊은 곳에, 당신의 마음과 생각에 두라. 당신은 사도 바울처럼 그리스도의 이름으로 예수 그리스도의 영예만을 간절히 추구하는 그 엄청난 간절함과 열정의 마음을 소유해야 한다.

"나의 형제 곧 골육의 친척을 위하여 내 자신이 저주를 받아 그리스도에게서 끊어질지라도 원하는 바로라"롬 9:3.

이와 같이 예수 그리스도의 종은 개인적인 생활이 더 이상 없고 오직 주님과 함께하는 생활이 있을 뿐이다.

각 교회마다 "지금 필요한 것은 우리의 신조를 재정립하는 것입니다"라고 외친다. 그렇지 않다! 지금 필요한 것은 영원한 실체이신 분, 곧 하나님을 만나뵙는 것이다. 이는 십자가만을 통해 가능하다. 십자가를 통해 역사하시는 성령의 효력만으로 사람은 하나님께로 들어올려질 수 있다. 예수 그리스도에 의한 구원은 언제나 그리스도를 닮게 한다. 이는 하나님 앞에서 가장 단순한 삶을 살 때 나타난다. 하나님의 마음에 만족을 드리라!

04

잠잠히 하나님만 바라라

"나의 영혼아 잠잠히 하나님만 바라라 무릇 나의 소망이 그로부터 나오는도다"시 62:5.

사람들이 말을 하지 않는 이유는 일반적으로 지치거나 못마땅할 때이다. 그러나 시인의 침묵은 하나님께서 하나님 자신이 무엇을 하고 계시는지 알고 있다는 완벽한 확신으로부터 온다. 시인은 자신의 영혼의 혼미함을 깨뜨리고 일어나서 하나님 앞에서 집중하기로 다짐한다. 하나님 앞에서 잠잠히 기도하는 것은 실제로 하나님께 집중하는 것이다. 사람들은 말한다.

"그러나 하나님께 집중하는 것이 쉽지 않아요."

그렇다. 쉽지 않기 때문에 너무나 소수의 사람들만이 하나님께 집중하는 비결을 배워 알고 있다.

우리는 영적 무관심으로부터 벗어나야 한다. 아무 생각 없이 하나님 앞에서 주절거리는 기도에서 벗어나야 한다. 대신 열매가 풍성한 집중의 자세를 가져야 한다. 잠잠히 하나님을 기다리며 기도하는가?

아니면 아무 생각 없이 모든 것이 끝나기를 견디고 있는가? 만일 당신이 분별력 있는 비전을 원한다면 방황하는 생각들을 모아 집중하라. 산만한 정신이 집중되기만 하면 당신은 당신의 의지를 사용할 수 있다. 기도는 의지의 노력이며 기도에서 가장 큰 싸움은 정신적으로 산만해지는 것을 극복하는 것이다. 만일 집중하지 못한다면 당신이 사탄의 밥이 되는 것은 시간 문제일 뿐이다.

"나의 영혼아 잠잠히 하나님만 바라라."

이는 하나님 앞에서 마음을 모아 주께 집중하라는 뜻이다.

영혼은 나의 인격적인 영으로서 이성적으로 생각하며 사물을 본다. 영혼은 자신의 모든 힘을 모아 하나님께 집중할 수 있다. 또한 마음을 모아 집중하더라도 하나님이 아닌 다른 것에 집중할 수 있다. 그러나 우리의 영혼은 '하나님께' 집중해야 한다. 우리는 삶 가운데서 끈질긴 집요함을 보일 수 있다. 그러나 그 끈질김이 하나님 또는 하나님의 영광과 웅장함을 향하는 끈질김이 아니라 돈이나 안일함으로 향하는 끈질김일 수 있다. 주님의 비유 가운데 어리석은 부자는 재물에만 끈질겼을 뿐, 하나님께 대해서는 조금도 부요치 않았다.

"영혼아 여러 해 쓸 물건을 많이 쌓아두었으니 평안히 쉬고 먹고 마시고 즐거워하자"눅 12:19.

이 땅에 속한 것들을 향해 집중하지 않도록 조심하라.

"하나님만 바라라."

쓸데없이 바쁜 척하지 말고 하나님과의 교제의 시간을 가지라. 하나님을 바랄 때 당신의 성향이 바뀌는 축복을 생각하라. 어떤 사람은 너무나 바빠 자신 및 다른 사람을 향한 하나님의 축복을 다 놓치고 만다.

하나님만 바라라

하나님만 바라기를 위해 처음부터 영혼을 집중하는 혹독한 노력을 해야 한다. 하나님을 바라며 '잠잠히' 있는 것은 어떤 감정에 빠지거나 몽상에 빠지는 것을 의미하지 않는다. 오히려 마음을 다해 하나님께 모든 것을 집중하는 것을 뜻한다. 주 예수 그리스도의 속죄를 통해 하나님과 바른 관계를 가지고 주님께 집중하면 당신은 주님과 멋진 사귐의 시간을 갖게 될 것이다. 오직 하나님만 바라면서 주님의 그 영광스러운 구원을 향해 집중하면, 하나님의 뜻에 따라 행하고 있다는 확신과 함께 하나님의 평강이 당신에게 임하게 될 것이다. 하나님을 간절히 사모하라. 그러면 그 어떠한 삶의 압박이라도 우리를 해하지 못한다. 우리는 굳세게 언제나 제자리에 있을 것이다. 하나님을 참으로 만나게 되면 하나님과의 사귐을 더욱 간절히 사모하게 될 것이다.

하나님을 바라는 것은 팔짱을 끼고 아무것도 하지 않는 것을 의미하지 않는다. 오히려 추수를 기다리는 사람처럼 기다리는 것이다. 농부는 게으를 수 없다. 그는 추수하는 그날까지 언제나 힘든 수고를 하며 기다린다. 농부는 추수하기까지 부지런해야 한다. 하나님을 바라는 것은 나의 할 일을 다 마친 상태에서 '쉼'을 의미한다. 성경은 '주 안에서의 쉼'을 얻으라고 하지 녹이 슬 때까지 가만히 앉아 있으라고 하지 않는다. 종종 우리는 '주 안에서의 쉼'을 경건한 분위기 가운데 쉬는 것으로 오해하는 경향이 있다. 주 안에서 쉰다는 뜻은 하나님을 신뢰하는 가운데 인내하는 것을 말한다.

"주 여호와 이스라엘의 거룩하신 이가 이같이 말씀하시되 너희가 돌이켜 조용히 있어야 구원을 얻을 것이요 잠잠하고 신뢰해야 힘을 얻을 것이거늘 너희가 원하지 아니하고 이르기를 아니라 우리가 말 타고 도망하리라 하였으므로 너희가 도망할 것이요 또 이르기를 우리가 빠른 짐승을 타리라 하였으므로 너희를 쫓는 자들이 빠르리니" 사 30:15-16.

하나님을 바라는 대신에 내가 내 삶의 주도권을 쥐고 하나님보다 앞서 행동하면 문제가 된다. 내 꾀를 보좌에 앉혀놓고 하나님을 경배하지 않으면 파탄에 빠진다. 하나님의 자녀들은 자기 힘을 믿고 하나님보다 앞서 가서는 안 된다. 우리가 앞서야 하는 것은 오직 하나님을 경배하는 것이다.

"대저 나의 소망이 저로 좇아나는도다."

달이 대양 위에 비치는 것을 본 적이 있는가? 대양 저 끝에서부터 해변까지 이르는 은빛의 길이 파도 위에 비친다. 모든 것을 초월해 달과 대양이 대화를 나눈다. 만일 당신이 하나님의 자녀라면 당신은 언제나 하나님과 대화를 나누어야 한다. 매일 경험하는 것이 지겨운 광야요 절망의 바다이며 아무 쉴 곳 없는 먼지와 모래로 가득 찬 황무지라도 그 위에 비치는 하나님과 당신 사이의 대화가 있어야 한다.

"거기에 대로가 있어 그 길을 거룩한 길이라 일컫는 바 되리니" 사 35:8.

만일 하나님과의 대화가 없으면 당신의 길은 바다 밑을 걷는 것과 같을 것이다.

"주의 모든 파도와 물결이 나를 휩쓸었나이다"시 42:7.

그러나 "네가 물 가운데로 지날 때에 내가 너와 함께할 것이라"고 주께서 약속하신다시 43:2. 주님과의 대화가 없으면 예외적으로 닥치는 어려움이 올 때 우리의 삶은 무너진다. 당신은 파도와 같은 현실 가운데 하나님과 대화하며 살아가는가? 대화가 있는 자들에게는 "산들이 여호와의 앞 곧 온 땅의 주 앞에서 밀랍같이 녹았도다"시 97:5.

"나의 영혼아 잠잠히 하나님만 바라라 대저 나의 소망이 저로 좇아나는도다."

당신은 침묵의 제사를 배웠는가? 즉, 내면 세계 속에서 하나님과의 대화의 비밀을 배웠는가?

"오직 저만 나의 반석이시요."

반석은 주변의 위험으로부터 보호해주는 개념을 담고 있다. 마치 걸음마를 배우는 아기 곁에 그 아기를 지켜 보호하는 어머니와 같다. 만일 아기가 넘어지면 그 아기는 어머니의 사랑과 보호의 품에 안기게 된다.

"여호와는 나의 반석이라."

이는 곧 나를 지키시고 보호하시는 하나님이라는 뜻이다. 시인은 어디에서 이 진리를 배웠을까? 하나님을 바라는 침묵의 학교에서 배웠다. 영원한 반석 되시는 하나님은 우리를 지켜 보호하신다. 갓난아기의 어머니처럼 우리를 지키신다.

"나는 전능하신 하나님이라."

전능하신 하나님은 나를 지키는 아버지이시며 어머니 같은 분이시다.

"여호와는 나의 반석이시요 나의 요새시요 나를 건지시는 이시요 나의 하나님이시요 내가 그 안에 피할 나의 바위시요 나의 방패시요 나의 구원의 뿔이시요 나의 산성이시로다"시 18:2.

여호와 하나님은 그 누구도 침범할 수 없는 안전한 요새이다. 그리스도 예수 안에 있는 하나님의 나라는 높은 요새이며 안전한 산성이다. 당신이 더 높이 오를수록 공기는 더욱 맑아진다. 마침내 어떠한 병균의 미생물마저 살 수 없는 지극히 맑은 곳에 다다른다. 주 예수 그리스도 안에는 영적으로 그 어떤 죄악의 세균도 다다를 수 없는 완벽하고 안전한 산성이 존재한다. 지극히 높은 곳에 당신의 요새를 세우라.

"내가 요동치 아니하리로다."

하나님께서 하늘에 별들을 붙여두신 것처럼 하나님께서는 우리를 들어올리셔서 자신의 품 안에 두실 것이다. 그러면 하늘의 별들처럼 우리도 요동치 않는다.

잠에서 깨어 하나님께 집중하라. 당신의 눈과 마음을 하나님께 고정하라. 주님의 그 위대한 구속과 주님의 거룩하심을 생각하라. 주님의 위대하시고 영광스러운 성품을 기억하라. 그리고 주님 앞에서 잠잠하라. 그 후 주 예수님처럼 평범한 삶을 부지런히 살라. 주님께서는 아버지께서 원하시면 깨워주실 것을 알고 가장 깊은 평강 가운데 폭풍우가 치는 배에서 주무셨다. 이것이 하나님을 신뢰하는 자들이 누리는 놀라운 삶의 그림이다.

"나의 영혼아 잠잠히 하나님만 바라라."

05

영적 혼동 가운데

"예수께서 대답하여 이르시되 너희는 너희가 구하는 것을 알지 못하는도다 내가 마시려는 잔을 너희가 마실 수 있느냐 그들이 말하되 할 수 있나이다"마 20:22.

영적인 삶을 살다 보면 종종 혼동되는 때가 있다. 이러한 혼동의 때에 일반적인 사람들은 그 혼동을 받아들이지 않고 한쪽으로 치우친다. 대부분의 사람들은 흑백이 아닌 것에는 신경 쓰지 않는다. 한쪽으로 기울어져서 그것만 고집한다. 그러나 신중한 사람은 흑백이 아닌 회색 지대가 있다는 점을 인식한다. 그들에게는 흑백 또는 옳고 그름으로 분명하게 드러나는 일들은 거의 없다. 안개는 태양 빛만큼 분명히 실제하는 것이다. 그러나 안개를 무시하면 우리는 재난을 당하게 될 것이다. 영적인 삶에는 혼동되는 부분들이 있다. 불순종 때문이 아니라 자연의 속성상 그러하다. 영적으로 잘 훈련되지 않았을 때 혼동은 언제나 발생한다.

친구이신 주님이 이상하게 보일 때

"그가 안에서 대답하여 이르되 나를 괴롭게 하지 말라 문이 이미 닫혔고 아이들이 나와 함께 침실에 누웠으니 일어나 네게 줄 수가 없노라 하겠느냐"눅 11:7.

영적인 삶을 살다 보면 하나님께서 친구가 아닌 것처럼 여겨질 때가 있다. 한동안 모든 것이 분명하고 쉽게 이해가 갔는데 갑자기 어두움과 황폐함이 우리에게 찾아온다. 주님께서 하신 '강청하는 친구' 비유눅 11:5-8는 하늘 아버지께서 우리가 영적인 혼동 가운데 빠졌을 때 어떠한 모습으로 비추어지는가를 설명한 내용이다. 바로 친구를 보살피지 않는 사람으로 보인다는 것이다. 어려움을 당하면 우리는 우리의 친구이신 아버지 하나님께 나아간다.

우리의 친구들과 친족들이 어려움을 당해도 우리는 하나님 아버지께 나아간다. 그런데 예수님께서 말씀하신 것처럼 하나님께서는 아무것도 해주지 않으신다. 아무것도 돕지 않으신다. 친구가 아닌 낯선 사람처럼 보인다. 이때 주님께서는 하늘 아버지께서 이상하게 보일지라도 포기하지 말라고 하신다. 주께서 하신 말씀을 기억하라.

"구하는 이마다 받을 것이요"눅 11:10.

응답을 받기까지 친구이신 하나님은 이상하게 보일 것이다. 이 기간에는 아무것도 이해가 가지 않고 혼동만 있다. 그러나 하나님과의 관계를 계속 유지하라. 주님을 향한 신뢰를 놓치지 말라. 때가 차면 모든 것이 설명될 것이다. 오직 이러한 혼동의 과정을 거쳐야만 우리는 모든 것이 하나님께서 원하시는 대로 된다는 사실을 기억하게 된다.

아무리 듣기 좋아도 하나님께서 하지 않으시는 일을 주께서 이루신 것처럼 말하지 말라. 응답을 받지 않았으면서도 응답을 받은 체하지 말라. 주께서 말씀하셨다.

"구하는 이마다 받을 것이요."

그러나 우리는 말한다.

"구했지만 못 받았습니다."

이는 영적으로 혼동된 상태에서 구했기 때문이다. 예수님께서 야고보와 요한에게 말씀하셨다.

"너희 구하는 것을 너희가 알지 못하는도다."

결국 그들은 자신들이 전혀 기대하지 않은 응답을 얻게 되었는데, 바로 예수 그리스도의 잔과 세례를 주님과 함께 나누는 참된 우정을 누리게 되었다.

아버지를 가리운 그림자

"너희 중에 아버지 된 자로서 누가 아들이 생선을 달라 하는데 생선 대신에 뱀을 주며 알을 달라 하는데 전갈을 주겠느냐"눅 11:11-12.

예수님께서는 하늘 아버지께서 우리에게 매우 부자연스럽고 냉정하고 무관심한 아버지처럼 보일 때가 있을 것이라고 말씀하신다. 나는 빵을 구했는데 아버지께서는 돌을 주시는 것 같다. 더 이상 하나님은 아버지 같지 않으시다. 그러나 예수님께서 말씀하신 것을 기억하라.

"구하는 이마다 받을 것이요"눅 11:10.

우리는 영적인 혼동에 빠지면 자신이 실수했다고 하면서 그 혼동에서 나오려고 한다. 그러나 이러한 자세는 영적으로 앞으로 나아가는 것이 아니라 뒤로 물러나는 것이다.

"무엇을 해야 할지 모르겠어요. 바위에 계란을 던지는 것 같아요."

예수님께서 말씀하신 약속을 끝까지 붙들라.

"구하는 이마다 받을 것이요."

하늘 아버지의 얼굴이 지금 이상하게 보이더라도 예수님께서 말씀하신 대로 본래 아버지의 모습을 보이실 것을 절대적으로 믿으라. 이는 흑백의 문제가 아니며 옳고 그름의 문제도 아니다. 하나님과 대화를 하느냐 하지 않느냐의 문제도 아니다. 우리가 이해할 수 없는 과정에서 하나님을 아버지로 인정하느냐의 문제이다.

주님의 신실하심을 의심케 하는 상황에서

"하물며 하나님께서 그 밤낮 부르짖는 택하신 자들의 원한을 풀어주지 아니하시겠느냐 그들에게 오래 참으시겠느냐"눅 18:7.

하늘 아버지께서 불의한 재판관으로 보이시는 때가 있다. 그러나 예수님께서는 절대로 그렇지 않다고 말씀하신다. 이 기간에는 하나님과 가까운 느낌도 들지 않고 심지어 주를 향한 사랑마저 고통과 눈물을 거치게 된다. 그러나 하나님과의 더 풍성한 사귐을 기다리며 기대하라. 모든 것을 완벽하게 볼 수 있는 때가 반드시 오기 때문이다. 그러나 그때 분명하게 볼 수 있으려면 우리는 혼동의 과정을 승리 가운데 거쳐야만 한다.

무엇이 혼동되는지 자신에게 분명히 말하라. 흑백처럼 분명치 않은 것을 기록해두라. 옳고 그름이 분명한 것들에 관해서는 문제가 발생하지 않는다. 그러나 인생은 흑백처럼 옳고 그름으로 되어 있지 않고 분명하지 않은 것들로 가득 차 있다.

"하나님께서 이 문제를 통해 내게 무엇을 뜻하시는지 도무지 알 수가 없어요."

그렇다면 예수님께서 말씀하신 진리, 곧 "구하는 이마다 받을 것이요"라는 내용을 믿고 기다리라. 기다리며 바라는 동안에 가장 가까운 의무부터 행하라. 주님이 낯설어 보이고 아무것도 하지 않으시는 것처럼 느껴질지라도 잠잠히 있으라. 실제 문제들은 우리의 생각을 초월하는 엄청난 것들임을 기억하라. 나에게 하나님 아버지께서 사랑하는 아버지, 인애하신 아버지가 아닌 철저하게 무관심한 아버지로 느껴질 때, 기억하라. 하나님께는 우리가 구하는 어떤 특별한 상황보다 훨씬 더 중요한 문제가 있다는 사실을 말이다. 바로 주님의 구속을 근거로 하는 더욱 큰 논점들이 있다. 우리는 그것이 무엇인지 다 알 수 없다. 그러나 다음과 같은 예수님의 말씀이 옳다는 것을 확신한다.

"너희가 악할지라도 좋은 것을 자식에게 줄 줄 알거든 하물며 너희 하늘 아버지께서 구하는 자에게 성령을 주시지 않겠느냐"눅 11:13.

성령을 소유하게 될 때 우리는 하나님을 다 이해할 수 없어도 그분을 신뢰하게 된다. 우리는 영적인 혼동의 과정을 통해 올바르게 훈련되기까지는 기도를 통해 하나님의 기적을 바랄 뿐, 자신을 위한 순종의 선택을 제대로 하지 못한다. 하나님께 기도로 부탁하는 것이 아무리 쉽더라도 내가 해야 할 일을 하나님께 부탁하지 말라. 사실 기도를 통해 부탁해서는 안 되는 것들이 있다. 바로 우리 스스로 해야 하는 것들이다.

"오, 이런. 하나님께 기도해서 하나님께서 나를 위해 정결케 하시도록 해야겠다."

하나님께서는 당신이 아무리 기도로 부탁을 하더라도 당신을 위해 정결케 하지 않으실 것이다. 우리 스스로 해야 하는 일들이 있다. 기도할 때 가장 흔히 오는 유혹은 순종을 구하기보다 기적을 구하는 것이다. 온전히 훈련받기까지 이 유혹은 우리의 기도 가운데 항상 있을 것이다. 물론 하나님께서는 우리가 할 수 없는 일을 하신다. 그러나 주께서 기적을 베푸시는 이유는 우리의 영적 성장을 위해 그렇게 하실 뿐이다. 우리가 성령의 은사를 받으면 우리는 모든 평범하고 구체적인 일들 가운데서 하나님께 순종하는 것을 배우게 된다. 그때 어두움과 그늘이 걷힐 것이다. 하나님을 오해하지 않게 될 것이다. 우리는 다시 우리의 삶 가운데서 주님과의 친밀함, 아버지의 사랑, 하나님의 신실함을 확신하게 될 것이다.

"그러나 인자가 올 때에 세상에서 믿음을 보겠느냐 하시니라" 눅 18:8.

우리 중에 혼동 가운데서도 오직 주님 한 분만 믿는 그러한 믿음의 소유자를 발견할 수 있겠는가?

06

진리를 깨닫기 위한 기다림

"지금 우리가 만물이 아직 그에게 복종하고 있는 것을 보지 못하고"히 2:8.

삶을 스스로 꾸려나가려는 사람들에게는 하나님이 종종 매우 무정하게 보인다. 그들은 마침내 인간의 인내의 한계를 느끼며 이렇게 말한다.

"도대체 하나님께서는 무엇을 하시는 것일까?"

구속은 완성되었다. 그러므로 우리는 주께서 하늘과 땅의 모든 권세를 가지고 계심을 믿는다. 그런데 왜 이렇게 응답이 오래 걸리는 것일까? 왜 하나님께서는 우리 기도에 그토록 오랫동안 응답하지 않으실까? 만일 주님이 가지고 계셨던 내면 세계의 비결을 깨닫지 못한다면 우리 마음은 이로 인해 강퍅해질 것이다.

먼 길의 비전

"그때에 예수께서 성령에게 이끌리어 마귀에게 시험을 받으러 광야로 가사"마 4:1.

예수님은 30년 동안 사람들에게 공적으로 알려져 있지 않으셨다. 예수님의 공생애는 요한의 세례를 받으시면서 하나님 아버지의 허락을 받고 시작된다. 그러나 그분의 공생애의 시작은 "성령에게 이끌리어 마귀에게 시험을 받으러 광야로 가는 것"이었다. 놀랍게도 우리의 영적 체험에서도 그와 같은 일이 발생한다. 위로부터 거듭난다. 성령의 세례를 받는 놀라운 체험이 있다. 하나님을 위해 뭔가를 할 수 있는 준비가 되었다. 그런데 하나님께서는 우리를 의도적으로 먼지와 거미줄로 가득 찬 복잡한 시험대 위에 올려놓으신다.

예수님께서 시험 가운데 지나셨던 고통은 분명히 멀리 내다보면서 겪으신 고통이다. 예수님은 아버지께서 정하신 십자가의 길을 택하시면서 모든 세대를 거쳐 주님을 따르는 자들이 겪게 될 고통도 보셨다. 주님은 우리가 이해할 수 없는 초자연적인 방법으로 그 길을 아셨다. 주님의 감각은 우리의 상상을 초월한다. 만일 주님께서 하나님께서 정하신 길로 가지 않으셨다면 주님의 혈육의 가족들이 고통을 받지 않았을 것이다. 주님의 민족이 성령을 모독할 기회도 없었을 것이다. 그럼에도 예수님께서는 겟세마네로 가셨다. 그 길은 시험을 당하는 길이었다.

사탄이 주님께 제시한 시험은 단 한 가지로 요약된다. 그 시험은 지름길을 택하라는 것이었다.

"지름길을 택하라. 그러면 사람들의 왕이 되며 세상을 구원할 수 있게 될 것이다. 먼저 사람의 필요를 채우라. 그러면 사람들이 당신을 왕으로 세울 것이다. 먼저 놀라운 기적들을 행하여 당신의 능력을 드러내라. 그러면 사람들이 당신을 왕으로 세울 것이다. 죄와 타협하라. 그러면 사람들이 당신을 왕으로 삼을 것이다."

사탄이 시험한 대로 예수님은 당장 왕이 될 수 있었다. 그러나 그분은 그렇게 하지 않으셨다요 6:15. 주님은 사탄을 물리치셨고 의도적으로 엄청나게 먼 길을 택하셨다.

예수 그리스도께 순종할 때 우리가 치러야 하는 대가는 사실 문제가 되지 않는다. 예수님을 사랑할 때 그분을 위한 희생은 희생이 아니라 즐거움으로 느껴지기 때문이다. 그러나 '지름길'의 유혹은 이기기가 쉽지 않다. 그 유혹은 언제나 우리 앞에 놓여있다. 하나님을 향한 나의 순종이 다른 사람에게 희생을 끼치게 될 때 우리는 이를 피하고 싶은 마음에 '지름길'을 택한다. 그러나 예수님은 의도적으로 먼 길을 택하셨다. 주님은 말씀하신다.

"제자가 그 선생보다 높지 못하나"눅 6:40.

"네가 나의 인내의 말씀을 지켰은즉"계 3:10.

우리는 부흥이라는 수단을 사용해 신속히 성장하기를 원한다. 계속되는 사탄의 조언을 받아들이면서 '신속히' 성장하기를 원한다. 사람이 많을수록 구원이 필요하다고 말한다. 그러나 만일 우리가 주님께서 겪으신 시험의 핵심을 제대로 이해한다면 우리는 '지름길'을 택하지 않을 것이다. '지름길'의 유혹을 이길 때만이 기독교의 참된 역사와 개인의 참된 신앙 체험이 무엇인지 바르게 이해하게 될 것이다.

하나님께서는 왜 그렇게 오래 걸리실까? 그 이유는 하나님께서 추구하시는 것이 있기 때문이다. 그것은 "많은 아들들을 이끌어 영광에 들어가게 하시는 일"이다 히 2:10. 아들 하나를 만드는 데 오랜 시간이 걸린다. 우리는 마술로 하나님의 자녀가 되는 것이 아니다. 물론 우리는 하나님의 주권적인 은혜로 초자연적인 구원을 얻는다. 그러나 영광스러운 아들이 되는 것은 다른 문제이다. 영적인 마법으로 단숨에 영광스러운 아들이 되는 것이 아니다. 오랜 기간의 분별의 훈련과 이해, 그리고 징계를 통해 하나님의 영광스러운 자녀가 된다. '지름길'은 하나님의 뜻을 분별하지 못하는 길로, 한 사람을 기계로 만들 수는 있지만 아들로는 만들지 못한다. 하나님께서 주님의 독생하신 아들 예수 그리스도께도 자녀로서의 요구 사항을 다 지킬 것을 요구하셨다면 주님께서 양자로 삼으신 우리에게도 마찬가지의 요청을 하신다.

"그가 아들이시면서도 받으신 고난으로 순종함을 배워서"히 5:8.

오랜 기다림의 계곡

"생각하건대 현재의 고난은 장차 우리에게 나타날 영광과 비교할 수 없도다"롬 8:18.

하나님의 자녀들이 나타나기까지는 오래 기다려야 한다. 그들은 하나님께 마음을 다하는 진실한 순종의 자녀들이다. 성령이 사람에게 임할 때 가장 먼저 발생하는 사건은 자연적인 덕이 부서지기 시작하는 것이다. 자연적인 덕은 인간의 타락에도 불구하고 하나님께서 인류를 처음 창조하셨을 때의 모습이 남아 있는 것이다. 그러나 사람이 거듭나면 그의 자연적인 덕은 산산이 무너지기 시작한다. 따라서 그는 혼란한 상태에 빠지게 된다. 내 안의 자연적인 선함은 최상의 선이 왔을 때 물러나야 한다. 이 부분이 영적인 실체를 깨닫는 데 가장 중요한 점이다. 하나님의 원수는 '나쁜 것'이 아니라 최선이 되지 못한 '차선'이다. 우리는 죄를 하나님의 원수라고 말한다. 그러나 사실 죄는 '우리의' 원수이다. 하나님의 원수는 인간들이 자신들의 '차선'을 믿고 최상의 선이신 예수님을 거절하는 것이다. 영적 거듭남에 근거하지 않은 '올바름'은 언제나 하나님의 원수이다.

살아 있는 예배의 음성

"예수께서 이르시되 내가 곧 길이요 진리요 생명이니 나로 말미암지 않고는 아버지께로 올 자가 없느니라"요 14:6.

예수님께서는 사람을 붙들고 이렇게 말씀하신 적이 없다.

"이것이 진리이니 믿으라. 그렇지 않으면 저주를 받으리라."

그분은 단지 진리를 우리에게 보여주셨다.

"내가 … 진리요."

그리고 우리를 홀로 두신다. 우리는 주님의 이름을 부른다. 그러나 당신의 육신의 삶, 상식적인 삶, 그리고 지적이고 감정적인 삶에서 주님께서 정말로 당신의 진리이신가? 예수 그리스도께서 바로 '그 진리'라는 사실을 알기 시작하는 데 오랜 기간이 걸린다. 진리는 우리가 그 진리의 영역으로 들어가지 않으면 아무 의미가 없다.

"진실로 진실로 네게 이르노니 사람이 거듭나지 아니하면 하나님의 나라를 볼 수 없느니라"요 3:3.

우리는 '지름길'을 통해 진리에 이르기를 원한다. 그러나 먼 길을 택하신 주님의 놀라운 인내를 잊지 말라. 주님은 우리에게 주님의 길을 택하라고 강요하지 않으신다. 단지 "내가 곧 길"이라고 말씀하신다. 우리는 처음에 주님의 길을 택하는 것을 배워야 하는데, 절대로 배우지 않으려고 한다. 대신 우리는 자기의 길을 택하기로 작정한다. 당신은 주님께서 내게 찾아오신 방법대로 다른 사람을 찾아가는가?

성경은 "누구든지 하나님의 나라를 어린아이와 같이 받들지 않는 자"를 경계한다.

우리는 어린아이가 되려고 하지 않는다. 우리 각자의 생각은 이미 고정되어 있고 적어도 다른 사람보다 뭔가 나은 것이 있다고 생각한다. 어린아이들은 매우 단순하지만 또한 섬세하다. 예수님께서는 우리가 어린아이와 같아져야 한다고 말씀하신다. 우리는 말한다.

"그렇지요. 그러나 나도 이러저러한 경험이 있고 내 생각이 있습니다."

우리는 직접 표현하지 않아도 이렇게 생각한다. 예수님께서 무엇을 추구하는지를 깨닫는 데 오랜 시간이 걸린다. 당신이 가장 오랫동안 참아야 하는 대상이 있다면 당신 자신이다. 하나님은 우리와 함께 꽤 오랜 시간을 보내신다. 주님은 우리를 향해 서두르지 않으신다. 우리가 주님의 관점을 취하기까지는 오랜 훈련이 필요하다는 것을 잘 아시기 때문이다. 하나님의 은혜는 언제나 똑같이 역사한다. 우리는 주님의 은혜에 의해 그분의 구속의 바탕 위에 서 있다. 그러나 영광스러운 자녀가 되기 위해서는 자신의 인격성을 개발하기 위해 힘써야 한다.

07

영적 좌절과 고독이 닥쳐와도

"또 지진 후에 불이 있으나 불 가운데에도 여호와께서 계시지 아니하더니 불 후에 세미한 소리가 있는지라"왕상 19:12.

엘리야의 체험은 유일하고 특이한 것이다. 따라서 그의 체험은 우리의 체험과 다르다. 물론 그의 체험은 우리의 체험을 설명해준다. 성경 주석가들은 성경의 예외적인 경우들을 다룬다. 그러나 만일 성경 주석가가 예외적이고 특이한 사건을 일반적인 사건으로 획일화시키면 아주 큰 실수를 하게 된다. 우리의 인생 가운데는 정확하게 설명할 수 없는 체험들이 많다. 왜 그러한 체험을 하게 되는지 이유를 알 수 없다. 다만 위대한 영혼들의 체험으로부터 우리는 그 체험의 의미를 발견할 수 있다. 어둡고 외로운 체험을 하는 엘리야를 주목하면서 우리는 우리가 경험하는 체험도 이해할 수 있게 된다.

그리스도인의 삶 가운데서 내면적 허무함은 의미 있는 생동력 있는 목적을 추구하게 한다. 영적인 삶의 초기에는 하나님에 대한 체험이 너무 대단해서 주님과 사귐을 갖는다는 것을 주님의 임재를 의식하는 것으로 오해하고 의존하는 경향이 있다. 그러나 얼마 후 하나님께서 우리를 주님께로 이끌기 시작하시면 모든 것들이 이해가 가지 않게 되면서 우리는 믿음을 잃고 어두움으로 빠져들게 된다. 그때 우리는 '내가 영적으로 침체된 게 틀림없어'라고 생각한다. 그러나 그렇지 않다. 우리는 하나님의 임재를 체험적으로 의식하지 못할 뿐이다. 귀용 부인Madame Guyon은 자신의 체험을 이렇게 기록했다.

"나의 고통을 스스로 마무리하려 할 때 오히려 나는 나를 지지해 줄 수 있는 유일한 하나님마저 떠나시는 것을 느꼈다."

"불행이란 사람들이 하나님께 명령을 하려고 하는 것이다. 자신이 하나님께 명령을 받으려고 하지 않는 것이 불행이다."

귀용 부인은 황폐한 체험을 통해 이러한 귀한 진리를 배웠다. 즉, 우리의 믿음은 하나님을 내 의식 세계로 끌어들이는 것이 아니라 우리가 하나님께서 예수 그리스도 안에서 느끼시는 그 의식 세계로 사로잡혀야 한다는 점이다. 그래야 우리의 믿음은 실체 위에 서게 된다. 곧 하나님과의 관계에서 우리의 뜻이 하나님의 뜻에 맞추어져 일치되어야 한다는 것이다. 이러한 자리까지 어떻게 이르게 되는지 정확하게 설명할 수는 없지만, 하나님의 훈련 과정을 통해 그 단계에 이르는 것만은 분명하다.

하나님의 수단에 대한 개념

"여호와께서 이르시되 너는 나가서 여호와 앞에서 산에 서라 하시더니 여호와께서 지나가시는데 여호와 앞에 크고 강한 바람이 산을 가르고 바위를 부수나 바람 가운데에 여호와께서 계시지 아니하며 바람 후에 지진이 있으나 지진 가운데에도 여호와께서 계시지 아니하며"왕상 19:11.

엘리야는 먼저 아합 왕을 찾아가 말했다.

"내 말이 없으면 수년 동안 비도 이슬도 있지 아니하리라"왕상 17:1.

하나님께서는 가뭄 기간에 그 땅 이곳저곳으로 엘리야를 이끄시면서 가뭄이 가져온 참혹함을 보게 하셨다. 엘리야는 이제 혼자가 되었고 영적으로 좌절한 상태이다. 이때 하나님께서 엘리야 앞에 강한 바람, 지진, 불 등을 지나게 하신다. 마치 뭔가를 말씀하시기 위해 이러한 수단을 사용하시는 것 같다. 그래서 "바람 가운데 여호와께서 계시지 아니하며" 등으로 표현하고 있다. 의심할 여지 없이 엘리야는 하나님께서 그러한 수단을 사용하심을 알고 있다. 그러나 그는, 하나님은 거기에 계시지 않다는 것을 배워야 했다.

오늘날 세계적으로 대규모의 힘들이 존재한다. 물론 하나님은 그러한 힘들을 도구로 사용하기도 하신다. 그러나 하나님은 그러한 수단들 '안에' 계시지 않는다. 그것들은 하나님이 아니다. 하나님은 그러한 수단들에 묶이거나 조종당하지 않으신다. 다만 여러 힘과 기능들을 그분의 목적을 위해 사용하실 뿐이다. 그러므로 하나님께서 사용하시는 수단을 하나님으로 오해하는 일이 없어야 한다. 도구는 오직 수단으로서 하나님의 메시지를 전달해야 한다. 하나님에 의해 쓰임받는 사람은 하나님의 도구로서 거룩해야 한다. 그러나 도구로 쓰임받다가 자신이 도구임을 망각하는 사람들이 많다마 7:21-22.

하나님 앞에서 의식적인 성찰

"그가 이 형편을 보고 일어나 자기의 생명을 위해 도망하여 유다에 속한 브엘세바에 이르러 자기의 사환을 그곳에 머물게 하고 자기 자신은 광야로 들어가 하룻길쯤 가서 한 로뎀나무 아래에 앉아서 자기가 죽기를 원하여 이르되 여호와여 넉넉하오니 지금 내 생명을 거두시옵소서 나는 내 조상들보다 낫지 못하니이다 하고 … 그가 대답하되 내가 만군의 하나님 여호와께 열심이 유별하오니 이는 이스라엘 자손이 주의 언약을 버리고 주의 제단을 헐며 칼로 주의 선지자들을 죽였음이오며 오직 나만 남았거늘 그들이 내 생명을 찾아 빼앗으려 하나이다"왕상 19:3-4,10.

엘리야는 겁쟁이가 아니었지만 그가 처한 현실 앞에서 겁쟁이처럼 행동했다. 그는 영적으로 너무 좌절한 나머지 도망쳤다. 그는 하나님께서 무엇을 하시는지 이해할 수 없었다. 우리는 현실 속에서 나타난 사람의 행동만으로 그 사람을 판단할 수 없다. 두 사람이 서로 다른 목적을 가지고 같은 일을 할 수 있기 때문이다. 어떤 사람은 정말로 소심한 겁쟁이여서 도망친다. 그러나 엘리야의 경우는 하나님을 확신하는 가운데 행했던 모든 일들 속에서 하나님께 크게 실망했기 때문에 도망쳤다.

"나의 고통이 계속하며 상처가 중하여 낫지 아니함은 어찌됨이니이까 주께서는 내게 대하여 물이 말라서 속이는 시내 같으시리이까"렘 15:18.

이러한 영적 좌절감은 모든 것을 포기하게 한다. 광풍 앞에 초라

하게 서 있는 작은 참새 같아진다. 이 영적 좌절감은 자신의 지혜와 꾀를 버리는 차원이 아니라 정말로 지푸라기마저 잡을 것이 없다는 것을 깨닫는 차원이다. 영적 삶의 전쟁에서 나는 나의 확신을 누구에게 또는 무엇에 두고 있는가?

욥은 영적으로 깊은 좌절에 빠졌다. 그런데 그의 영적 좌절의 체험에서 놀라운 점은 그가 자신이 아는 바에 대해 끝까지 진실했다는 점이다. 그가 친구들 앞에서 끝까지 고집한 것은 "내가 아는 하나님에 거슬리는 엉터리 신조는 결코 받아들일 수 없다"는 것이었다. 욥은 하나님의 영예를 위해서라면 결코 거짓을 말하지 않았다. 엘리야도 마찬가지였다왕상 19:10.

"나는 주님의 영예를 위해 모든 것을 다 희생했습니다. 그렇게 하면 적어도 주께서 나를 돌보실 줄 알았습니다. 승리를 주실 줄 알았습니다. 그러나 지금 나는 홀로 남았습니다. 당신을 위해 그렇게 고생을 했는데 이렇게 홀로 남게 될 줄은 몰랐습니다!"

엘리야는 하나님 앞에서 정직했다. 그의 좌절은 '허상에서 깨어난 이기심' 곧 실망과는 차원이 다른 훨씬 깊은 것이었다. 그는 하나님께서 실패하신 것은 아닌가, 하나님께서 너무나 많은 것을 떠맡으신 것은 아닌가 하고 두려워했다. 사람이 가장 두려워하는 것은 자신이 신뢰하는 영웅이 실패하는 것이다. 그렇게 되면 결국 철저하게 속는 것이기 때문이다. 하나님께서 정말로 해내실까? 아니면 내가 '철저하게 속은 것'인가? 하나님을 향한 나의 믿음은 '넌센스'였던가? 예수 그리스도께서는 그분이 약속하신 대로 하실 수 있는가?

하나님의 지시를 의식함

"로템나무 아래에 누워 자더니 천사가 그를 어루만지며 그에게 이르되 일어나서 먹으라 하는지라 여호와의 천사가 또 다시 와서 어루만지며 이르되 일어나 먹으라 네가 갈 길을 다 가지 못할까 하노라 하는지라 … 엘리야가 그곳 굴에 들어가 거기서 머물더니 여호와의 말씀이 그에게 임하여 이르시되 엘리야야 네가 어찌하여 여기 있느냐 … 또 지진 후에 불이 있으나 불 가운데에도 여호와께서 계시지 아니하더니 불 후에 세미한 소리가 있는지라 … 엘리야가 듣고 겉옷으로 얼굴을 가리고 나가 굴 어귀에 서매 소리가 그에게 임하여 이르시되 엘리야야 네가 어찌하여 여기 있느냐 … 여호와께서 그에게 이르시되 너는 네 길을 돌이켜 광야를 통하여 다메섹에 가서 이르거든 하사엘에게 기름을 부어 아람의 왕이 되게 하고"왕상 19:5,7,9,12-13,15.

천사는 엘리야에게 어떤 놀라운 일을 하지 않았다. 비전을 주거나 성경을 설명해주지도 않았다. 천사는 엘리야에게 지극히 평범한 일을 하도록 지시했다.

"일어나서 먹으라."

하나님의 사역은 언제나 가장 일상적인 일로 진행된다. 우리는 바람과 지진, 불 같은 어떤 위대한 역사를 추구한다. 그러나 하나님의 음성은 가장 평범한 것을 하라고 말씀하신다.

세미한 소리, '부드럽고 잔잔한 음성'은 주님이 거기에 계시다는 뜻이다. 그런데 그 음성으로부터 들리는 내용은 "돌아가라"는 것이었다. 하나님께서는 예외적인 방법으로 엘리야에게 용기를 북돋아

주시더니 이제 엘리야를 돌려보내시면서 평범한 삶으로 돌아가라고 하신다. 지금까지 너무나 정신 없는 일들이 발생했지만 이제 엘리야는 그 모든 과정이 하나님의 작정이었음을 알게 되었다.

우리 모두 영적 좌절을 겪을 수 있다. 생각이 깊고 믿음이 깊을수록 더 심각하게 영적 좌절을 체험한다. 그런 좌절을 겪으면 그것을 인정하고 말하라. 자신을 속이지 말고 시인하라. 영적으로 좌절한 가운데 있으면서 그렇지 않다고 말하지 말라. 하나님을 향한 당신의 믿음을 합리화시키기 위해 거짓말하지 말라. 만일 당신이 어두움에 있다면 진실하지 않은 위장으로 피난처를 삼지 말라. 절대로 당신의 생각을 만족시키는 답변을 구하지 말고 당신의 생각 이상을 만족시킬 수 있는 답변을 구하라. 그 답변은 '부드럽고 조용한 음성'이다. 예수님은 그 소리를 '나의 평강'이라고 부르셨다. 이는 하나님께서 당신을 인정하시고 완전한 평강을 허락하신 것이다. 영적으로 좌절에 빠졌을 때 가장 먼저 해야 할 일은 평범한 일, 자연스러운 일을 하는 것이다. 그러면 하나님께서 당신의 영혼에 '부드럽고 조용한 음성'을 들려주신다. 좌절 속에 있을 때 주님께서 당신에게 말씀하시게 하라.

"내가 너희에게 어두운 데서 이르는 것을 광명한 데서 말하며 너희가 귓속말로 듣는 것을 집 위에서 전파하라" 마 10:27.

새로운 힘을 얻으면 하나님께서 당신에게 하라고 하신 일을 가서 하라. 당신의 뒤에는 하나님께서 든든히 함께하신다는 사실을 절대로 잊지 말라.

08

주님이 주이신가, 선생이신가?

"너희가 나를 선생이라 또는 주라 하니 너희 말이 옳도다 내가 그러하다"요 13:13.

참된 스승은 자신이 스승임을 주장하지 않는다. 종종 우리는 주께서 우리에게 강요하시기를 원한다. 그러면 잘 순종할 수 있을 것이라고 생각한다. 그러나 우리의 신앙생활에서 예수 그리스도께 순종하는 것은 본질적인 것임에도 불구하고 예수님은 결코 순종을 강요하지 않으신다. 주님은 절대로 나를 굴복시키기 위해 어떤 수단도 사용하지 않으신다. 대신에 나의 부족을 채우시며 나의 불순종을 용서하신다. 만일 제자가 되려고 한다면 우리는 절대적으로 주님께 순종하는 것을 배워야 한다. 그리스도인의 삶의 초기 단계에서는 자유함이 특징이다. 분명히 그렇다.

그러나 이 자유는 한 가지만을 위한 자유임을 잊지 말라. 오직 주인께 순종하기 위한 자유라는 사실을….

위대한 개념

"너희가 나를 선생이라 또는 주라 하니."

우리는 바른 기독교적 개념을 가지고 있어야 한다. 즉, 주님은 나의 선생이라는 개념을 가지고 있어야 한다. 이는 바른 개념이다. 그럼에도 불구하고 이러한 개념으로 주님을 깊이 생각해 보는 사람은 그리 많지 않다. 예술가나 음악가는 자신의 개념을 갖기 위해 오랫동안 생각한다. 쓸데없는 사념과 일시적인 구름처럼 떠다니는 개념은 아무 소용이 없다. 예술가는 개념을 잡아야 하고 개념을 잡은 후에는 그 개념이 자신의 것이 될 때까지 계속 생각해야 한다. '예수 그리스도는 우리의 선생'이라는 개념을 계속 유지하는 것은 쉽지 않다. 그렇기 때문에 영적 집중력이 필요하다.

'선생'이라는 일반적인 개념은 예수 그리스도께서 말씀하신 것과 많이 다르다. 주님이 가지셨던 개념은 순종을 강요하지 않는 선생이다. 즉, "너희가 나를 사랑하면 나의 계명을 지키리라"는 것이 전부이다. 따라서 주님의 계명을 지키지 않으면 주님을 사랑하지 않는 것이다. 이때 주님은 우리의 잘못된 행동을 지적하지 않으신다. 단지 우리의 마음을 보여주신다. 그러면 우리는 우리의 잘못을 안다. 결코 평계할 수 없다. 특히 내 안에 내주하시는 성령께서는 내가 예수 그리스도께 불순종할 때마다 나의 근본적인 잘못을 깨닫게 하신다. 주님과의 관계가 잘못되었음을 알려주신다. 주님께 불순종해보라. 당장 큰 비참을 느끼게 될 것이다. 성령은 절대로 벌하지 않으신다. 그러나 예수님께서 선생이라는 사실을 언제나 의식하도록 만드신다. 그래서 우리는 그 어떠한 상황에서도 주님은 언제나 옳다는 것을 느끼며 안다.

우리가 위로부터 거듭나면 성령이 우리 안에 계신다. 이후로 성령은 우리를 변화시키시며 주 예수 그리스도의 모습이 나타나도록 만드신다. 자연적인 사랑은 가만히 있으면 사라진다. 그래서 자연적인 사랑에 빠지는 것은 가장 일상적인 일이지만 그 사랑을 유지하는 것은 매우 예외적인 일이 된다. 주님을 향한 사랑도 마찬가지이다.

성령께서는 우리에게 예수 그리스도를 사랑할 수 있는 위대한 능력을 주셨다. 이는 전혀 예외적인 체험이 아니다. 그러나 주님께 사로잡힌 가운데 온 마음과 생각과 영혼을 다해 주님을 사랑하는 것은 예외적인 체험이다. 이러한 체험은 예수님의 발 앞에 앉아 있는 베다니의 마리아를 통해 상징되고 있다. 우리는 주님의 발 앞에 앉아 그분의 음성을 들으며 우리의 성향을 계속 바꿀 수 있어야 한다. '예수님은 나의 선생'이라는 개념을 가지고 매일의 삶 가운데 주님으로부터 수만 가지를 배워야 한다. 세세한 일과들 가운데 주님의 상담을 계속 받고 있는가? 아니면 주님의 의견을 무시하고 마음대로 행하고 있는가? 우리는 기도회에서는 예수님을 선생으로 인정하지만 우리의 혀, 손가락, 소유, 우리에게 속한 모든 것에 대해 선생이신 예수님의 지시를 무시할 때가 너무나 많다. 삶의 대부분의 영역에서 스스로 책임을 져야 한다는 개념을 가지고 자기가 곧 선생이 된다.

성도로서 우리가 책임져야 하는 것은 오직 한 가지, 바로 하나님과의 관계이다. 이것이 성도로서 헌신된 삶의 비결이다. 가장 중요한 것은 그리스도인의 의무도 아니요 사람들을 향한 봉사도 아니다. 모든 상

황 가운데 예수님을 선생으로 항상 인식하느냐 하는 것이다. 당신은
'주님이 나의 선생'이라는 개념을 얼마나 오랫동안 깊이 묵상하는가?

위대한 확신

"너희 말이 옳도다."

인류 초기에 아담은 자신을 제외한 다른 모든 피조물에 대해 자신이 주인이라는 개념을 가지고 있었다. 그는 땅과 하늘, 그리고 바다의 모든 생물을 다스릴 수 있는 권한이 있었다. 오직 자신에게만은 스스로 주인이 될 수 없었다. 그 이유는 하나님께서 그의 주인이셨기 때문이었다. 이때 유혹이 찾아왔다.

"하나님께 불순종하고, 네가 네 자신의 주인이 되라. 네 자신의 하나님이 되라."

첫사람 아담은 이 유혹에 빠졌으며 이에 스스로 자신에 대한 주인이 되어버렸다. 그러나 그 결과로 그가 얻은 것은 다른 모든 것에 대한 통치권의 상실이었다. 성경에 의하면 죄란 자신에 대한 권리를 주장하는 것이다.

"제자가 그 선생보다 높지 못하나."

주님의 삶은 우리가 따라야 할 본이다. 그분의 삶을 위인의 삶으로 여기고 따르라는 것이 아니라 주님의 삶의 특성을 잘 배워서 따라야 한다는 것이다. 주님의 삶의 특성은, 자신의 삶의 주인으로 살지 않으셨다는 점이다. 주님께서는 "내가 아버지 안에 거하고 아버지는 내 안에 계신 것을 네가 믿지 아니하느냐 내가 너희에게 이르는 말은

스스로 하는 것이 아니라 아버지께서 내 안에 계셔서 그의 일을 하시는 것이라 … 조금 있으면 세상은 다시 나를 보지 못할 것이로되 너희는 나를 보리니 이는 내가 살아 있고 너희도 살아 있겠음이라"고 하셨다요 14:10,19. 성경은 주님께서 구속의 목적을 위해 어떻게 완전한 사람이 되었는지를 말한다.

"그가 아들이시면서도 받으신 고난으로 순종함을 배워서"히 5:8.

주님은 철저하게 아버지께서 자신의 삶의 주인이 되게 하셨다. 그러므로 예수 그리스도의 제자로서 가져야 할 가장 분명한 확신은, 내게 허락된 상황을 이상하게 여기지 말고 주님의 삶의 특성을 온전하게 따르면 온전하게 된다는 것이다. 어떠한 상황에서든지 자신에 대한 권리를 주님께 양도해야 한다.

위대한 의식

"내가 그러하다."

우리는 우리가 시작한 지점 곧 우리의 의식에서 마치려는 경향이 있다. 기독교는 하나님께 대한 나의 의식이 아니라 나에 대한 하나님의 의식이다. 즉, 하나님을 나의 의식으로 들어오게 하는 것이 아니라 그리스도 안에 있는 하나님의 의식으로 내가 들어가는 것이다. 바로 이 하나님의 의식에 우리가 사로잡힐 때 우리의 믿음은 실체에 서게 된다. 이것이 바로 주님께서 말씀하신 "들의 백합화를 생각하라"는 말씀이 뜻하는 바이다. 이는 또한 기독교 사역에서 눈에 띄는 성공에 대한 집착이 왜 부적절한 것인지를 설명한다.

주님은 자신을 사람의 선생으로 의식하셨다. 우리는 주님께서 가지셨던 이 의식 속으로 들어가야 한다. 그런데 선생에 대한 주님의 의식은 너무나 놀랍게도 이 세상과는 정반대의 개념이었다. 즉, 사람 위에 군림하지 않으시는 것이었다. 주님은 우리 발 밑의 띠끌이 되시고, 우리가 내쉬는 숨보다 못하게 되신다. 그분은 우리가 비웃고 이용할 수 있는 분, 우리가 원하는 어떤 것을 함께하는 분이 되신다. 그럼에도 그분은 여전히 우리의 주인이요 선생이시다. 우리는 그분을 십자가에 못 박을 수 있다. 그분께 침을 뱉을 수 있으며 비방할 수 있다. 그분을 못 본 척할 수 있으며 그분께 상처도 줄 수 있다. 그러나 그분은 여전히 선생이요 주인이시다.

이제 세상 끝에 주님이 다시 오셔서 자신을 드러내실 것이다. 그때는 모든 사람들이 그분을 주인이요 선생으로 인정할 것이다. 그때는 주님께 잔인하게 행했던 자들이 말로 표현할 수 없는 고통을 바라보며 질겁할 것이다. 그날에 그들은 이 우주의 주인이 바로 예수 그리스도이심을 깨닫게 될 것이다.

당신의 주인은 누구인가? 오직 주 예수 그리스도만이 당신의 주인이 되도록 하라. 이것이 진실되고 영원한 진리이다. 주님이 아닌 다른 선생들은 언제나 혼동을 줄 것이다. 다른 명분에 헌신하거나 자신의 신조에 주창자가 되지 말라. 오직 '주님의 것'이 되라.

"너희는 너희의 것이 아니라."

기독교 사역에 대한 그릇된 인식 때문에 '주님이 나의 주인'이라는 의식이 약해지고 있다. 뭔가를 해야 한다는 부담이 오히려 "주께서 나의 주인이시다"라는 고백을 멀리하고 있다. 주님을 잊지 않도록 주의하라. 언제나 예수 그리스도의 제자라는 것만을 생각하라. 그러면 주께서 언제나 나를 통해 역사하실 것이다. 내가 하나님과 바른 관계에 있고 빛 가운데 행하면 어떠한 상황에서도 예수님은 나의 주인이 되어주실 것이다. 어떠한 상황에서도 나는 내 안목이 아닌 주님의 안목을 취하게 될 것이다.

주께 모든 것을 맡기고 평안을 누리라. 모든 결과에 초연하라. 주께서 모든 환경을 조성하실 것이고 그분이 원하시는 곳으로 우리를 인도하실 것이다. 주께서 뜻하시는 대로 경제적으로 풍성하게도 혹은 가난하게도 하실 것이다. 그러나 우리는 상관할 필요가 없다. 내가 해야 할 단 한 가지 일은, '그분은 나의 주인'이라는 생각을 유지하는 것이다.

"우리는 우리를 전파하는 것이 아니라 오직 그리스도 예수의 주 되신 것과 또 예수를 위하여 우리가 너희의 종 된 것을 전파함이라"
고후 4:5.

4부 슬픔이 승화된
최상의 삶

01
왜 분명하게 말씀하지 않으실까?

감당할 수 없기 때문에

"내가 아직도 너희에게 이를 것이 많으나 지금은 너희가 감당하지 못하리라"요 16:12.

주님은 우리에게 숨기시는 것이 없다. 단지 우리가 감당할 수 없기 때문에 말씀을 아끼신다. 그러나 우리가 영적으로 감당할 수준에 이르면 주께서 말씀하신다. 그러면 우리는 전에 주님께서 분명하게 말씀하신 것을 왜 이해할 수 없었는지 놀라게 된다. 전에는 그 말씀들을 이해할 수 없었다. 그 이유는 나의 성향이 잘못되어 있었든지 아니면 그 말씀을 감당하려는 의지가 없었기 때문이다. 어떤 특별한 말씀을 감당하기 위해서는 예수님의 부활 생명이 우리 안에 있어야 한다.

"예수께서 경고하시되 인자가 죽은 자 가운데서 살아날 때까지는 본 것을 아무에게도 이르지 말라 하시니"막 9:9.

우리 안에 부활하신 그리스도의 생명이 계시고 그 생명에게 나 자신을 기꺼이 내어드릴 때 비로소 그리스도께서 역사 가운데 이 땅에서 가르치신 말씀이 이해가 간다.

가끔 우둔함이 귀할 때도 있다. 적절한 때가 이르기 전에 주께서 말씀하시는 것을 이해하지 못하는 것은 하나님의 무한한 자비이기도 하다. 하나님께서 빛과 능력으로 오시면 우리는 어리석은 자처럼 아무것도 깨닫지 못한다. 주님은 절대로 사람을 홀리지 않으신다. 사탄은 예수님께 사람을 홀릴 수 있는 능력을 사용하도록 유혹했다. 일반적으로 잘못된 섬김이 사람을 홀리는 방법을 동원한다. 예를 들어 사람에게 보이려는 '쇼 사업'을 하고 싶은 충동이 그러한 것이다. 이러한 자들은 기도를 통해 딱딱한 어조로 하나님께 명령을 내리고 싶은 유혹을 받는다. 그러나 예수님의 부활 생명이 우리를 주관할 때 하나님께서는 당장 우리로 하여금 우둔함의 상태에서 나오게 하신다.

예수 그리스도의 부활 생명이 우리 안에 있다는 사실을 알고 있는가? 내 안에 주님의 부활 생명이 거하는 가장 뚜렷한 증거는 주님의 말씀이 바르게 이해된다는 점이다. 사실, 성령이 없으면 하나님은 우리에게 아무것도 계시하실 수 없다. 또한 어떤 교의나 사상에 빠지게 될 때도 우리는 더 이상 하나님께로부터 빛을 받을 수 없다. 빛은 결코 그러한 선상에서 오지 않는다. 완고한 마음은 하나님의 가르침을 가장 많이 대적하는 악한 세력이다. 완고함은 '죄악'된 행동은 아니지만 예수님의 부활 생명이 없는 어두움의 상태를 드러낸다.

믿을 수 없기 때문에

"우리가 지금에야 주께서 모든 것을 아시고 또 사람의 물음을 기다리시지 않는 줄 아나이다 이로써 하나님께로부터 나오심을 우리가 믿사옵나이다 예수께서 대답하시되 이제는 너희가 믿느냐"요 16:30-31.

우리는 의식적으로 더 깊이 예수님의 부활하신 생명을 의지할 필요가 있다. 끊임없이 모든 상황을 주님과 연관시키는 습관을 개발하라. 그러나 안타깝게도 대부분의 사람들은 자신의 상식에 따라 결정을 내리며 살아간다. 그러면서 하나님께서 자신들이 내린 결정에 축복하실 것을 소원한다. 그러나 하나님은 그러실 수 없다. 그 이유는 그러한 결정은 하나님의 영역에 속한 것이 아니기 때문이다. 우리는 말한다.

"그러나 내 의무를 다하면 잘못되지 않을 것이다."

아니다. 잘못된다. 믿을 수 없겠지만 사실이다. 잘못되는 이유는 주님 대신에 다른 뭔가를 당신의 마음 보좌에 두었기 때문이다. 주님의 자녀들은 의무감에 따라 행동하거나 양심의 빛을 따르라고 부탁 받은 적이 없다. 우리는 오직 주님의 빛 가운데 걸어야 한다고 들었다. 의무감으로 뭔가를 하기 시작하면 논리적으로는 왜 그 일을 하는지에 대해 설명할 수 있다. 그러나 주님께 순종하기 위해 무엇인가를 하게 되면 논리적으로 설명이 불가능하다. 이러한 이유 때문에 성도들이 쉽게 조롱을 당한다.

인자가 죽음에서 일어날 때까지 아무것도 말하지 말라. 당신 안에 부활하신 예수 그리스도가 계시는가? 주님께서 마음대로 역사하시는가? 일을 할 때, 사람들과 만날 때, 어떤 책임을 감당할 때 내 안에 계신 주님이 주관하시는가? 그분이 우리 안에서 행하시면 우리는 곧 알게 된다. 우리는 "이제 믿습니다"라고 말한다. 그러나 예수님은 말씀하신다.

"이제는 너희가 믿느냐 보라 너희가 다 각각 제곳으로 흩어지고 나를 혼자 둘 때가 오나니 벌써 왔도다"요 16:31-32.

많은 기독교 사역자들이 사람들의 필요를 채운다는 명목 하에 주님과 상관없이 의무감으로 봉사한다. 자신의 특별한 은사에 잘 맞는 일을 찾아 봉사한다. 물론 이러한 봉사에는 죄도 없고 벌도 없다. 그러나 먼 훗날 좌절과 슬픔 가운데 스스로 예수님의 말씀을 오해했음을 발견하게 될 것이다. 그때는 부끄러움과 후회 가운데 어린아이와 같은 마음을 가지고 처음 상태로 돌아가 주님께 다시 배워야 한다.

"누구든지 하나님의 나라를 어린아이와 같이 받아들이지 않는 자는 결단코 거기 들어가지 못하리라"눅 18:17.

의무감으로 뭔가를 하려 할 때 우리 안에는 어느새 어린아이와 같은 자세는 사라지고 예수님의 부활 생명이 역사하는 흔적도 사라지게 된다. 단지 한 인간의 서툰 노력의 잔재만 있을 뿐이다. 이는 예수 그리스도가 아닌 자신이 기준이 되어버렸기 때문이다. 나아가 자신의 이해력을 믿고 주님과의 관계에서 벗어났기 때문이다.

"본 것을 아무에게도 이르지 말라."

사람들은 때가 이르지도 않았는데 많은 말을 한다. 그들은 변화산에서 본 것을 증거한다. 그러나 사람들은 그들이 본 것을 전혀 따르지 않는다. 이해도 하지 못한다. 그 이유는 그들 가운데 인자께서 아직 부활하지 않으셨기 때문이다. 제자들의 증거 내용은 맞다. 그러나 그 말씀에 주님이 계시지 않는다. 아직 인자께서 제자들의 마음 안에서 부활하지 않으셨기에 그들의 증거에는 주님의 생명의 교통도, 구하는 자에게 허락되는 조명함이나 이해도 없다. 우리 안에 언제 주님께서 형성되실지 궁금하다.

"나의 자녀들아 너희 속에 그리스도의 형상을 이루기까지 다시 너희를 위하여 해산하는 수고를 하노니"갈 4:19.

아무리 옳은 말을 해도 주님을 홀로 두고 수고한다면 아무런 역사도 나타나지 않는다. 부활의 주님이 당신 안에 계시다는 이 놀라운 사실을 언제 믿으려는가?

더 이상 질문할 것이 없기 때문에

"그날에는 너희가 아무것도 내게 묻지 아니하리라 … 때가 이르면 다시는 비유로 너희에게 이르지 않고 아버지에 대한 것을 밝히 이르리라"요 16:23,25.

언제가 '그날'인가? 그날은 주 예수님의 부활 생명이 우리 생명의 한 부분이 되는 날이다. 그날에 우리는 주께서 말씀하신 대로 아버지와 하나 될 것이다. 이는 성령께서 우리를 그곳으로 인도하시기 때문이다. 자신의 영적 궁핍을 깨닫지 못하는 자는 성령을 받을 수 없다. 그러나 성령을 받으면 성령은 우리에게 예수님의 부활 생명을 부여하신다. 그러면 아버지와 그분의 자녀 사이에는 아무런 간격이 없게 된다. 더 이상 하나님을 향한 당황함도 없고 의문도 사라진다. 물론 여전히 어둡고 설명할 수 없는 일들이 있다. 그러나 그러한 것들이 하나님과 나의 마음 사이에 끼어들지 못한다.

더 이상 물을 필요가 없는 이유는 이제 하나님께서 그분의 뜻에 따라 모든 것들을 완벽하게 이루실 것을 확신하기 때문이다. 이러한 상태가 실제로 우리 삶에 임한다.

"너희는 마음에 근심하지 말라 하나님을 믿으니 또 나를 믿으라" 요 14:1.

우리는 예수 그리스도의 부활 생명이 우리 안에 나타나기까지 여러 질문을 하기를 원한다. 하나님의 섭리 가운데 새로운 단계로 나아갈 때마다 이것저것 묻고 싶어진다. 그러나 예수님의 부활 생명을 온전히 의지하는 지점에 이르면 우리는 하나님의 목적에 완벽하게 일치하게 되면서 더 이상 질문할 것이 없어진다. 당신은 지금 부활 생명으로 살고 있는가? 만약 그렇지 않다면, 그 이유는 무엇인가?

"주께서 내게 분명하게 말씀해 주셨으면" 하고 말하는 이유가 무엇인가? 어떤 설명을 원하는가? 외부의 도움이나 자신의 생각으로 모든 상황을 설명해보려고 애쓰지 말라. 대신 자신의 성향을 살펴보라. 만일 하나님께 오해가 있고 하나님과 당신 사이에 거리감을 느낀다면, 이는 나의 지성 때문이 아니라 성향 때문에 생긴 것이다. 따라서 우리의 성향이 예수님의 생명에 마음을 다해 순복한다면 분명하고 완벽한 이해가 따라올 것이다.

"사람이 하나님의 뜻을 행하려 하면 이 교훈이 하나님께로부터 왔는지 내가 스스로 말함인지 알리라"요 7:17.

02

주님과 일치된 체험

"문득 둘러보니 아무도 보이지 아니하고 오직 예수와 자기들뿐이었더라"막 9:8.

베드로와 야고보와 요한에게 변화산상에서의 체험은 가장 놀라운 체험이었을 것이다. 베드로는 이때의 체험을 강조한다.

"우리 주 예수 그리스도의 능력과 강림하심을 너희에게 알게 한 것이 교묘히 만든 이야기를 따른 것이 아니요 우리는 그의 크신 위엄을 친히 본 자라 지극히 큰 영광 중에서 이러한 소리가 그에게 나기를 이는 내 사랑하는 아들이요 내 기뻐하는 자라 하실 때에 그가 하나님 아버지께 존귀와 영광을 받으셨느니라 이 소리는 우리가 그와 함께 거룩한 산에 있을 때에 하늘로부터 난 것을 들은 것이라"벧후 1:16-18.

베드로는 예수님이 누구신지 보았고 들었다. 곧 주님의 크신 위엄을 직접 본 것이다. 야고보는 그의 서신에서 이 놀라운 체험을 실질적으로 삶에 적용한다. 요한은 변화산의 체험을 기록하지는 않지만

이 체험의 관점 곧 주 예수 그리스도의 지극히 높은 위엄을 알리는 관점에서 서신을 쓴다.

삶 가운데 불멸의 순간들

"예수께서 베드로와 야고보와 요한을 데리시고 따로 높은 산에 올라가셨더니 그들 앞에서 변형되사"막 9:2.

우리에게는 소위 '찬란한 순간들'이 있다. 우리의 삶은 항상 지루함과 먹고 마시는 일로만 되어 있는 것은 아니다. 평범한 상태가 아닌 예외적인 때가 있다. 우울함에 빠지기도 하고 신이 나기도 한다. 다른 때와는 특이하게 다른 순간들이 찾아온다. 갑작스러운 이러한 순간들은 우리가 어디로 향하는지 보게 한다.

영적인 경험에도 자연적인 삶처럼 이러한 현상이 나타난다. 밀물과 썰물처럼 반복되는 영적인 흐름 가운데 어느 날 갑자기 놀라운 비전을 분명하게 보게 된다. 그 순간은 영원히 잊혀지지 않는 불멸의 순간이다. 바로 이 순간에 무엇을 보았는지에 따라 우리의 인생이 좌우된다. 주께서 말씀하신다.

"너희에게 아직 빛이 있을 동안에 빛을 믿으라"요 12:36.

당신이 빛 가운데 거하지 않을 때 본 것을 믿지 말라. 하나님께서는 오늘날의 '체험'으로 우리를 평가하지 않으시고 하나님과 진실한 교제 가운데 있었던 시간들로 평가하신다. 하나님께서는 우리가 본 것으로 우리를 평가하신다. 양심의 빛에 따라 얼마나 바르게 살았는지로 평가하지 않으시고 빛 되신 예수 그리스도로 우리를 평가

하신다.

"나는 세상의 빛이니"요 8:12.

만일 누군가 예수 그리스도를 모른다면 그 책임은 그에게 있다. 그분을 알지 못하는 이유는 그분을 알려고 노력하지 않기 때문이다. 주님이 그 사람에게는 중요하지 않은 것이다. 당신에게 가장 중요한 것이 주님의 죽으심과 살아나심인가? 아니면 주님께 아무런 관심이 없는가?

"그러나 사기꾼 같은 가짜들이 너무 많아서…"라고 핑계하는가? 실체가 없는 가짜란 있을 수 없다. 실체를 찾으라. 예수 그리스도가 사기꾼인가? 우리는 그분에 의해 심판을 받을 것이다.

"그 정죄는 이것이니 곧 빛이 세상에 왔으되 사람들이 자기 행위가 악하므로 빛보다 어둠을 더 사랑한 것이니라"요 3:19.

우리에게 이 빛이 있으면 심판을 받지 않게 될 것이다. 그러나 이 빛을 거부하는 자마다 심판을 받게 된다. 하나님께서는 우리가 그 빛을 바라보지 않은 것에 대해 책임을 물으실 것이다.

누구든지 그 빛을 본 사람은 완전히 다른 사람이 된다. 우리는 불멸의 순간들 곧 하나님의 빛을 보았던 순간들에 의해 평가받는다.

삶 가운데 고립의 순간들

"그들이 몹시 무서워하므로 … 마침 구름이 와서 그들을 덮으며" 막 9:6-7.

제자들이 변화산상에 있을 때 매우 멋진 일도 발생했지만 한편 매우 황폐한 일도 발생했다. 예수님이 누구신지를 있는 그대로 보는 순간, 제자들은 깜짝 놀랄 수밖에 없었다. 곧 그들을 고립시키는 그림자가 그들을 덮었다. 이에 그들은 두려움에 빠진다. 이제 자신들의 눈에 보이는 예수님이 누구신지 전혀 알 수 없다. 너무 두려운 나머지 그들의 삶과 마음은 차가운 기운으로 가득 찬다.

"우리의 씨름은 혈과 육을 상대하는 것이 아니요 통치자들과 권세들과 이 어둠의 세상 주관자들과 하늘에 있는 악의 영들을 상대함이라"엡 6:12.

우리의 영혼 주변에는 우리가 의식할 수 없는 영적 세계가 우리를 둘러싸고 있다. 우리가 볼 수도, 알 수도 없는 초자연적인 힘과 존재들이 있다.

사람에게는 구름과 그림자로 가득 찬 고립의 순간이 찾아올 때가 있다. 이러한 고립의 순간에 무엇을 하는가? 예수님이 보이지 않는 삶의 기간은 너무나 끔찍하다. 그렇게 건방지고 주제 넘던 사람들도 하나님께서 약간이라도 베일을 올리시면 공포에 빠진다. 조금이라도 광풍이 불면 두려움에 싸여 고립된다. 그러나 주님께서는 이 기간에 반드시 우리와 함께하시며 우리를 보호하신다. 예수님의 속죄란 보이지 않는 전능하신 보호의 손을 의미한다. 그 손은 우리가 알지 못하는 초자연적인 세계의 모든 위험으로부터 우리를 완벽하게 보호하신다.

당신이 자신을 이해할 수 없어도 결코 두려워하지 말라. 아무도 당신을 이해하지 못해도 비참해하지 말라. 우리를 이해하시는 유일한 분, 바로 하나님이 계신다시 139편. 우리의 삶은 평범함과 심오함, 두 부분으로 나뉜다. 이 두 영역이 다 하나님께 속해 있다. 그러나 우리에게는 언제나 심오한 영역만 드러내려는 유혹이 있다. 만일 이러한 유혹에 빠지면 자신의 심오함을 이해하지 못하는 다른 모든 사람들을 경멸하게 된다. 하나님은 평범과 심오함의 하나님이심을 잊어서는 안 된다. 우리는 심오한 삶을 살면서 동시에 평범한 삶을 경건하게 살 수 있어야 한다.

주님과 일치된 삶의 의미

"문득 둘러보니 아무도 보이지 아니하고 오직 예수와 자기들뿐이었더라"막 9:8.

아무도 보이지 않고 오직 예수님만 보인다. 사실 우리가 예수님을 보지 않으면 다른 사람들을 제대로 볼 수 없다. 주님과 일치된 삶의 의미는 "그리스도 예수 안에서 모든 사람이 완전한 것"을 보는 것이다. 우리가 천하기 때문에 천함을 알기 위해 '승화'의 체험이 필요한 것은 아니다. 우리가 죄인이기 때문에 죄가 무엇인지를 알기 위해 승화의 체험이 필요한 것도 아니다. 천함 속에서 예수 그리스도를 보기 위해 승화의 체험이 필요할 뿐이다. 죄인들 속에서, 절망 속에서, 죄악과 불의로 가득한 세상 속에서 "예수 그리스도를 볼 수 있기 위해" 승화의 체험이 필요한 것이다. 그러므로 "아무도 보이지 아니하고 오직 예수와 자기들"만 보이는 이 체험은 모든 성도들에게 반드시 필요한 체험이다. 이것이 예수님을 만났다는 의미이다.

다른 사람들의 흠과 티는 너무나 잘 보인다. 그 이유는 우리 안의 허물과 죄악이 다른 사람의 허물과 죄악을 보기 때문이다.

"그러므로 남을 판단하는 사람아, 누구를 막론하고 네가 핑계하지 못할 것은 남을 판단하는 것으로 네가 너를 정죄함이니 판단하는 네가 같은 일을 행함이니라"롬 2:1.

영적 자만에 대한 최고의 치유책은 하나님께서 우리 마음의 부패가 얼마나 깊은지를 조금이라도 깨닫게 하시는 것이다.

삶의 승화의 순간들은 얼마나 멋진가! 예수님과 자신만 보는 자들은 결코 사탄의 덫에 빠지지 않는다. 당신에게는 '예수님 외에' 아직도 다른 것이 보이는가? 그러면 당신에게 어두움이 임할 것이다. 그러나 하나님께서는 당신을 사랑하시기 때문에 얼마 후에 오직 예수님만 보이고 아무것도 보이지 않는 장소로 인도하실 것이다.

03

눈물을 승화시키는 새벽

"예수께서 이르시되 여자여 어찌하여 울며 누구를 찾느냐 하시니" 요 20:15.

"모든 눈물을 그 눈에서 닦아주시니" 계 21:4.

하나님께서 우리의 눈물을 씻겨주지 않으시면 눈물은 항상 돌아온다. 주님께서 부활하신 날은 눈물이 사라진 날이 아니라 눈물의 의미가 승화된 날이었다. 이는 더 이상 눈물을 흘리지 않게 되었다는 뜻이 아니라 절대 과거에 눈물을 흘렸던 식으로 눈물을 흘리지 않게 되었다는 뜻이다. 우리는 눈물이 어떻게 발생하는지 모르지만 눈물 없는 인생은 생각조차 할 수 없다.

기쁨이 끝날 때

"그가 여기 계시지 않고" 마 28:6.

삼 년이 끝남

"무덤을 향하여 앉았더라" 마 27:61.

삼 년은 놀라운 기쁨과 환희의 시간이었다. 그러나 이제 그 삼 년이 다 끝났다. 좋은 시절이 다 끝나고 고통의 시간이 압박하기 시작한다. 제자들에게는 큰 슬픔이 찾아왔다. 사실 그들은 모든 것을 예수님께 걸었다. 그런데 "그가 여기 계시지 않는다."

이제 그들은 무엇을 붙들어야 할지 알 수 없다. 우리에게도 삼 년에 해당하는 행복한 기간이 있었다. 그러나 지금 끝났다. 우리도 제자들처럼 "무덤을 향해 앉아" 있다.

신나던 과거가 끝남

"밖에 나가서 심히 통곡하니라" 마 26:75.

베드로에게는 충동적으로 행동하는 연약한 면이 있었다. 그럼에도 그는 충성스럽고 강한 사람이었으며 마음이 따뜻한 사람이었다. 그런데 지금 그의 인생의 모든 소망이 다 끝나버렸다. 우리에게도 신나던 시절이 있다. 사랑과 우정을 나누면서 삶의 즐거움을 만끽한 적이 있다. 그러나 지금은 이 모든 것이 산산조각 나고 뼈아픈 눈물만 남아 있다. 이처럼 이 땅의 인생은 항상 뼈아픈 눈물로 가득 차 있다. 이러한 슬픔 가운데서 나올 수 있는 방법은 천박하고 비열한 사람이 되든지 아니면 주님의 부활을 통해 주 예수 그리스도와 새로운 관계로 나아가는 것이다.

간절한 바람이 끝남

"너희가 길 가면서 서로 주고받고 하는 이야기가 무엇이냐"눅 24:17.

그들이 간절하게 바라던 것이 무엇이었는지 잘 나타나는 장면이다. 우리의 삶 가운데는 간절하게 바라던 것들이 있었다. 그런데 그 꿈이 완전히 사라졌다. 모든 사람들이 이러한 체험을 한다. 이때 사람들은 말로 표현할 수 없는 슬픔을 경험한다.

"그분은 여기 계시지 않는다."

이 표현은 이 세상에서 가장 슬픈 표현이다. 전쟁에서 아들을 잃은 어머니가 이 표현을 한다. 남편을 잃은 아내의 절규도 이것이다.

"그는 여기 없다."

그러나 가장 큰 슬픔의 이 표현은 가장 큰 기쁨과 연결된다.

"여기 계시지 않고 살아나셨느니라"눅 24:6.

일반 상식으로는 그분은 여기 계실 수 없다. 그러나 그분은 우리의 슬픔과 함께하시기 위해 부활하셔서 지금 우리와 함께하신다. 만일 우리가 사랑하는 이들을 잃은 자들의 슬픔을 동정만 한다면 이는 슬픈 사람이 한 사람 더 늘어나는 것뿐이다. 그러나 예수님은 모든 슬픔에서 우리를 완전하게 구원하시기 위해 슬퍼하는 자들에게 구세주로 찾아오신다.

불가능한 것을 선포하는 능력

"그가 살아나셨다"눅 24:6.

예수님은 무덤 곁에 앉아 계시지 않으셨다. 서러운 눈물 가운데도, 슬픈 대화에도 계시지 않으셨다. 우리가 예수님을 발견한다는 것은 상식적으로 볼 때 불가능하다. 지난 삼 년의 그 벅찬 시간들을 재생시키려 해도 아무런 소용이 없다. 즐거웠던 과거를 기억하는 것도 불가능하다. 엠마오로 내려가던 두 제자처럼 과거의 교제를 회복하는 것도 불가능하다. 그러나 그들에게 과거와는 비교도 할 수 없는 무한하게 훨씬 더 좋은 것이 있다. 바로 주님의 부활이다.

"그가 여기 계시지 않고 그가 말씀하시던 대로 살아나셨느니라" 마 28:6.

예수님께서 말씀하셨던 것은 말 그대로 불가능한 일이었다. 그 불가능한 사건을 선포하는 것은 상식적인 감각이 아니라 초자연적인 감각에서 온다. 주님께서는 자신의 삶을 통해 본인이 초자연적인 존재임을 알려주셨다. 그분의 탄생 때 천사가 와서 선포한다.

"아들을 낳으리니 이름을 예수라 하라 이는 그가 자기 백성을 그들의 죄에서 구원할 자이심이라" 마 1:21.

만일 나 자신의 빛 가운데서 예수님을 본다면 우리는 주님을 구세주로 생각하지 않을 것이다. 당신의 믿음은 초자연적인 선상의 '불가능한 것'을 믿는가? 아니면 더 이상 예수님의 부활을 필요로 하지 않는 상식적인 차원의 신앙에 머물고 있는가?

예수님께서 부활할 당시에 천사가 외쳤다.

"그가 여기 계시지 않고 그가 말씀하시던 대로 살아나셨느니라" 마 28:6.

제자들의 상식으로는 천사의 말은 받아들일 수 없는 내용이었다. 당신은 초자연적인 것에 대한 선포를 믿는가? 아니면 소위 불가능한 것이라고 불리는 것들에 대해서는 믿기를 거부하는가? 하나님께서 사람의 몸을 입고 태어나신 것도 '불가능'한 일이다. 그러나 예수님은 바로 이 '불가능'이 가능함을 보여주셨다. 죽은 자가 다시 살아나는 것은 '불가능'하다. 그러나 예수님은 죽은 자 가운데 살아나셨다. 사람이 죽음에서 일어나 하늘에 오르는 것은 '불가능'한 일이다. 그러나 예수님은 하늘에 오르셨다. 상식이 임할 수 없는 그 자리에 주님의 말씀이 임한다.

"사람으로는 할 수 없으나 하나님으로서는 다 하실 수 있느니라" 마 19:26.

가능성의 한계는 곧 하나님께서 주를 믿는 우리를 통해 불가능한 일들을 행하시겠다는 것을 의미한다.

즐거움의 길로 가심

"또 빨리 가서 그의 제자들에게 이르되 그가 죽은 자 가운데서 살아나셨고 너희보다 먼저 갈릴리로 가시나니 거기서 너희가 뵈오리라 하라 보라 내가 너희에게 일렀느니라 하거늘" 마 28:7.

"그는 여기 계시지 않고" 눅 24:6.

그분은 '여기' 당신의 생각 속에도, 당신이 사건과 사물을 보는 관점에도 계시지 않으신다. 주님은 언제나 당신보다 앞서 가신다. 이때 우리를 일으켜 세우는 영감은 "가서 … 제자들에게 이르라"는 것이다.

찢겨진 상한 심령의 여인에게 이 놀라운 말씀이 어떤 환희를 주었을까를 생각해보라. 그녀에게는 과거에 영원히 잊지 못할 엄청난 사건이 있었다. 예수님께서 그녀로부터 일곱 귀신을 내어쫓은 사건이다. 그 이후로 그녀의 모든 믿음과 소망은 오직 주님께만 있었다. 그러나 주님이 돌아가셨다. 이제 천사가 그녀에게 찾아와 주께서 살아나셨다고 선포한다.

"두려워 말라 가서 … 제자들에게 이르라."

눈물이란 우리 인간들의 한계를 상징한다. 한계를 느끼면 눈물이 터진다. 그리고 우리는 "이제 다 끝났어"라고 말한다. 아무 의욕이 없다. 그때 영감이 온다.

"빨리 가거라. 당장 일어나 가거라."

이 영감은 상식선에서 오는 것이 아니라 우리 마음을 사로잡는 어떤 초자연적인 힘이다.

"보라, 주님께서 너희보다 앞서 가신다."

이때 우리는 한계를 넘어서는 발걸음을 내딛게 되면서 무한한 하나님의 능력을 접하게 된다. 그곳에 하나님이 계시지 않는 것 같아도 첫 발걸음을 내딛으면 하나님께서 언제나 그곳에 계심을 발견하게 된다. 우리는 홀로 가는 것이 아니고 주님의 놀라운 임재를 체험하게 된다.

"보라 내가 너희에게 일렀느니라" 마 28:7.

우리는 영감을 받아들일 때 천사가 선포하는 초자연적인 내용들을 무시하려는 경향이 있다. 그렇게 되면 중요한 진리를 잃게 된다. 보통 우리는 어린아이에게 말할 때 초자연적인 실제적 진리를 쉽게 말한다. 그 이유는 어린아이들은 어른들이 볼 수 없는 것을 보기 때문이다. 그러나 어른들에게 말할 때 우리는 상식적으로 말한다. 그러면서 초자연적인 진리들을 잃는다. 그러나 우리는 '천사'의 말을 그대로 할 필요가 있다.

보게 될 것이라는 약속

"거기서 너희가 뵈오리라"마 28:7.

가만히 앉아 기도만 하면서 주님을 기다리면 우리는 그분을 볼 수 없다. 그러나 빨리 일어나서 가면 "거기서 주님을 뵙게" 될 것이다. 당신의 마음속으로 들어가 자신을 일으켜 세우라. 과거를 회상하는 예배에 더 이상 빠지지 말라. 예수님께서는 옛생명이 아니라 우리가 헤아릴 수 없는 새생명으로 다시 사셨다는 사실을 기억하라. 주님께서 부활하신 후 주님과 제자들의 관계는 기존의 것과는 완전히 다른 종류의 것이었다.

"나를 붙들지 말라 내가 아직 아버지께로 올라가지 아니하였노라 너는 내 형제들에게 가서 이르되"요 20:17.

우리는 다음 단계로 가야 한다. 거기서 주님을 뵐 것이다. 사람들은 이성을 마음 보좌에 앉히고 "보이는 것만을 믿는다"고 말한다. 그러나 우리는 다음 단계로 나아가 주님을 뵐 것이라는 어린아이와 같은 단순한 믿음을 가져야 한다. "서로 발을 씻기는 것"은 평범하고 천한 일이다. 그러나 바로 거기서 우리는 주님을 뵙게 된다. 당신은 완전하고 절대적인 구속을 믿는가? 그 구속은 완성되었고 끝났으며 지금 역사하고 있다는 사실을 믿는가? 구속은 바로 부활하신 주님의 역사이다. 주님의 부활은 눈물을 승화시키는 새벽이다.

04

주님께 부어지기까지

"나를 믿는 자는 성경에 이름과 같이 그 배에서 생수의 강이 흘러 나오리라" 요 7:38.

예수 그리스도는 "나를 믿는 자는 그 안에서 하나님의 충만한 축복을 깨달을 것이다"라고 하지 않고 "그가 받은 모든 것이 흘러나갈 것"이라고 하셨다. 주님은 언제나 반反자아실현을 설교하셨다. 주님은 사람을 개발시키기보다 자신과 같은 부류의 사람을 만드시는 데 힘쓰셨다. 바로 자신을 소모하는 사람들이다. 예수 그리스도를 믿는 것은, 무엇인가 얻는 것이 아니라 우리를 통해 소중한 것들이 흐르게 하는 것이다. 잘 익은 포도알이 되는 것 자체가 목적이 아니라 그 포도알이 으깨어져서 향기로운 포도즙을 만드는 것이 궁극적인 목적이다. 성도의 삶은 성공에 의해 평가되지 않는다. 얼마나 하나님께 부어져서 그분께서 사용하실 수 있는가로 평가된다.

별이나 들의 백합화의 영향력을 누가 평가할 수 있는가? 주님께서는 바로 이러한 것들을 생각하라고 하신다. "나를 믿는 자는 그를 통해 내가 모든 것을 부을 것이며 그에게 아무 남는 것이 없을 것이다"라고 말씀하신다. 현실을 산 제사로 하나님께 드리면 하나님의 임재가 현실 가운데 실제로 나타난다. 주님께 산 제사를 통해 현실을 드리면 그것이 우리의 삶이 된다.

민족의 물을 부어드림

"세 용사가 블레셋 사람의 진영을 돌파하고 지나가서 베들레헴 성문 곁 우물 물을 길어가지고 다윗에게로 왔으나 다윗이 마시기를 기뻐하지 아니하고 그 물을 여호와께 부어드리며"삼하 23:16.

자신을 만족시킬 수 있는 것으로는 절대로 하나님을 만족시킬 수 없다. 만일 내가 하나님의 축복으로 자신을 만족시키려 한다면 그 축복들은 나를 부패하게 만들 것이다. 나는 그 축복들을 희생시켜야 한다. 하나님 앞에 부어야 한다. 주를 위해 소비해야 한다. 상식적인 사람들은 이러한 소비를 불합리한 낭비라고 한다. 만일 우정, 축복, 영적 체험 등 그 어떤 것도 자신을 위해 붙잡으려고 하면 절대로 주님께 그것들을 희생할 수 없다. 다윗은 주님 앞에 그 물을 부어드릴 때 바르게 생각했던 것이다.

당신에게 최근에 베들레헴의 우물에서 떠온 물처럼 너무나 소중한 것은 무엇인가? 사랑인가? 우정인가? 영적 축복인가? 이러한 것으로 당신 자신을 만족시키려 한다면 당신의 영혼은 영적으로 부패하게 될 것이다. 당신은 하나님 앞에 그것들을 희생제물로 내어놓을 수 없다. 어떻게 영적 은사 및 우정, 사랑을 주 앞에 부을 수 있을까?

어떻게 그것들을 주님께 드릴 수 있을까? 오직 한 가지 방법 외에는 없다. 마음을 정하고 정한 마음을 계속 붙드는 것이다. 만일 자신을 위해 영적인 축복이나 인간적인 관계를 붙들려고 하면 그것이 아무리 아름다운 것이라도 나를 부패시킨다. 나는 주님 앞에서 그것들을 부어야 한다. 마음을 다해 그것들을 낭비하듯 주께 드려야 한다. 다윗이 그 물을 땅에 부었을 때 즉시 그 물은 땅 속으로 빨려들어갔다.

하나님을 알지 못하는 사람들이 성도의 행동을 볼 때 절대로 이해할 수 없는 것이 있다. 그것은 나의 능력의 한계를 벗어나는 값을 수 없는 큰 은혜를 받았을 때 그것을 도로 하나님 앞에 붓는 행위이다. "오, 내가 매우 매력이 있으니 사람들이 나를 위해 이렇게 했겠지"라고 생각하면 그것은 내게 독약이 될 것이며 하나님께 바칠 수 없게 된다. 그러나 "이는 내가 감당하기에 너무나 위대하고 가치가 크구나. 너무나 귀한 것이니 내가 감당할 수 없고, 그러니 주 앞에 이를 부어드려야겠다"라고 하면 이것은 생수의 강이 되어 주변으로 차고 넘치게 된다. 만일 이것을 주님 앞에 부어드리지 않는다면, 결국 그것은 우리가 사랑하는 사람들마저 위험에 빠뜨리게 한다. 즉, 그들을 정욕에 빠지게 한다. 우리는 전혀 악하지도 않고 더럽지도 않은 것들을 향해 정욕을 가질 수 있다.

사랑도 주님 앞에 부어지는 자리까지 가야 한다. 그렇지 않으면 사랑도 썩는다. 만일 당신이 강퍅하고 독한 사람이라면 이는 당신이 하나님께서 주신 축복을, 자신만을 위해 움켜쥐고 있기 때문이다. 반면에 그 축복을 주님께 부어드린다면 당신은 하늘에서 내려온 가장 향기로운 사람이 될 것이다. 만일 당신이 언제나 받기만 하는 영적 스펀지라면 당신은 영적인 질병의 근원이 될 것이다. 주님께 부드러기를 배우지 못한 사람들 때문에 주변의 다른 사람들마저 그들의 경계를 넓힐 수 없다.

구원의 방법

"이는 그가 자기 영혼을 버려 사망에 이르게 하며"사 53:12.

이는 하나님의 가장 위대한 사랑을 말하고 있다. 그 어떤 사람도 그 사람 안에 하나님께서 내주하지 않으시는 한, 자신의 원수를 위해 목숨을 내어줄 수 없다. 하나님의 사랑은 원수를 향해 자신의 모든 것을 내준 사랑이다.

하나님께서 창조하신 인간의 속성에는 영웅적인 것에 반응하는 면이 있다. 다음 구절은 사람의 사랑에 대해 언급한다.

"사람이 친구를 위하여 자기 목숨을 버리면 이보다 더 큰 사랑이 없나니"요 15:13.

이 희생은 하나님의 사랑이 없이도 인간의 속성만으로 이를 수 있는 최상의 경지이다. 나에게 예수 그리스도는 이 세상의 구세주이신가? 아니면 희생 정신을 보여준 감동과 존경의 대상인가? 후자의 경우는 주님의 속죄를 가치 없게 만드는 것으로서 결코 주님의 기쁨이 될 수 없다. 오직 자신의 영혼을 하나님 앞에 제물로 드릴 수 있는 사람들만이 주님의 큰 기쁨이 될 수 있다. 우리는 구원을 설교하는 대신에, 설교에 의한 구원을 의도하려고 한다.

그러나 우리는 이 세상을 향해 수고할 때, 완성된 구속을 근거로 수고해야지 구속이 미완성된 것처럼 여긴 채 그것을 완성하려고 수고해서는 안 된다. 하나님께서 사람을 죄에서 구원하셨음을 선포하는 것이지 영웅적인 희생을 통해 자신의 영혼을 구원할 수 있다고 외쳐서는 안 된다. 우리의 구원을 위해 하나님께서 친히 너무나 엄청난 것을 치르셨기 때문에 우리는 자신의 구원을 위해 수고할 것이 없다. 사실 구원은 너무나 쉽다. 믿음으로 받으면 된다.

감동적인 낭비

"한 여자가 매우 값진 향유 곧 순전한 나드 한 옥합을 가지고 와서 그 옥합을 깨뜨려 예수의 머리에 부으니"막 14:3.

다른 곳에서는 이러한 사례를 본 적이 없기 때문에 제자들은 여자의 행위를 '낭비'로 보았다. 사실 이 행위 자체는 신비한 것이 아니지만, 여자는 자신의 옥합을 깨뜨리고 그 모든 옥합을 예수님의 머리에 부었다. 이 행위는 계산적이고 실용적인 행위가 아니었고 낭비로 보일 만큼의 엄청난 헌신이었다. 그러나 예수님께서는 그녀를 칭찬하셨고 주의 복음이 증거되는 곳마다 그녀를 기념하라고 말씀하셨다.

하나님은 이 세상을 구원하시기 위해 주의 독생하신 아들을 부으셨다. 나는 주님을 위해 나의 삶을 부을 준비가 되어 있는가? 주님은 마리아가 행한 그 일로 인해 기쁨을 감추지 못하셨다. 우리도 주를 위해 우리의 가장 중요한 것을 아낌없이 '낭비'할 때 주께서는 감동을 받으신다. 이것저것 계산을 통해서가 아니라 주께 모든 것을 내어

맡기는 행위에 주님께서 감동하시는 것이다.

성경은 물질적인 것과 영적인 것을 하나로 연결한다. 성령께서는 예수 그리스도께서 원하시는 사람을 만드시기 위해 각 사람의 몸 안으로 임하신다. 성령께서는 우리의 몸을 성령께서 거하시는 성전으로 만드신다. 그렇게 되지 못하면 기독교는 어두움 가운데 있게 될 것이다. 만일 비천한 삶의 현실 가운데 성령의 영감을 나타내지 못한다면, 지극히 높은 동기를 가지고 평범한 일들을 행하지 못한다면, 나는 주님께 나의 옥합을 붓고 있지 않는 것이다.

"나를 믿는 자는 … 그 배에서 생수의 강이 흘러나오리라."

뭔가를 얻기 시작하는 것이 아니라 그로부터 은혜의 생수가 흐르기 시작한다. 수백 수천의 사람들이 그로 인해 끊임없이 새롭게 된다. 지금은 자기 만족을 추구하는 열망을 버리고 자신의 삶을 깨뜨려 모든 것이 흘러나가게 해야 할 때이다. 주님께서는 가능한 많은 사람들이 주님을 위해 이 일을 할 것을 부탁하신다.

05

영적 훈련의 최상

"누구든지 제 목숨을 구원하고자 하면 잃을 것이요 누구든지 나를 위하여 제 목숨을 잃으면 찾으리라"마 16:25.

'영적'이라는 의미는 '실제'라는 의미로 사용된다. 곧 보이는 현실 배후에 실제하는 것을 '영적'이라고 말한다. 물론 이 부분은 우리의 감각으로는 닿을 수 없는 곳이다. 그래서 거듭나기 전에는 현실을 실제라고 착각하지만 거듭난 후에는 현실과 실체는 같지 않다는 것을 분별하게 된다. 그러면서 바울이 말하는 분별을 이해하게 된다.

"보이는 것은 잠깐이요 보이지 않는 것은 영원함이라"고후 4:18.

주 예수 그리스도의 구속은 영원히 거하는 가장 위대한 실체이다. 영적인 제자가 된다는 의미는 하나님의 은혜의 능력에 의해 구속의 실체를 접하며 체험하는 것이다.

영적 훈련의 근원에서

"누구든지 제 목숨(영혼)을 구원하고자 하면 잃을 것이요."마 16:25.

영혼은 사건과 사물을 향한 이성적인 기능을 말한다. 영혼은 내 속에 있는 영이 내 몸을 통해 표현되는 것이다. 주님의 말씀을 들어보라.

"네가 나의 제자가 되려면 너는 네 영혼을 잃어야 한다."

당신은 영혼을 잃을 준비가 되어 있는가? 성령에 의해 위로부터 거듭나 내 안에서 구속의 실체를 체험했다면 이제 우리는 예수님께서 행하신 일들에 대해 이성적으로 생각하기 시작하면서 그리스도의 마음을 가져야 한다. 이는 삶의 모든 면에 대해 새로운 관점을 갖게 되는 것을 의미한다. 그러나 만일 지금까지의 관점을 고집한다면 우리는 절대로 영적인 제자가 될 수 없다.

우리는 완고한 사람과 강한 마음의 사람을 혼동하는 경향이 있다. 완고한 사람은 이성적으로 생각하기를 거절하는 사람이다. 그는 "내가 말한 것을 끝까지 고집할 거야"라고 주장한다. 그러나 영적으로 마음이 강한 사람은 구속의 바탕 위에 그의 이성을 세우는 법을 배운 사람이다. 그래서 주 예수 그리스도의 빛 가운데 삶의 모든 문제들을 대할 수 있게 된다. 이 점이 바로 구원받는 것과 제자가 되는 것의 차이점이다.

많은 사람들이 구원을 받는다. 그러나 훈련을 통과하는 제자는 적다. 우리는 죄에서 구원해주신 하나님께 감사한다. 그러나 현실 속에서는 주님께 아무 쓸모없는 삶을 살아간다. 이는 영적으로 훈련된 제자가 아니기 때문이다. 주님의 마지막 명령은 "가서 사람을 구원하라"는 것이 아니라 "가서 제자를 만들라"는 것이었다. 우리 자신이 먼저 제자가 되지 않고는 결코 다른 사람을 제자로 만들 수 없다. 예수님의 제자가 되지 못하는 주된 이유는 죄 때문이라기보다 자아실현 때문이다.

"나는 나 자신을 발전시켜야 해. 나는 교육을 받고 훈련받아야 해. 나 자신을 개발시킬 뭔가를 해야 해."

교만 및 자신의 권리를 주장하는 자세로 인해 주님의 제자가 되지 못한다. 사실 자아실현은 반기독교적인 것이다. 자아실현은 여러 이방 종교의 특징이지만 결코 기독교의 특징이 될 수 없다. 예를 들어 예수 그리스도의 자세는 언제나 '반자아실현'이었다. 하나님의 아들의 특징은 자아실현이 아니라 자기 소모였다. 그분의 목적은 사람을 개발시키는 것이 아니라 자신과 정확하게 같은 부류의 사람을 만드시는 것이었다. 자아실현의 뿌리는 영적 이기심이다. 영적 이기심은 반드시 사라져야 한다. 당신은 영적 이기심을 버릴 준비가 되어 있는가? 주님은 제자들에게 "자신에 관한 권리를 내게 양도하라"고 말씀하신다.

"아무든지 나를 따라오려거든 자기를 부인하고" 눅 9:23.

"너희 몸을 하나님이 기뻐하시는 거룩한 산 제물로 드리라" 롬 12:1.

바울은 "모든 것을 드리라"고 말하지 않는다. 사실 '모든'이라는 단어의 뜻은 애매하다. 어떤 사람에게 '모든'이 무엇을 의미하는지 다른 사람은 모른다. 바울은 "당신의 몸을 드리라"고 말한다. 하나님께서 당신의 몸을 휘어잡기를 구하지 말고 당신의 몸을 하나님께 드리라. 바울은 말한다.

"내가 권하노니," 즉 열정을 가지고 부탁을 하노니, "너희 몸을 산 제사로 드리라"고 한다. 이것이 바로 영적 제사이다. 하나님께서는 포기 자체를 목적으로 우리에게 포기하라고 말씀하시는 것이 아니다. 그것들을 희생제사로 드리라고 하신다. 당신에게 주신 최선의 것을 하나님께 다시 희생제물로 드리라는 것이다. 그러면 그것은 영원토록 주님께 속하게 되면서 당신의 것이 될 것이다. 희생은 영적 훈련의 근본이다.

영적 훈련의 최상까지

"누구든지 나를 위하여 제 목숨을 잃으면 찾으리라"마 16:25.

생명을 바치는 많은 사람들이 있지만 반드시 그리스도를 위해 바치는 것은 아니다. "나를 위하여"라는 이 명제 때문에 우리의 항복은 최상의 항복이 된다. 하나님은 마술로 사람을 변화시키지 않으신다. 오직 하나님께 순복하는 자를 변화시키신다.

고린도전서 13장은 사랑이 현실 속에서 역사할 때 어떤 모습이 되는지를 서술해놓은 것이다. 대부분의 현대인들에게 '사랑'이라는 단어는 완전히 왜곡되어 있기 때문에 이제는 아무 의미도 없는 아주 이상한 단어가 되어버렸다. 바울이 언급하는 사랑은 나의 인격이 다른 어떤 인격을 최고로 좋아하는 상태를 말한다. 이때 그 다른 인격은 바로 '예수 그리스도'이시다. 곧 내가 예수님을 가장 좋아할 때 주님께서 다른 사람을 향해 가지신 관심에 자신이 일치되면서 나타나는 현상이 고린도전서 13장에 나오는 사랑의 모습들이다. 그런데 하나님께서는 매우 이상한 사람들에게 관심을 두신다. 내가 멸시하고 싶어하는 사람들에게 관심을 가지신다. 그러므로 나의 사랑은 그러한 사람들을 향한 나의 자세에서 나타나게 된다.

영적인 제자가 되려면 독자성을 영원히 버려야 한다. 독자성이란 자기 주장 및 자기 독립을 하려는 성향을 말한다. 자신 외에는 다 밀어낸다. 영적으로 미성숙한 사람들을 보면 독자성이 뚜렷하다. 특이하고 견고한 독자성으로 가득 차 있다. 이들은 어디서든 사람들을 불쾌하게 한다. 이들의 인격의 본성인격성은 승화된 적이 없고 성령으로 충만한 적이 없다. 영적 실체의 근원에 닿은 적도 없다. 예수님은 독자성으로 서술될 수 없다. 그분은 오직 인격성에 의해서만 정의된다.

"나와 아버지는 하나이니라"요 10:30.

사람의 인격적 속성에 대해 주님께서 가지고 계셨던 개념은 그 인격성이 정체성을 잃지 않으면서도 아버지와 합해져 하나가 될 수 있다는 것이었다. 만일 우리가 주님의 제자가 되려면 우리는 우리를 가두고 제한하는 개별성이라는 굴레를 벗어던지고 예수 그리스도께 모든 것을 내려놓아야 한다.

우리는 생각이나 감정으로 실체에 이를 수 없다. 오직 양심에 의해 이를 수 있다. 양심을 통해 역사하시는 성령은 우리로 하여금 주님의 구속의 실체로 곧바로 나아가게 한다. 그러면 거기서 우리는 "주님 때문에" 다른 사람을 위해 자신을 쏟아붓는 영적인 훈련을 거치게 된다. 성도는 철저하게 겸손한 가운데 주님처럼 되어야 한다.

"우리는 우리를 전파하는 것이 아니라 오직 그리스도 예수의 주 되신 것과 또 예수를 위하여 우리가 너희의 종 된 것을 전파함이라" 고후 4:5.

만일 사람으로 인해 사람을 섬기면 당신의 심령은 곧 파선될 것이다. 그러나 인격적, 열정적으로 예수 그리스도께 당신을 드린다면 당신의 동기는 주님을 사랑하는 것이기 때문에 그 누구를 향해서도 마지막 순간까지 자신을 소모할 수 있게 된다.

예수 그리스도를 '실제로' 발견하지 못한 사람들은 현실 속에서 그분을 보지 못한다. 그러나 주님을 발견한 자들이라면 그 어떠한 현실 속에서도 그 현실을 가장 아름답게 승화시키는 주님의 만지심을 체험하게 된다. 이처럼 주님을 믿는 자들에게는 실제와 현실이 하나가 된다. 예수 그리스도는 구속을 통해 지금 이 순간에 역사하신다챔버스는 '속죄'라는 영어 단어를 통해 두 의미를 드러내는데, 곧 'atonement'(속죄)라는 단어를 'at-one-ment'(지금 이 순간)의 의미로 적용한다. 오직 위로부터 거듭나 성령의 역사를 통해 주님께서 계시는 그 영역으로 들어갈 때, 나는 구속의 실체를 체험하게 된다. 하나님은 우리가 영적 제자들로 준비되기를 원하신다. 제자들은 영적 이기심을 버리고 자신들의 몸을 영적 희생제물로 하나님께 드려야 한다. 이때 비로소 우리는 다른 사람들을 향한 하나님의 관심에 자신을 일치시키는 최상의 삶을 살게 된다.

06

성찬의 제자도

"그리스도께서 나를 보내심은 세례를 베풀게 하려 하심이 아니요 오직 복음을 전하게 하려 하심이로되 말의 지혜로 하지 아니함은 그리스도의 십자가가 헛되지 않게 하려 함이라 십자가의 도가 멸망하는 자들에게는 미련한 것이요 구원을 받는 우리에게는 하나님의 능력이라"고전 1:17-18.

'성찬'이라는 단어는 주님의 성만찬과 관련되는 용어로서 눈에 보이는 요소를 통한 하나님의 실제 임재를 의미한다. 하나님의 실제 임재는 그리스도의 구속의 희생을 수단으로 삶의 현실 가운데 나타난다. 하나님과 현실은 같은 것이 아니다. 하나님은 현실을 통해 우리에게 오시지만 그렇다고 눈에 보이는 현실이 곧 하나님은 아니다. 바울은 "범사에 감사하라"고 말했다. 이는 모든 것에 대해 감사하라는 뜻이 아니다. 모든 상황 가운데 이를 초월해 거하시는 하나님의 실제 임재를 바라보며 감사하라는 뜻이다. 하나님은 보이는 현실보다 훨씬 더 실제이시다.

"바닷물이 솟아나고 뛰놀든지 그것이 넘침으로 산이 흔들릴지라도 우리는 두려워하지 아니하리로다"시 46:3.

전쟁을 겪거나 사랑하는 이들을 잃게 되는 그러한 비참을 겪기 전까지 우리는 아무 생각 없이 현실의 삶을 살아간다. 그러나 아무것도 없는 공허한 곳에 던져져서 삶의 고통을 당하게 될 때 우리는 하나님께 절규한다. 이때 주님의 음성이 들린다.

"내게로 오라."

역사적 십자가의 성찬

"그리스도께서 나를 보내심은 세례를 베풀게 하려 하심이 아니요 오직 복음을 전하게 하려 하심이로되"고전 1:17.

예수님이 이 땅에 오신 것은 종교적 예식을 치르게 하기 위함이 아니다. 복음은 사람에게 좋은 소식이기 전에 하나님께 좋은 소식이다.

"내 말과 내 전도함이 설득력 있는 지혜의 말로 하지 아니하고"고전 2:4.

말솜씨나 사람을 끄는 성격으로 청중을 사로잡는 것과 하나님께서 복음을 통해 역사하시는 것은 완전히 다른 것이다. 성경은 복음을 전하는 자세에서 그 기준을 세례 요한에게 둔다.

"그는 흥하여야 하겠고 나는 쇠하여야 하리라"요 3:30.

바울의 마음속에 있었던 단 한 가지는 그리스도와 그분의 십자가의 못 박히심이었다. 부활하시고 승천하신 그리스도가 아니라 '못 박히신' 그리스도였다. 바울에게는 오직 이 한 가지 열정만 있었다. 그 열정은 십자가를 설교하고 강조하는 것이었다.

성경은 그리스도의 죽음을 강조한다. 십자가는 하나님의 가장 깊은 마음을 드러내는 중심이기 때문이다. 예수께서 죽으신 것은 순교의 죽음이 아니라 하나님의 속성이 현실적인 역사 속에서 계시된 것이다.

"우리는 십자가에 못 박힌 그리스도를 전하니 유대인에게는 거리끼는 것이요 이방인에게는 미련한 것이로되 오직 부르심을 받은 자들에게는 유대인이나 헬라인이나 그리스도는 하나님의 능력이요 하나님의 지혜니라"고전 1:23-24.

십자가를 전하는 곳에 하나님의 임재가 있을 것이라고 말하면 사람들은 이를 현실과 매우 동떨어진 이야기라고 한다. 그러나 하나님께서는 그러한 방법으로 사람을 구원하기로 정하셨다.

"하나님께서 전도의 미련한 것으로 믿는 자들을 구원하시기를 기뻐하셨도다"고전 1:21.

복음을 전하면 그 배후에서 하나님께서 역사하신다. 하나님의 창조적인 구속이 복음과 함께 사람의 영혼 속에서 역사하신다. 이것이 바로 하나님의 기적이다. 마치 한 알의 밀알이 땅에 떨어지면 전에 없었던 열매가 맺히는 것처럼 하나님의 말씀이 사람의 영혼에 떨어지면 전에 없었던 열매가 나오는데, 그 열매가 바로 새생명이다. 하나님은 자연계와 초자연계의 모든 것의 창시자이시다. 사람이 어떻게 성령으로 거듭나는가? 그리스도의 역사적 십자가를 선포함으로 거듭난다.

"바람이 임의로 불매 네가 그 소리는 들어도 어디서 와서 어디로 가는지 알지 못하나니 성령으로 난 사람도 다 그러하니라"요 3:8.

하나님의 복음을 단순하게 선포하면 복음은 사람들의 마음속에 복음을 향한 필요를 창조한다. 그 필요가 창출되면 다른 그 어떤 것도 그 필요를 만족시킬 수 없다. 구속의 내적 실체가 되시는 주 예수 그리스도께서는 언제나 그 필요를 창조하신다.

"내가 땅에서 들리면 모든 사람을 내게로 이끌겠노라 하시니"요 12:32.

예수님이 들리기만 하면 성령께서 그분을 향한 필요를 창조하신다. 위로부터 나지 않은 사람에게 그리스도의 십자가는 아무런 의미가 없다. 그리스도가 죽든 살든 아무 상관없다. 성경은 생명영생에 대한 절묘하고 아름다운 기록이다. 그러나 위로부터 나지 않은 자에게는 아무것도 전달하지 않는다. 다음 말씀은 인간 모두에게 부끄러운 내용이지만 사실이다.

"그는 주 앞에서 자라나기를 연한 순 같고 마른 땅에서 나온 뿌리 같아서 고운 모양도 없고 풍채도 없은즉 우리가 보기에 흠모할 만한 아름다운 것이 없도다"사 53:2.

사람들은 최상의 분을 보면서 그분을 알아보지 못하고 단지 마른 땅에서 나온 줄기로 여긴다. 그분에게서 아무 흠모할 만한 것을 발견하지 못한다. 주님께서 이 땅에 계실 당시, 종교인들은 그들 앞에 성육신하신 최고의 분을 보았다. 그러나 그들은 주님을 너무나 미워한 나머지 죽여버렸다. 인간은 오직 막다른 골목에 이를 때에야 정신이 번쩍 들면서 처음으로 십자가의 의미를 깨닫게 된다.

"우리는 생각하기를 그는 징벌을 받아 하나님께 맞으며 고난을 당한다 하였노라"사 53:4.

그러나 깨달음을 얻은 후에는 이렇게 고백한다.

"그가 찔림은 우리의 허물 때문이요 그가 상함은 우리의 죄악 때문이라 그가 징계를 받으므로 우리는 평화를 누리고 그가 채찍에 맞으므로 우리는 나음을 받았도다"사 53:5.

"죽임을 당한 어린양의 생명책에 창세 이후로 이름이 기록되지 못하고 이 땅에 사는 자들은 다 그 짐승에게 경배하리라"계 13:8.

하나님은 우주를 다스리시는 전능한 왕으로 계시되기보다 십자가에서 가장 큰 고통을 당하는 자로 계시되고 있다.

"그는 멸시를 받아 사람들에게 버림 받았으며 간고를 많이 겪었으며 질고를 아는 자라"사 53:3.

이 구절은 예수님께서 순교자였다는 생각을 단 한번에 제거하는 구절이다. 예수님은 순교자나 용감한 자로서 죽으신 게 아니다. 예수님은 전능하신 하나님께서 그 마음 깊은 곳에서 악한자들 대신 고통을 겪기로 결심하신 후 죽으신 것이다. 그 고통의 깊이를 우리는 조금도 헤아릴 수 없다. 그러나 예수님께서 십자가 위에서 외치시는 절규를 들을 때 우리는 그 고통이 어떠했을지 희미하게나마 느낄 수 있다.

"나의 하나님, 나의 하나님 어찌하여 나를 버리셨나이까"막 15:34.

예수 그리스도의 죽음은 인간의 속성이 범할 수 있는 가장 깊고 악한 곳까지 내려가 모든 죄악의 문제를 해결하신다. 역사 가운데 있었던 그리스도의 십자가는 하나님께서 실제로 인간의 역사에 들어오셔서 고통을 당하셨던 순간이었다. 그 순간은 단순한 종교적 감상의 순간이 아니었다. 하나님의 아들이 아버지께 완전하게 순복하는 순간이었다. 성찬적 제자도의 첫 단계는 예수님을 '주'로 모시고 그분의 머리에 관을 씌우는 것이다.

성경의 성찬

"너희가 성경에서 영생을 얻는 줄 생각하고 성경을 연구하거니와 이 성경이 곧 내게 대하여 증언하는 것이니라" 요 5:39.

성경의 핵심은 주 예수 그리스도이다. 예수님께서 성경을 우리에게 열어주지 않으시면 성경은 우리에게 생명을 줄 수 없다. 예수님은 그분의 말씀을 영과 생명이 되게 하셔서 우리에게 순종하게 하신다. 거듭나지 않은 사람들은 하나님의 말씀을 깨달을 수 없다. 그들은 하나님의 책을 조각조각 찢어놓는다. 이러한 행위들은 그들이 얼마나 눈뜬 장님인가를 드러낼 뿐이다.

성도들에게 하나님의 책은 성찬과 같다. 즉, 하나님의 임재를 전달한다. 하나님은 섭리 가운데 우리로 하여금 우리의 현실의 삶 속에 성경을 필요로 하고 성경을 연구하며 성경을 찾게 한다. 이때 우리가 성경을 대하면 하나님께서는 주님의 책을 수단으로 우리에게 임하신다.

성도 자신이 성찬이 됨

"네가 나를 사랑하느냐 … 내 양을 먹이라" 요 21:17.

성도의 삶은 주님 안에서 얼마나 다른 사람들을 위해 소모되었느냐에 따라 평가된다. 즉, 하나님께서 그를 통해 얼마나 생수의 강을 부으실 수 있었느냐에 따라 측정되는 것이다. 검토해본 것처럼, 하나님의 임재는 십자가에 못 박히신 예수님을 선포할 때 나타난다. 또한 성령 안에서 성경 말씀을 대할 때 주께서 우리에게 실제로 임하신다. 그런데 성도의 삶을 통해서는 이 땅의 다른 사람들을 향해 하나님께서 그들에게 임재하신다.

예수님께서는 베드로에게, 다른 사람들에게 먹일 아무 음식을 주지 않으셨다. 그 이유는 제자 자신이 자신 안에서 역사하는 구속의 능력에 의해 하나님의 양식이 되어야 하기 때문이다. 마치 주님께서 우리의 구원을 위해 '찢겨진 빵과 부어지는 포도주'가 되신 것처럼 이제 우리는 주님의 손에 붙들려 다른 사람들을 위한 '찢겨진 빵과 부어지는 포도주'가 되어야 하는 것이다. 이와 같이 다른 사람들을 위한 성찬의 삶을 사는 모든 성도들로 인해 하나님께 감사한다. 그들은 하나님과 함께 용광로를 통과한 성도들이며 그들의 현실적 삶에서는 하나님의 임재가 나타난다.

'성찬의 제자도'에 따라 살아갈 수 있는 비결은 우리 안에 있는 하나님의 성향에 자신을 완전히 내어맡기는 것이다. 그러면 마치 하나님께서 그분 자신의 아들을 우리를 구속하기 위해 찢으신 것처럼 우리를 찢겨진 빵과 부어지는 포도주로 삼으셔서 이 세상을 향한 하나님의 목적을 이루신다.

07

자발적인 헌신

"그는 힘을 다하여 내 몸에 향유를 부어 내 장례를 미리 준비하였느니라"막 14:8.

죄 있는 여인으로 알려진 막달라 마리아와 예수님께 모든 것을 자원해 드린 베다니의 마리아는 오직 예수님만으로 만족한 여인들이다. 이들은 고통, 최악, 최고의 단계를 모두 거쳤다. 베다니의 마리아는 주님 당시에 가장 고상한 여인을 대표한다. 그녀의 고상함에 견줄 만한 사람이 있다면 부자 청년일 텐데, 그는 예수님과의 관계 가운데 가장 중요한 부분에서 실패했다. 그러나 마리아는 바로 그 부분에서 성공했다.

사랑의 무의식적인 자발성

"예수께서 베다니 나병환자 시몬의 집에서 식사하실 때에 한 여자가 매우 값진 향유 곧 순전한 나드 한 옥합을 가지고 와서 그 옥합을 깨뜨려 예수의 머리에 부으니"막 14:3.

사람의 사랑은 언제나 계산적인 부분이 있다. 계산하느라 신중하고 계산하느라 사랑의 어떤 한계를 넘어서지 못한다. 그러나 이러한 계산은 참된 사랑의 속성일 수 없다. 사랑의 특징은 자발성이다. 예외적인 방법으로 터지는 것이다. 예수님께서 마리아의 행위를 '좋은 일'이라고 부른 이유는 주님을 향한 자발적인 사랑이었기 때문이다. 그녀의 행위는 실용적인 면에서 낭비였다. 그녀가 그렇게 행동해야 할 어떤 의무가 있는 것도 아니었다. 누가 봐도 도에 지나친 낭비의 행위였다.

"예수께서 이르시되 가만 두라 너희가 어찌하여 그를 괴롭게 하느냐 그가 내게 좋은 일을 하였느니라"막 14:6.

제자들은 화가 났다.

"이 향유를 어찌하여 삼백 데나리온에 팔아 가난한 자들에게 주지 아니하였느냐"요 12:5.

주님께서는 돈에 관한 많은 교훈을 남겨놓으셨다. 돈에 관한 우리의 마음 자세는 우리의 믿음을 측정하는 시금석이기도 한다. 오늘날 우리는 경제와 절약의 개념으로 가득 차 있다. 그러나 이러한 개념은 하나님으로부터 온 개념이 아니다. 하나님께서는 주의 사랑의 속성에 따라 우리를 향해 무한한 낭비를 치르신다. 지금도 하나님께서는 우리를 위해 끝없이 해를 지게 하고 뜨게 하신다. 얼마나 큰 낭비인가?

> 오 나의 주님, 영광스러운 낭비로 가득 차시네.
> 해가 밤으로 지면 다시 해가 떠오르네.

하나님의 눈에만 보이는 곳에도 많은 꽃들과 새들과 짐승들이 있다.

전 세계에 걸쳐 말로 표현할 수 없는 아름다움들이 곳곳에 있다. 심지어 아무도 없는 사막에도 풍성한 열매들로 가득 차 있다. 이 얼마나 큰 낭비인가? 그러나 그러한 낭비가 바로 피조물들을 향한 하나님의 사랑을 증거한다. 예수님을 향한 마리아의 행위는 어린아이 같은 마음에서 우러나온 자발적인 낭비였다. "어린아이와 같이 되라"는 말씀은, 어린아이를 삶의 표준으로 삼으라는 뜻이 아니다. 주님과 주의 자녀의 관계는 부모와 갓난아이의 관계처럼 되어야 한다고 정확하게 표현하신 것이다.

삶의 무의식적인 동정

"예수께서 이르시되 그를 가만 두어 나의 장례할 날을 위하여 그것을 간직하게 하라 가난한 자들은 항상 너희와 함께 있거니와 나는 항상 있지 아니하리라 하시니라"막 14:7-8.

주님의 제자들이 그들의 삶에 가장 초점을 맞추어야 하는 것은 가난한 자들에 대한 동정이나 그들의 필요가 아니라 주님의 관점을 이해하는 것이다.

"나와 함께 깨어 있으라", "내게 마실 것을 달라", "계속 나와 함께하자."

성령이 없으면 아무도 예수님의 관점을 이해할 수 없다. 사람들의 필요는 우리에게 주신 사명을 이룰 수 있는 기회이지 사람들이 우리를 필요로 한다고 해서 소명이 되는 것은 아니다.

"아버지께서 나를 세상에 보내신 것같이 나도 너희를 세상에 보내었고"요 17:18.

주님의 순종은 사람의 필요가 아니라 아버지의 뜻을 이루기 위한 것이었다. 우리의 순종도 가난하고 멸시 받고 고통 받는 자가 아니라 예수 그리스도께 향하는 것이어야 한다. 주님을 향한 우리의 사랑이 사람들을 향한 동정보다 훨씬 클 때 주님을 향한 우리의 사랑으로부터 그들을 향한 사랑이 흘러넘치게 된다. 베다니의 마리아는 자신 안에 흘러넘치는 예수 그리스도를 향한 사랑을 무의식적인 가운데 헌신으로 표현했다. 그리스도를 향한 사랑을 나타내고자 그녀가 할 수 있는 최선을 다한 것이다. 그녀로서는 주를 향한 사랑을 달리 표현할 방법이 없었다.

"예수께서 이르시되 그를 가만 두어 나의 장례할 날을 위하여 그것을 간직하게 하라"요 12:7.

마리아는 자신이 예수님의 장례를 위해 예수님의 몸에 향유를 붓고 있는 줄을 전혀 알지 못했다. 그녀는 단지 예수님을 향한 사랑이 흘러넘치고 있었으며 그 사랑을 표현할 기회를 잡았던 것이었다. 사랑은 나의 인격체가 다른 인격체를 가장 좋아하는 것이다. 만일 내가 예수님의 제자라면 내가 가장 좋아하는 대상은 주님이어야 한다.

"내 눈이 잊혀지고 버려진 예수님만 보네."

이 뜻은 주님을 영화롭게 하는 일이라면 나의 모든 것이 다 낭비되어도 좋다는 의미이다.

섬김 가운데 무의식적인 충성

예수님께서는 마리아의 행위를 유일하게 칭찬하셨다.

"온 천하에 어디서든지 복음이 전파되는 곳에는 이 여자가 행한 일도 말하여 그를 기억하리라 하시니라"막 14:9.

주님께서는 마리아의 행위가 주님께서 친히 십자가에서 하실 일을 정확하게 나타내는 예라고 하셨다. 그래서 주님은 마리아의 행위를 주님의 십자가와 나란히 두신 것이다. 하나님은 이 세상을 구원하시기 위해 아들의 생명을 갈기갈기 찢으셨다.

당신은 주님을 위해 당신의 삶을 부을 준비가 되어 있는가? 누구든지 베다니 마리아처럼 행한다면 주님은 기쁨을 이기지 못하실 것이다. 주께서 제자들에게 원하시는 단 한 가지는 모든 것을 주께 다 내어놓는 것이다. 하나님께 나 자신을 전적으로 던지는 것은 개인적인 거룩을 이루는 일보다 훨씬 더 귀한 일이다. 종종 개인적인 거룩을 추구하는 사람들을 보면 그들의 관심이 주님을 잃고 자신만을 향하는 것을 보게 된다. 그러나 주님께 자신을 다 내어드린 사람들은 하나님께서 자신을 통해 마음껏 역사하시도록 허락한다. 다윗의 세 용사가 베들레헴 우물에서 물을 가져왔을 때 "다윗이 마시기를 기뻐 아니하고 그 물을 여호와께 부어드리며"라고 기록되어 있다. 다윗은 그들의 충성 속에서 오직 하나님께만 부어드려야 하는 뭔가를 보았던 것이다.

베다니의 마리아가 주님의 마음속에 남긴 그러한 감동을 우리도 주님께 남기고 있는가? 그녀는 자신이 할 수 있는 최대의 한계까지 주께 행했다. 만일 우리가 베다니의 마리아처럼 행하지 않는다면 우리에게는 반드시 해야 할 가장 중요한 일이 여전히 아직 남아 있는 것이다.

08

영적 특수 전투부대

일방적인 헌신으로 섬김

"사람이 나를 섬기려면 나를 따르라 나 있는 곳에 나를 섬기는 자도 거기 있으리니 사람이 나를 섬기면 내 아버지께서 그를 귀히 여기시리라"요 12:26.

우리가 섬기는 이유가 실상 예수님 때문이 아닐 때가 많다. 어떤 원칙에 헌신한 결과로 섬길 때도 있다. 주님은 위 구절에서 주님께 헌신하는 섬김을 다루고 있다. 기독교 봉사란 우리에게는 뭔가를 하는 것을 의미하지만, 예수 그리스도께는 그분의 부르심에 따라 우리가 취하는 자세를 의미한다. 제자도란 신념이나 믿는 바가 아니라 주님께 헌신하는 것이다. 제자가 되는 길에는 주께 따질 것도 없고 강요도 없다. 단지 "네가 나의 제자가 되려면 내게 헌신해야 한다"는 주님의 말씀이 있다.

헌신의 원천

"그들이 묻되 우리가 어떻게 하여야 하나님의 일을 하오리이까 예수께서 대답하여 이르시되 하나님께서 보내신 이를 믿는 것이 하나님의 일이니라"요 6:28-29.

헌신은 어디에서 생겨나는가?

"나를 믿으라"요 14:1.

나는 예수님에 '대하여' 믿는 것이 아니라 예수님을 믿는가? 베드로가 "주님은 하나님의 아들"이라고 말할 때, 이 고백은 마음에서 저절로 나온 것이었다. 엄청난 놀라움으로 그는 "주는 그리스도시요 살아계신 하나님의 아들이시니이다"라고 했다마 16:16. 그러자 예수님은 "네가 복이 있도다"라고 말씀하셨다.

"베드로, 이 고백은 네가 생각해낸 것이 아니라 하늘에 계신 내 아버지께서 알게 해주셨구나. 그리고 이 반석 위에, 즉 내가 누구인가를 인격적으로 아는 이 계시의 반석 위에, 내가 교회를 세울 것이라."

당신에게 예수님은 어떤 분이신가? 그분과 어떤 관계인가? 우리는 주님을 향한 인격적 신앙을, 교리를 믿는 신조로 대치하려는 경향이 있다. 성령에 의해 사람의 마음이 감동을 받으면 이렇게 말한다.

"이제 주님이 누구신지 알겠습니다."

이것이 바로 헌신의 원천이다.

재난의 비밀

"삯꾼은 목자가 아니요 양도 제 양이 아니라 이리가 오는 것을 보면 양을 버리고 달아나나니"요 10:12.

나만 살자고 도망치는가? 교회를 다니는 이유가 자신의 목적을 이루고자 함은 아닌가? 만일 설교자가 그 위치를 이용해 개인의 목적을 달성하고자 한다면 그는 재난을 향해 달리고 있는 것이다. 명분에 헌신한 사람들은 많지만, 예수 그리스도께 헌신한 사람은 적다. 만일 내가 특별한 명분이 있을 때만 헌신한다면 그 명분이 실패할 때 나도 실패할 것이다. 제자로서의 삶의 비결은 예수 그리스도께 헌신하는 것이다. 예수님께 헌신한 삶의 속성은 겸손으로서 땅에 떨어져 죽는다. 그러나 조금 후에 싹이 돋더니 모든 풍경을 바꾸어 놓는다요 12:24. 예수님께서 '예'를 사용하실 때는 언제나 아버지께서 창조하신 작품들로부터 취하신다.

"들에 피는 백합을 보라. 하늘의 새를 보라."

주님이 '예'로 취하시는 것들은 외적으로 매우 뚜렷하게 드러나는 것들이 아니라 들풀이나 나무들처럼 전혀 돋보이지 않는 것들이다.

헌신의 대상

"나를 사랑하느냐 … 나의 양을 먹이라"요 21:17.

주님께서는 우리가 주님을 사랑한다면 주님의 양을 먹이라고 말씀하신다. "네 생각을 따르는 추종자를 만들지 말고 너는 나의 양을 돌보라. 그들이 나를 알아감으로 영양분을 섭취하도록 만들라"고 말씀하신다. 주님의 순종은 언제나 아버지의 뜻을 향한 것이었다. 주께서 말씀하신다.

"아버지께서 나를 보내신 것같이 나도 너희를 보내노라"요 20:21.

예수 그리스도께서 인류를 돕기 위해 이 땅에 오셨다고 말하면 맞는 말처럼 들리지만, 실제로 주님의 가장 큰 소원은 아버지의 뜻을 행하는 것이었다. 따라서 주님은 사람의 필요를 먼저 채우지 않으셨고 그 때문에 많은 오해를 받으셨다. 주님은 첫 계명을 말씀하셨다.

"네 마음을 다하며 목숨을 다하며 힘을 다하며 뜻을 다하여 주 너의 하나님을 사랑하고 또한 네 이웃을 네 자신같이 사랑하라"눅 10:27.

오늘날의 교양인들에게 예수 그리스도는 큰 모독이 된다. 그들은 그리스도를 동료 이상으로 생각하기를 원치 않는다. 이러한 이유 때문에 대부분의 사람들은 주님께 헌신하기보다 주님이 시작하신 어떤 명분에 헌신하기를 원한다. 가령, 박애와 관련한 일들을 하기를 원한다. 그러나 박애라는 명분에만 헌신할 경우 곧 고갈되어 인류를 향한 사랑을 포기하는 지점에 이른다. 한편 예수 그리스도를 사랑하면 사람들이 나를 신발털이개처럼 대해도 나는 변함없이 그들을 섬길 수 있게 된다.

인격적인 헌신의 공동체

"나를 섬기는 자도 거기 있으리니"요 12:26.

예수 그리스도께 헌신한 자는 그가 어디로 가든지 예수 그리스도께서 그와 함께하신다.

신실함의 지복

"잘하였도다 착하고 충성된 종아 네가 적은 일에 충성하였으매 내가 많은 것을 네게 맡기리니 네 주인의 즐거움에 참여할지어다"마 25:23.

피조물의 즐거움은 창조주의 목적을 이루는 데 있다. 예수 그리스도의 기쁨은 아버지의 뜻을 이루는 데 있었다. 나의 기쁨은 나를 부르신 하나님의 계획을 이루는 것 곧 주님의 제자가 되는 것이다.

주를 따를 때의 풍성함

"사람이 나를 사랑하면 내 말을 지키리니 내 아버지께서 그를 사랑하실 것이요 우리가 그에게 가서 거처를 그와 함께하리라"요 14:23.

이 구절은 예수 그리스도께 헌신한 사람이 현실적인 삶 가운데 속하게 되는 사회에 대해 언급하고 있다. 군에 있든, 사무실에 있든, 움막에 있든 그가 언제나 속하는 사회가 있다. 바로 성부, 성자, 성령 하나님과 함께하는 사회로서 그가 어디로 가든지 그분들이 함께하신다.

우정의 열매

"너희를 친구라 하였노니"요 15:15.

친구 관계로 인한 열매가 다음 구절에 묘사되어 있다.

"사람이 친구를 위하여 자기 목숨을 버리면 이보다 더 큰 사랑이 없나니"요 15:13.

만일 내가 예수 그리스도의 친구라면 나는 그분을 위해 나의 목숨을 버릴 것이다. 목숨을 버린다는 의미는 반드시 육체적 죽음을 의미하는 것은 아니다. 이 의미는 나의 삶이 친구이신 예수님께 가장 가치 있는 삶이 될 수 있도록 나의 마음과 뜻을 다해 나의 삶을 주님께 내려놓는다는 의미이다. 바르게 계획하라. 그리고 그렇게 살아가라. 내 앞에 하루만 남아 있더라도 그 하루를 예수 그리스도께 다 드릴 수 있도록 계획하라. 주님을 위해 목숨을 내려놓을 경우 어떠한 일을 하더라도 예수 그리스도께 헌신하는 마음으로 하게 될 것이다. 이러한 삶은 어렵다. 그러나 어렵기 때문에 하나님께 감사하게 된다. 구원은 쉽다. 그 이유는 우리의 구원을 위해 하나님께서 엄청난 대가를 이미 다 치르셨기 때문이다. 그러나 그 구원을 우리의 삶 가운데 나타내는 것은 어렵다. 하나님께서는 우리가 그러한 사람이 되기를 기대하신다. 하나님은 사람을 구원하시고 그에게 성령을 부으시며 말씀하신다.

"이제 네가 증거하라. 작업하라. 나에게 불충성하도록 만드는 모든 유혹들을 이기고 내게 충성하라. 내가 너를 친구라 불렀으니 너는 너의 친구인 나에게 충성하도록 하라."

이제 주님의 영예는 나의 육체의 삶에 달려 있다.

완벽한 훈련의 증표

"사람이 나를 섬기려면 나를 따르라 나 있는 곳에 나를 섬기는 자도 거기 있으리니 사람이 나를 섬기면 내 아버지께서 그를 귀히 여기시리라" 요 12:26.

모든 사람이 영웅이 되어 자신의 목숨을 내려놓는 것은 아니다. 영웅처럼 목숨을 내어던질 기회를 얻지 못하는 사람들이 훨씬 많다. 그렇다면 아버지께서는 이러한 자들을 귀히 여기지 않는 것일까? 모든 사람들이 고결하고 관대하고 위대한 것은 아니다. 오히려 대부분의 사람들은 아무도 알아주지 않는 평범한 사람들이다. 그렇다면 하나님께서는 이러한 평범한 사람들을 쓰레기통에 던져버리시는 것일까? 이들에게는 영적 훈련의 기회도 주어지지 않는 것일까? 주님께서 말씀하신다.

"만일 네가 나를 시인하면 전능하신 하나님께서 네게 특수 훈련을 시키실 것이다."

착한 사람이기 때문도 아니고 훌륭한 일들을 이루어서도 아니다. 오직 주님을 섬기려 한다면 주께서는 우리를 주님의 훈련과정으로 부르신다.

순결 훈련

"이 사람들은 여자와 더불어 더럽히지 아니하고 순결한 자라 어린양이 어디로 인도하든지 따라가는 자며"계 14:4.

그리스도의 보혈로 구속함을 얻을 자들이 그 사실을 의식한다면 그들은 자연적인 삶에서 실제로 순결할 것이다. 또한 어떠한 삶을 살아도 어린양을 따를 것이다. 순진무구와 순결에는 차이점이 있다. 순진무구는 어린아이들의 특징이다. 그러나 순결은 유혹을 이긴 순결을 의미한다. 즉, 순결은 유혹에 반응하려는 자신 안의 성향을 이기고 죄에 의해 더럽혀지지 않는 순전함을 말한다. 곧 시험을 이긴 순진무구가 순결이다. 덕도 마찬가지이다. 유혹을 이긴 후에 더럽혀지지 않은 것이 덕이다.

예수 그리스도께서 분명하게 말씀하신다.

"만일 네가 나를 섬기려 한다면 청결함을 유지해야 한다."

이는 싸워 이겨야 한다는 뜻이다. 그러나 우리가 이길 수 있는 이유는 우리 안에 하나님의 능력이 있기 때문이다.

당신이 한동안 순결하다고 하자. 그 상태는 마음이 죄로 더럽혀지지 않은 상태이다. 그러나 갑자기 사악한 생각이 침투한다. 당신의 마음이 악에게 목덜미를 잡히는 것 같은 상태이다. 이때 성령을 의지하고 악이 침투하는 것을 허락하지 말라. 유혹에 지지 말고 반드시 이기라.

예수 그리스도를 섬기려 하면 내 몸이 성령의 성전이라는 사실을 항상 기억해야 한다. 예수 그리스도의 제자가 된다는 것은 결코 쉬운 일이 아니다. 사실 자신의 삶을 더럽히지 않고 온전하게 유지하는 것은 가장 힘들고 귀한 일이다. 사람은 순결에 의해서만 자신의 정절을 유지할 수 있다. 이러한 훈련을 받게 될 때 하나님께 감사하라.

인내 훈련

"네가 나의 인내의 말씀을 지켰은즉 내가 또한 너를 지켜 시험의 때를 면하게 하리니 이는 장차 온 세상에 임하여 땅에 거하는 자들을 시험할 때라" 계 3:10.

주님께서는 우리에게 주의 인내의 말씀을 지키라고 말씀하신다. 이 세상에는 우리의 인내를 시험하는 것들이 너무나 많다. 그래서 인내를 잃기가 매우 쉽다.

인내에 대한 가장 좋은 설명은 활이다. 궁수가 화살을 고정하고 조준하더니 과녁을 바라보면서 활을 당긴다. 궁수가 보기에 적절할 때 활을 놓는다. 그러면 활은 과녁을 향해 날아간다. 그리스도인의 삶도 이와 같다. 하나님은 궁수이시다. 하나님은 성도라는 활을 당기신다. 우리는 어떤 지점에 이르게 되면 "더 이상 견딜 수 없어요. 이 인내의 시험을 더 이상 이길 수 없습니다"라고 말한다. 그러나 하나님은 계속 활을 당기신다. 궁수이신 하나님께서는 활을 보지 않고 주님 자신의 목표에만 눈을 고정하신다. 성도의 인내란 하나님께서 그분의 화살을 목표를 향해 쏘실 때까지 견디는 것이다.

5부 이 땅에서
그리스도인으로
산다는 것

01

영원한 소망을 바라보는가?

"우리가 잠시 받는 환난의 경한 것이 지극히 크고 영원한 영광의 중한 것을 우리에게 이루게 함이니" 고후 4:17.

인생의 밑바닥에는 비극이 깔려 있다. 삶의 표면이 깨어지는 경험을 겪을 때면 이 사실을 깨닫게 된다. 이때 우리는 '삶'은 기쁨보다 고통이 훨씬 많음을 발견하게 된다. 우리 삶의 밑바닥에 슬픔이 있음을 가장 위대하게 표현한 것이 십자가이다. 십자가는 하나님의 슬픔과 고통을 보여주는 곳이다. 우리가 건강하고 기쁨이 넘칠 때는 성경의 내용이 매우 비실제적으로 보인다. 그러나 재난을 당하고 비극을 겪을 때 인생의 밑바닥에는 고통과 슬픔이 깔려 있음을 깨닫게 된다. 삶에 대해 쓸 때 언제나 성경의 관점에서 썼던 바울에 의하면, 인생은 비극이며 이치에 맞지 않는다. 죄가 하나님과 사람 사이에 간격을 만들었기 때문이다. 결과적으로 논리나 이성으로 삶을 설명할 수 없다.

우리는 지금 전쟁의 참상을 거치고 있다(이 메시지는 1차 세계대전 때 선포되었다). 이러한 참상 속에서 우리는 더욱 성경의 관점이 옳다는 것을 깨닫게 된다. 물론 예수 그리스도의 삶은 우리의 일반적인 삶과는 뚜렷하게 구분된다. 그 이유는, 그분의 삶은 근본적인 것들을 친히 다루셔야 하는 삶이기 때문이다. 우리는 근본적인 것보다 외적인 것을 다룬다. 그러나 슬픔과 상실을 통해 모든 외적인 것들이 흔들릴 때 우리는 단 하나의 영원토록 흔들리지 않는 실체를 발견한다. 바로 우리 예수 그리스도와 빛 되신 그분을 비추는 성경이다.

비극 속에서의 우리의 삶

"겉사람은 낡아지나" 고후 4:16.

우리의 겉사람은 반드시 후패한다. 그렇다면 이미 그 자체로 우리 인생은 비극이다. 우리의 삶이 아무리 아름답더라도 그 결국은 부패이다. 그러므로 모든 인생은 부패의 과정에 서 있는 것이다. 이 사실 때문에 사람들은 창조주께 반항하며 창조주를 향해 침을 뱉는다. 그러나 성경은 이러한 후패의 원인은 '죄'라고 계시한다. 죄로 인해 만들어진 하나님과 사람 사이의 균열 때문에 인간들은 후패할 수밖에 없다고 말한다.

자연적인 고통

"내가 네게 임신하는 고통을 크게 더하리니" 창 3:16.

이 내용은 우리가 겪는 고통을 말하기보다 우리 어머니들의 고통과 관련된다. 즉, 생명을 잉태하는 고통을 의미한다. 성경은 이 고통을 가장 중요하게 계시한다.

구원의 고통

"그리스도께서도 단번에 죄를 위하여 죽으사 의인으로서 불의한 자를 대신하셨으니 이는 우리를 하나님 앞으로 인도하려 하심이라 육체로는 죽임을 당하시고 영으로는 살리심을 받으셨으니"벧전 3:18.

주님께서 사용하신 "위로부터 거듭난다"는 표현의 의미는 죄와 지옥으로부터의 구원을 의미하기보다 주님께서 계시는 실체의 세계 속으로 태어나는 것을 의미한다. 이때 우리는 '고통'에 의해 다시 태어난다. 물론 이 고통은 자연적인 출생의 고통이나 이 땅에서 겪는 고통이 아니라 주님께서 하나님 앞에서 보이시는 고통이다. 바로 십자가에서 드러난 하나님의 고통이다.

거룩의 고통

"내가 그리스도와 함께 십자가에 못 박혔나니 그런즉 이제는 내가 사는 것이 아니요 오직 내 안에 그리스도께서 사시는 것이라 이제 내가 육체 가운데 사는 것은 나를 사랑하사 나를 위하여 자기 자신을 버리신 하나님의 아들을 믿는 믿음 안에서 사는 것이라"갈 2:20는 구절은 비극의 밑바탕에 있는 근본적인 고통을 다루고 있다. 이 고통은 모든 고난의 뿌리이다.

십자가는 가장 고통스러운 곳이다. 위 구절의 의미는 신학적인 차원이 아니라 영적인 차원에서 예수 그리스도와 하나가 되는 것을 뜻한다. 이때 이 하나됨을 위해 우리는 고통을 치러야 한다. 나는 마음과 뜻을 다해 자신에 대한 권리를 기꺼이 포기해야 한다. 즉, 나 자신의 결단에 의해 자신의 죽음에 스스로 이르는 것이다. 그 후 "이제 내가 육체 가운데 사는 것은 하나님의 아들을 믿는 믿음 안에서 사는 것"이다. 문자적으로 말하면, 예수 그리스도 안에 있었던 그 믿음이 지금 내게 있다는 말씀이다.

인생에는 세 가지의 근본적인 것이 있으며 그 밑바탕에는 고통이 있다. 자연적인 고통, 거듭남의 고통, 거룩의 고통이다. 이러한 고통들은 선포하기보다 깊게 묵상해야 할 내용들이다. 지금 전쟁으로 인해 고통을 느끼지 않는 가정이나 나라가 없다. 전 세계가 고통에 휩싸여 있다. 그러나 지금 이 순간이 주 예수 그리스도의 평강의 능력을 증거할 수 있는 기회이다. 교단을 증거하거나 신조를 강조하기보다 십자가를 통해 진정한 자유함을 주는 성령의 역사를 증거하자. 우리에게 주어진 하나님께 대한 계시는, 고통을 당하시는 하나님에 관한 것이다.

사랑하는 이들을 잃게 되었을 때, 외부적인 모든 것이 무너지는 엄청난 고통을 겪을 때, 우리는 삶의 비극의 실체를 보게 된다. 이러한 비극 속에서 인간은 당장 이렇게 묻는다.

"왜 이러한 일들이 발생하는가?"

그러나 아무도 납득할 만한 설명을 하지 못한다. 그러므로 어떤 사람은 분노를 선택한다. 그리고 아무 해결 방안도 없이 분노 가운데 살아간다. 그러나 분명한 것은 성경의 주장이 맞다는 사실이다. 이를 우리는 인정할 수밖에 없다. 성경의 주장은 모든 것의 바탕에 논리적으로 계산할 수 없는 비극이 있다는 것이다. 인생이 비극 위에 서 있다는 것이다. 이 사실을 인정한다면 비극이 드러날 때 우리는 그렇게 크게 놀라지 않을 것이다. 오히려 그 비극을 통해 하나님을 의지하는 비결을 배우게 된다.

비극 안에 비치는 우리의 빛

"우리가 잠시 받는 환난의 경한 것이 지극히 크고 영원한 영광의 중한 것을 우리에게 이루게 함이니"고후 4:17.

경악할 정도의 비극 가운데 우리는 어디서 빛을 얻을 수 있는가? 고통이 성도를 만들어낸다는 것은 전혀 말이 되지 않는다. 오히려 고통은 많은 사람들을 더욱 악마처럼 만들 뿐이다. 다음 구절은 하나님의 성령에 의해 훈련된 사람에게 고난이 임할 때의 이야기이다.

"무릇 징계가 당시에는 즐거워 보이지 않고 슬퍼 보이나 후에 그로 말미암아 연단 받은 자들은 의와 평강의 열매를 맺느니라"히 12:11.

우리는 고통 때문에 더욱 천박해진 사람들을 본다. 고통 때문에 더욱 신경질적이고 강퍅해진 사람들을 알고 있다. 따라서 모든 고통이 사람을 온전하게 만든다는 주장은 옳지 않다. 고통은 오직 한 부류의 사람만을 온전케 한다. 바로 그리스도 예수 안에서 하나님의 부르심을 받아들이는 자들이다.

후패해도 낙심하지 않음

"그러므로 우리가 낙심하지 아니하노니 우리의 겉사람은 낡아지나 우리의 속사람은 날로 새로워지도다"고후 4:16.

후패 또는 썩음처럼 사람의 마음을 더 좌절시키는 것은 없다. 아름다운 몸이 썩고, 사람 관계가 썩고, 자신의 생명이 썩을 때, 사람들은 용기를 잃는다. 그러나 바울은 예수 그리스도를 신뢰하는 가운데 용기를 불어넣고 있다. 바울은 역설적으로 후패함을 통해 빛이 온다고 주장하고 있다.

"우리는 우리를 전파하는 것이 아니라 오직 그리스도 예수의 주 되신 것과 또 예수를 위하여 우리가 너희의 종 된 것을 전파함이라"고후 4:5.

이것이 바울이 서 있는 반석이다. 이곳이 바로 그가 빛을 얻는 장소이다. 따라서 이 자리에는 어떤 일이 발생해도 문제가 되지 않는다. 재난과 참혹한 일들, 전쟁으로 인해 가족과 재산과 생명을 잃는 슬픔들, 가슴이 찢어지는 일들…. 그러나 예수 그리스도와 바르게 관계하는 자들은 외부에서 발생하는 놀라운 일들로 인해 결코 낙심하지 않는다.

이 현상은 초자연적인 것이다. 그 누구도 이러한 충격을 받고 낙심하지 않을 수 없다. 그러나 하나님의 초자연적인 은혜로 사로잡힌 자는 결코 낙심하지 않는다. 참된 영성의 모조품은 신조에 의해 만들어진다. 사랑하는 이를 잃고 상실감에 빠져 있을 때 가장 아프게 하는 사람은 고통에 관한 교리를 가지고 와서 교훈조의 상담을 하는 자들이다. 그러나 욥기와 같은 책을 펴보라. 교훈조로 무엇을 가르치지 않아도 삶의 실제 고통을 멋지게 표현한다. 욥기를 읽다 보면 상한 심령에 큰 위로가 임하는 것을 체험한다. 예수 그리스도와 인격적인 관계를 맺는 자들은 후패함으로 인해 낙심하지 않는다. 우리에게 가장 큰 도움을 주는 자들은 우리를 가르치는 자들이 아니라 우리가 명료하게 느끼지 못하는 것을 우리에게 표현할 수 있는 자들이다.

허상에서 벗어남으로 속지 않음

슬픔을 당함으로써 허상에서 벗어나는 사람들도 있다. 그들은 슬픔 속에서 영적인 눈이 열리더니 참된 관계 속에서 사람들을 보기 시작한다. 슬픔 속에서 믿을 수 있는 사람이 한 사람도 없다는 사실을 깨달으며 크게 좌절한다. 그러나 예수님을 신뢰하면서 참된 분별력을 소유하게 된다. 이후 더 이상 속지 않게 되고 빛 가운데 사람과의 관계를 다시 보게 된다. 빛은 우리 삶의 모든 영역을 관통한다. 어떠한 일이 발생하더라도 예수 그리스도와 온전한 관계를 맺고 있으면 무엇이든지 관통할 수 있다. 슬픔을 당할 때 우리는 슬픔을 받아들일 수 있어야 한다. 그리고 그 아픔을 자신의 삶의 갑옷으로 만드는 법을 배워야 한다.

분별에 의해 집중할 수 있음

"우리가 주목하는 것은 보이는 것이 아니요 보이지 않는 것이니 보이는 것은 잠깐이요 보이지 않는 것은 영원함이라"고후 4:18.

우리가 보는 것은 현실적인 것들이다. 영원한 것은 보이지 않는다. 그러나 신비한 것은 현실이 없으면 영원한 실제를 볼 수 없다는 사실이다. 광신자들은 현실을 무시한다. 그들은 현실과 상관없이 하나님과 그분의 목적을 볼 수 있는 것으로 착각한다. 그러나 그럴 수 없다. 우리는 현실이라는 매체를 통해서만 영원한 것을 볼 수 있다. 누구든지 현실이라는 영역 속에서 비극과 슬픔과 어려움을 통과해야만 영원한 것을 볼 수 있다. 현실 속에서 하나님을 신뢰함으로 우리는 어떠한 상황에서도 마음이 흩어지지 않고 주님께 집중할 수 있다.

비극 안에서의 우리의 사랑

"우리가 주목하는 것은 보이는 것이 아니요."

이는 사랑에 대한 서술이다.

직감의 눈이 가림

사랑은 눈이 머는 것이 아니다. 사랑에는 직감이 있다. 사랑은 보이지 않는 곳까지 본다. 우리가 어떤 사람을 사랑하면 그 사람의 연약함이 보이지 않는다. 그러나 남이 알지 못하는 것들을 본다. 사랑은 다른 사람이 보지 못하는 것을 보는 것이며 실제 관계 속에서 이상적인 그 사람을 보는 것이다.

삶의 현실은 항상 문제 투성이다. 현실 속에서의 사회는 언제나 썩어 있고 뭔가 잘못되어 있으며 꼬여 있다. 그러나 우리는 그러한 것들을 보지 않고 보이는 것을 초월하는 영원한 것을 보기 시작한다. 현실 속의 환난들과 고통 가운데서도 영원한 소망을 본다. 그럴 경우 오히려 고통 가운데서 우리는 우리의 믿는 바를 향해 더욱 고조된 관심을 갖게 된다.

지성은 사람의 마음을 힘들게 함

지성은 오직 보이는 것과 현실만 보기 때문에 현실로부터 언제나 비관적인 것만 끄집어내고 용기를 잃게 만든다.

영감의 축복

영감의 축복은, 보이지 않는 것은 영원함을 아는 것이다. 사랑, 희락, 화평은 보이지 않는 것이지만 영원한 것들이다. 하나님의 속성은 이러한 영원한 것들로 구성되어 있다.

"유대 지파의 사자 다윗의 뿌리가 이겼으니 그 두루마리와 그 일곱 인을 떼시리라"계 5:5.

어린양을 통해 흐르는 하나님의 영원한 자비가 모든 것들을 바르게 할 것이다. 환난을 피하려는 것은 겁쟁이들이나 하는 짓이다. 물론 환난에 항복해 쓰러지는 것은 자연스러운 것이다. 그러나 하나님과 함께 환난을 지나는 것은 영적인 일이다. 대부분의 사람들은 환난을 피하려고 한다. 꽤 많은 사람들이 환난에 항복한다. 오직 성령에 이끌리는 사람만 환난을 통과해 영원한 영광의 중한 것으로 들어간다. 이러한 사람은 영적으로 중요한 사람이 된다. 고통과 슬픔 가운데 있는 자들이 신뢰할 수 있는 사람이 된다. 이 전쟁이 끝날 때 우리 모두 영적으로 하나님께 쓰임 받을 수 있는 중요한 사람들이 되어야 할 것이다.

자신의 관점을 가르치려 하지 말고 예수 그리스도와의 바른 관계를 가르치라. 그러면 우리를 통해 하나님의 임재가 다른 사람에게 임하게 될 것이다. 합리적이며 상식적인 언어로는 영원한 것들을 다룰 수 없다. 따라서 우리가 보이지 않는 것들에 대해 말하면 논리적으로 따지려는 사람들은 모독을 당한다. 그럼에도 우리는 영원한 것들의 실체 가운데 사는 법을 배워야 한다.

02

성도의 영예

"내가 그리스도와 함께 십자가에 못 박혔나니 그런즉 이제는 내가 사는 것이 아니요 오직 내 안에 그리스도께서 사시는 것이라 이제 내가 육체 가운데 사는 것은 나를 사랑하사 나를 위하여 자기 자신을 버리신 하나님의 아들을 믿는 믿음 안에서 사는 것이라"갈 2:20.

구속은 사물의 근본이요 하나님의 지혜이다. 우리는 구속의 바탕 위에 서서 우리의 현실적인 삶을 살아야 한다. 안타까운 것은 많은 사람들이 예수님에 대해 '지적으로' 알고 있으면서 자신들이 마치 구속에 대한 바른 개념을 가지고 있다고 착각한다는 점이다. 이는 지금까지 구속이 제대로 제시되지 않음으로써 초래된 어쩔 수 없는 비참한 결과이다. 하나님은 주의 백성들이 성도로서 영예로운 삶을 살 것을 기대하신다. 하나님께서는 우리의 구원을 위해 모든 것을 치르셨으므로 우리는 자신의 구원을 위해 치를 것이 전혀 없다. 단지 감사함으로 받으면 된다. 이때 주님의 그 놀라운 구원에 감사를 표현하는 방법이 성도로서 영예로운 삶을 사는 것이다.

위 구절에서 바울은 그가 어떻게 영예로운 삶을 살 수 있었는가를 설명하고 있다. '이제'라는 단어가 매우 신경이 쓰인다. 만일 바울이 '이후로'를 썼다면 "내가 죽어 천국에 간 이후에 나는 이러한 삶을 살게 될 것이다. 지금 이 땅에서 나는 질병과 허약함으로 가득 찼으며 비참한 죄인이다"라고 말했을 것이다. 그러나 그는 분명히 '이제'라고 말한다.

"이제 내가 육체 가운데 사는 것은…."

바울은, 사람들이 보는 자신의 삶은 "나를 위해 자기 몸을 버리신 하나님의 아들을 믿는 믿음 안에서 사는 것"이라고 말한다.

자기 의지의 도덕적 죽음

"내가 그리스도와 함께 십자가에 못 박혔나니."

바울은 자신이 해야 할 분명한 행위를 언급하고 있다. 그것은 자기 의지를 죽음에 던졌다는 것이다. 의지는 '나'이며 활동적이다. 나의 한 부분이 아니라 나의 전부이다. 자기 의지란 자신의 관점으로부터 내 모든 자아가 활동하는 것을 말한다. 그런데 바울은 '자기 의지'의 영적도덕적 죽음을 말하고 있다. 이 의미는 "나는 뜻을 다해 예수 그리스도의 죽음에 나 자신을 일치시켰다. 나는 더 이상 내 관점에서 행동하지 않는다"라는 뜻이다.

그리스도의 죽음에 대한 언급은 주님의 희생적인 죽음만 말씀하신 것이 아니다. 물론 이 죽음에 관해서는 우리가 아는 것이 아무것도 없다. 바울이 언급하는 예수님의 죽음은 인류의 역사 속에서 하나님께서 죽으신 것으로서 하나님의 거룩하심과 참된 속성을 확증하는 죽음이었다. 바울은 이 죽음에 자신이 영적으로 일치되었다는 사실을 언급하고 있다. 이것은 우리의 마음과 뜻을 다해 현실 속에서 우리 자신을 예수님의 죽음에 일치시키는 것을 의미한다. 즉, 하나님께서 죽음으로 판결하신 것을 받아들이는 것이다. 마음과 뜻을 다해 자신에 대한 권리를 하나님께 맡기는 것을 의미한다. 주님께서 제자도를 말씀하실 때마다 강조하신 부분도 바로 이것이다.

"아무든지 나를 따라오려거든 자기를 부인하라."

이 말씀은 자신에 대한 권리를 포기하라는 말씀이다. 아무도 이 지점까지 가도록 우리를 강요할 수 없다. 하나님조차 그렇게 하실 수 없다. 스스로 동의해 그 자리까지 나아가야 한다. 그렇게 행하는 데 걸리는 시간은 전적으로 우리가 원하는지 원하지 않는지에 달려 있다. 만일 우리가 감정으로만 동의하고 마음을 다해 의지적으로 일치의 지점까지 가지 못한다면 우리는 영적 감상에만 젖을 뿐, 아무것도 된 것이 아니다.

내면의 생명을 자유롭게 함

"시몬 베드로가 대답하되 주여 영생의 말씀이 주께 있사오니 우리가 누구에게로 가오리이까"요 6:68.

요한복음 6장은 많은 군중으로부터 제자들이 추려지는 과정을 설명하고 있다. 결국 열두 명의 제자만 남게 된다. 이때 예수님께서 남은 자들에게 질문한다.

"너희도 가려느냐"요 6:67.

사실 예수님을 따랐던 많은 사람들이 이 질문마저 받지 못하고 그전에 떠났다.

"제자 중에서 많은 사람이 떠나가고 다시 그와 함께 다니지 아니하더라"요 6:66.

주님을 떠나지 않았던 베드로는 말한다.

"주여, 우리가 뉘게로 가오리이까?"

우리의 영적 체험에는 이러한 단계가 있다. 우리는 우리 앞의 인도자를 보지 못한다. 주님의 기쁨도 느끼지 않는다. 신나지도 않다. 그럼에도 아직은 완전히 떠난 것은 아니다. 이제 어디로 갈 것인지 결정해야 한다.

영적인 삶은 테니슨이 말한 것처럼 '무덤'으로 묘사될 수 있다. 자기 의지가 영적인 죽음을 통과할 때 우리는 자신이 주님께 헌신되어 있음을 발견하게 된다. 헌신을 하고 나면 내 속에 무덤을 지나야만 하는 것이 대단히 많다는 것을 깨닫게 된다.

처음에는 그리스도를 대적하는 것만을 나쁘다고 생각했다. 그러한 것들만 무덤을 지나 사라져버리면 될 것으로 생각했다. 그러나 자기 의지가 죽고 난 후의 자신을 보면 무덤을 지나야 하는 것들이 훨씬 많다는 것을 발견하게 된다. 곧 기존의 삶에서 매력을 느끼던 것들, 깨끗하고 정열적인 것이지만 이방 종교에 속한 것들, 여러 도덕적인 덕목들 등 이러한 것들이 무덤을 지나야 하는 이유는 영적인 것과 어울릴 수 없기 때문이다. 따라서 성도의 삶을 살아가려면 이러한 모든 것들이 영적인 죽음을 지나 일단 끝나야 한다. 그러면 자연적인 것들이 영적인 것으로 바뀌게 된다.

직관적인 빛을 훈련함

"너희에게 아직 빛이 있을 동안에 빛을 믿으라 그리하면 빛의 아들이 되리라"요 12:36.

자연적인 세계에서 직관이란 눈으로 보고 분별해 아는 것을 의미한다. 논리를 따져서 아는 것이 아니라 한번에 아는 것이다. 성령이 우리 안에 계시면 성령께서는 우리에게 직관적인 분별력을 주신다. 따라서 우리는 그분이 무엇을 원하시는지 정확하게 알 수 있게 된다. 이때 중요한 점은 직관적인 빛이 우리의 삶을 훈련하도록 자신이 주님과 일치될 것인가 하는 점이다. 직관적인 빛과 관련해 실질적인 부분이 지금까지 무시되어왔다. 우리는 성도로서 살아야 한다는 사실을 충분히 강조하지 않았다. 우리가 알아야 하는 것은 우리 삶과 관련해 위기에 서게 되는 것은 개인의 영예뿐 아니라 바로 예수님의 영예라는 사실이다.

성령을 받음으로 영적인 여정을 시작하면 우리는 직관적인 빛의 순간들을 갖게 된다. 영적인 여정은 언제나 따분한 것만이 아니다. 반짝거리며 빛나는 때가 있다. 이때 예수님께서 "아직 빛이 있을 동안에 빛을 믿으라"고 말씀하신다.

우리는 어두움 속에서 본 것을 믿으려는 경향이 있다. 이러할 경우 그 결과는 잘못 믿게 되는 것이다. 따라서 우리는 우리가 빛에 있을 때 본 것을 믿어야 한다. 그리고 그때 본 것에 매달려야 한다. 당신의 전 생애를 당신이 빛 가운데 본 것과 관련해 훈련해야 한다. 만일 성령께서 우리의 마음속에서 역사하신다면 이 모든 것이 우리에게 분명해질 것이다. 성령은 정직하시다. 성령에 의해 우리는 자신이 예수님의 죽음과 일치되었는지 아닌지 직관적으로 알 수 있으며, 자기 의지가 하나님의 거룩하신 뜻에 항복했는지 직관적으로 알 수 있다.

영감된 충성을 발견하기

"네가 나를 사랑하느냐 … 내 양을 먹이라"요 21:17.

자기 의지를 죽이기로 결단하면 우리는 우리의 삶에서 주를 향해 영감된 충성을 하게 된다.

"네가 나를 사랑하느냐?"라고 물으신 예수님은 "밖으로 나아가 선전하라"고 하지 않고 "내 양을 먹이라"고 말씀하셨다. 그들은 내 양이 아니라 주님의 양이다. 우리는 자신의 생각에 충성하려는 경향이 짙다. 또한 자신의 생각을 위한 충성과 그리스도께 드리는 충성을 혼동하는 경향도 있다. 확신은 우리의 정신적 작용이다. 사람의 양심과 그리스도가 부딪히는 단계가 있다. 바울이 말한다.

"나도 나사렛 예수의 이름을 대적하여 많은 일을 행하여야 될 줄 스스로 생각하고"행 26:9.

영감된 충성은 진리에 대한 나의 '자세'가 아니라 진리 자체를 향해 충성하는 것이다. 곧 성령에 의해 영감을 받으면 예수 그리스도를 향해 충성하게 된다. 양심은 내가 최고로 아는 것에 자신을 결부시키는 힘이다. 따라서 내가 예수님을 알지 못한다면 나의 양심은 예수님 안에서 계시되는 하나님과 전혀 상관없다. 물론 양심의 방향과 그리스도께서 원하시는 방향이 잠시 같을 수 있다. 그러나 반드시 그런 것만은 아니다. 어떤 성도들은 딱딱한 마음을 가지고 남을 비판하느라 금속성 소리가 난다. 그들은 진리의 어떤 부분을 지지하느라 목소리를 세운다. 그러나 그들은 예수님께서 제자들을 보내실 때 진리의 어떤 부분을 주창하며 운운하라고 보내신 것이 아니라는 사실을 잊고 있다. 주님께서는 제자들을 보내실 때 그분의 양을 치고 먹이라고 보내셨다. 이와 같이 영감된 충성은 오직 예수님께만 드리는 충성이다. 요한복음 21장 18절은 자기 의지가 영적으로 죽는 것을 상징한다.

"네가 젊어서는 스스로 띠 띠고 원하는 곳으로 다녔거니와 늙어서는 네 팔을 벌리리니 남이 네게 띠 띠우고 원하지 아니하는 곳으로 데려가리라."

영적으로 어릴 때는 뭐든지 자신이 원하는 대로 한다. 그러나 어느덧 자기 의지를 영적도덕적으로 죽여야 하는 순간에 직면하게 된다. 이때 당신은 당신의 관점을 버리고 오직 주님의 관점에 자신을 일치시키는 훈련을 받기 시작한다. 영광스러운 성도가 되려면 마음과 뜻을 다해 자기 의지를 죽여야 한다.

영적인 의지를 도덕적으로 훈련함

"그런즉 이제는 내가 사는 것이 아니요 오직 내 안에 그리스도께서 사시는 것이라" 갈 2:20.

그리스도의 보혈

"그가 빛 가운데 계신 것같이 우리도 빛 가운데 행하면 우리가 서로 사귐이 있고 그 아들 예수의 피가 우리를 모든 죄에서 깨끗하게 하실 것이요"요일 1:7.

예수 그리스도의 피가 모든 죄에서 우리를 깨끗하게 한다고 말할 때 이는 갈보리에서 흘린 물리적인 피를 의미하는 것이 아니다. 그 피는 전 세계를 구속하기 위해 모든 것을 부으신 하나님의 아들의 생명과 그분의 모든 생애를 포함한다. 즉, 보혈에는 하나님의 모든 것 곧 완전하고 중요하며 필수적인 하나님의 속성이 다 들어 있다. 나아가 인류가 결코 도달할 수 없는 최고의 거룩의 경지가 그 안에 다 들어 있다. 즉, 갈보리 위에서 부어진 보혈은 다름 아닌 하나님의 완전한 생명이었다.

"하나님이 자기 피로 사신 교회를 보살피게 하셨느니라"행 20:28.

우리는 예수 그리스도의 보혈을 어떤 마술적인 힘으로 오해해서는 안 된다. 이는 크게 잘못된 것이다. 우리가 보혈을 바르게 이해하려면 하나님의 아들의 생명이 사람을 위해 부어졌다는 사실을 볼 수 있어야 한다. 우리의 존재가 예수 그리스도의 죽음과 일치된다는 의미는 주님의 보혈이 우리의 죽을 육체를 통해 흐르게 된다는 의미임을 깨달아야 한다. 또한 예수 그리스도의 죽음에 일치된다는 의미는 내 안의 주님께 속하지 않은 모든 것이 죽어야 한다는 뜻이다. 따라서 우리에게 찾아오시고 모든 죄로부터 우리를 깨끗하게 하신 그리스도의 보혈은, 하나님의 아들의 생명과 그분의 전인격적인 삶의 의미에서 이해되어야 한다.

나를 향한 그리스도의 권리

"내가 그리스도와 그 부활의 권능과 그 고난에 참여함을 알고자 하여 그의 죽으심을 본받아" 빌 3:10.

바울은 '주님을 알려 하여' 열정적으로 주께 헌신했다. 사람의 마음을 휘어잡는 것이 있으면 모든 것이 단순하게 된다. 보통 사람들은 한 가지 동기만 갖는 것이 불가능하다. 그러나 우리는 "성령으로 말미암아 하나님의 사랑이 우리 마음에 부은 바 되었기에" 단 한 가지의 동기를 갖게 되는 기적을 체험한다. 영적 훈련이란 이 동기에 따라 자신을 재정립하는 것이다. 이제 나의 삶을 다스리는 것은 더 이상 자신을 향한 권리 주장이 아니다. 내 권리를 주장하던 과거의 성향은 내 삶에서 떠났다. 이제 나를 다스리는 것은 나를 향한 그리스도의 권리이다. "이제 내가 육체 가운데 사는 것은" 나를 향한 그리스도의 권리를 중심으로 사는 것이다. 성도의 삶은 예수 그리스도를 통해 하나님과 연결되는 것이며 결과적으로 삶의 동기는 세상이 보는 것과는 전혀 다른 관점에 의해 살게 된다.

기도의 피

"너희가 내 안에 거하고 내 말이 너희 안에 거하면 무엇이든지 원하는 대로 구하라 그리하면 이루리라" 요 15:7.

"너희가 내 이름으로 무엇을 구하든지 내가 행하리니" 요 14:13.

'주님의 이름으로 구하는 것'은 우리가 원하는 것을 구하는 것이 아니라 우리의 마음이 주님 안에 거하면서 구하게 되는 것을 말한다.

우리가 기도할 때 우리 마음이 주님 안에 거하는 상태에서 구하는 경우는 극히 드물다. 우리는 하나님 앞에서 형식적인 기도를 하고 만다. 그러나 이러한 기도는 바른 기도가 될 수 없다. 주님 앞에 설 때 나의 마음은 정말로 어디에 있는가? 예수님께서는 그분의 영예를 걸고 약속하셨다. 만일 내가 내 생명의 피를 주님께 두고 기도한다면 반드시 이루실 것이라고 약속하셨다. 기도에서 거짓된 감정은 필요 없다. 우리는 '무엇을 기도할까' 하고 청원의 내용을 궁리할 필요도 없다. 저절로 떠오른다. 기도는 우리 안에 있는 하나님의 생명에 의해 드려지며 '위대한 일들'은 오직 기도에 의해 이루어진다. 기도는 자연적인 영역에서 개발되는 것이 아니다. 기도란 내 안에 계시는 하나님의 아들의 생명에게 자연적인 질서에 속한 것들을 영적인 것으로 승화할 수 있도록 기회를 드리는 것이다.

하나님의 주권에 전인격적으로 헌신함

"이제 내가 육체 가운데 사는 것은 나를 사랑하사 나를 위하여 자기 자신을 버리신 하나님의 아들을 믿는 믿음 안에서 사는 것이라"갈 2:20.

예수님의 복음은 언제나 의지의 문제를 다룬다. 나는 그리스도의 죽음을 보며 죄를 향한 하나님의 판결을 받아들이는가? 그 판결은 바로 사형 선고이다. 나는 예수님의 죽음과 일치되어 주님 외의 모든 것을 버리기로 작정하는가? 제자도를 통해 누릴 수 있는 위대한 특혜는 주님의 십자가 아래에서 죄에 대해 내가 죽었다는 것을 서약하는 것이다.

최고의 선호

"이는 내게 사는 것이 그리스도니"빌 1:21.

사랑이란 어떤 인격이 다른 인격을 가장 좋아하는 것을 말한다. 예수님께서는 우리가 영적으로 주님을 가장 좋아하기를 원하신다. 바울이 "내게 사는 것은 그리스도니"라고 말할 때, 이 의미는 예수님과 관련되지 않은 것은 아무것도 안 하면서 산다는 뜻이 아니라, 자신의 모든 행동과 생각 등 모든 삶의 저변에 흐르는 동기는 예수 그리스도를 향한 사랑이라는 뜻이다. 곧 주님을 향한 사랑이 그가 행하는 모든 것의 동기가 된다. 모든 삶에서 "예수님을 향한 사랑 때문에" 행동하는 것이다.

무엇을 최고로 선호하는지는 평범한 삶 가운데에서 나타나지 않는다. 그러나 위기가 오면 나타난다. 많은 사람들이 하나님의 나라에 들어올 때 느끼는 황홀함을, 그들이 구원받은 목적으로 오해하는 경향이 있다. 그러나 우리의 구원을 위한 하나님의 목적은 그리스도의 죽음이 우리를 위해 무엇을 의미하는가를 깨닫는 것이다. 어떤 대가를 치르더라도 예수 그리스도의 죽음에 일치되기를 진정으로 원한다고 하나님께 말씀드리면 그 순간 주님과의 죽음과 일치되는 초자연적인 역사가 발생한다. 그러면 우리는 모든 것을 초월하는 깨달음과 함께 우리의 '옛사람'이 그리스도와 함께 못 박혔다는 사실을 알게 된다. 그 증거로서 우리 안에 계신 하나님의 초자연적인 생명이 우리로 하여금 주의 뜻을 아주 놀라울 만큼 쉽게 행하도록 한다는 점이다. 이와 같이 기독교의 밑바탕에는 주 예수님을 향한 인격적, 열정적인 헌신이 있다.

거룩한 임재

"볼지어다 내가 세상 끝날까지 너희와 항상 함께 있으리라"마 28:20.

삶이 근본적으로 새롭게 변화할 때, 모든 새로운 체험의 문턱에서 우리는 어떤 변화들을 체험적으로 '의식'한다. 하나님과 관련한 우리의 생명에 있어서도 마찬가지이다. 위로부터 거듭나면 처음에는 하나님이 느껴진다. 그러나 하나님의 생명이 익숙해지면 더 이상 하나님을 의식할 수 없게 된다. 그 이유는 우리의 생명은 하나님 안에 그리스도와 함께 감추어져 있기 때문이다. 당신은 "하나님의 임재를 더 이상 느낄 수 없어"라고 말한다. 그러나 하나님이 당신 안에, 당신이 하나님 안에 있는데 어떻게 느낄 수 있겠는가? 하나님을 느낄 수 있게 해달라고 기도한다면 이는 다시 영적인 체험의 첫 단계로 돌아가겠다는 뜻이다.

성도의 영광은 "그리스도께서 우리의 고통과 죄악보다 더 깊게 우리는 만져주신다"는 것을 인식하는 것이다. 이는 나와 하나님 간의 내면적인 문제이다. 만일 내가 자신을 주님께 드리지 못하고 자신의 거룩에만 신경 쓰고 있다면 이는 예수님께 반역자가 되는 것을 의미한다. 그리스도인의 삶의 중심은 예수 그리스도께 모든 것을 던지는 것이다. 이러한 삶은 혼자 조용한 곳에 쭈그리고 앉아서 흠 없는 존재가 되기 위해 애쓰는 삶과는 거리가 먼 것이다. 자신이 더러워질까 두려워서 이것저것을 피하고 멀리하는 삶과도 거리가 멀다. 그리스도인의 삶이란 열정적으로 자신의 모든 삶을 예수 그리스도께 완전히 드려 주님께 흡수되는 삶이다. 이러한 삶에 주님의 임재가 드러난다.

최상의 열정

"내가 너희 중에서 예수 그리스도와 그가 십자가에 못 박히신 것 외에는 아무것도 알지 아니하기로 작정하였음이라"고전 2:2.

'Passion'고난이라는 단어는 이 땅에 내려오면서 인간의 고통을 의미하게 되었다. '고난'이란 인간의 삶을 무겁게 한다. 우리는 고난으로 인해 인내하고 오래 참는다. 그러나 '고난'이 주님과 연결되면 주님의 인격적 속성이 예외적인 방법으로 드러나는 최고의 상태를 의미하게 된다. 그래서 주님의 인내와 능력, 주님의 생명에 속한 모든 속성들이 드러난다. 이 '고난'Passion을 깨닫는 자들은 주님을 향해 '열정'passion을 갖게 된다.

바울의 최상의 열정은 예수 그리스도를 향한 것이었다. 성령이 한번 임하시면 성도들에게는 고난이 희생이라는 생각이 들지 않는다. 오히려 희생은 우리 안에서 역사하는 그리스도를 향한 성령의 사랑의 열정일 뿐임을 깨닫게 된다. 기독교는 어떤 원칙이나 명분에 헌신하는 것이 아니라 오직 주 예수 그리스도의 인격에 헌신하는 것이다. 기독교의 가장 중요한 지침은 영혼을 향한 열정이 아니라 그리스도를 향한 열정이다.

03

하나님 뵙기를 간절히 바라라

"야곱이 브엘세바에서 떠나 하란으로 향하여 가더니 한 곳에 이르러는 해가 진지라 거기서 유숙하려고 그곳의 한 돌을 가져다가 베개로 삼고 거기 누워 자더니 꿈에 본즉 사닥다리가 땅 위에 서 있는데 그 꼭대기가 하늘에 닿았고 또 본즉 하나님의 사자들이 그 위에서 오르락내리락 하고 또 본즉 여호와께서 그 위에 서서 이르시되 나는 여호와니 너의 조부 아브라함의 하나님이요 이삭의 하나님이라 네가 누워 있는 땅을 내가 너와 네 자손에게 주리니 네 자손이 땅의 티끌 같이 되어 네가 서쪽과 동쪽과 북쪽과 남쪽으로 퍼져나갈지며 땅의 모든 족속이 너와 네 자손으로 말미암아 복을 받으리라 내가 너와 함께 있어 네가 어디로 가든지 너를 지키며 너를 이끌어 이 땅으로 돌아오게 할지라 내가 네게 허락한 것을 다 이루기까지 너를 떠나지 아니하리라 하신지라"창 28:10-15.

야곱은 꿈을 받은 후 기다릴 줄 알았던 사람이었다. 꿈과 기다림은 참된 신앙의 삶에서 꼭 필요한 것이다. 우리는 이 땅을 밟으면서 더러움에 물들지 않을 수 있는 슈퍼맨들이 아니다. 우리 대부분은 간교함과 비열함에 물든 천한 '야곱들'이다. 그럼에도 야곱은 비전을 가지고 있었던 사람이었으며 고대 하나님의 백성들의 대표였다. 하나님은 야곱에게 나타나셔서 그를 변화시키셨다. 하나님께서는 "내가 야곱은 사랑하고"라고 말씀하셨다롬9:13. 한편, 에서는 자연인의 모든 악들과 덕을 보여주는 대표자라고 할 수 있다. 단 한 번 태어난 것에 완벽하게 만족한 그는 더 이상 하나님을 필요로 하지 않았다. 그는 행복했으며 건강했고 사람들과 어울리는 것을 좋아했다. 반면 야곱은 하나님을 필요로 했다. 하나님은 에서가 아니라 주님을 필요로 하는 야곱을 사랑하셨다.

자기 주장의 성향

"야곱이 서원하여 이르되 하나님이 나와 함께 계셔서 내가 가는 이 길에서 나를 지키시고 먹을 떡과 입을 옷을 주시어 내가 평안히 아버지 집으로 돌아가게 하시오면 여호와께서 나의 하나님이 되실 것이요 내가 기둥으로 세운 이 돌이 하나님의 집이 될 것이요 하나님께서 내게 주신 모든 것에서 십분의 일을 내가 반드시 하나님께 드리겠나이다 하였더라"창 28:20-22.

사람은 기도할 때 그의 성품이 그대로 드러난다. 야곱이 드리는 기도는 고결함이나 아름다움이 전혀 없는 이기적이고 자기 중심적인 기도였다. 자기 외에는 다른 아무것도 신경 쓰지 않고 있다. 야곱의 이러한 모습은 우리의 모습과 다를 바 없을 것이다. 육에 속한 사람은 자신의 부패한 마음을 다스릴 수 없다. 영적인 삶에서 제일 먼저 배워야 하는 교훈은 육신에 속한 사람이 어떤 상태인가를 바로 아는 것이다.

바울이 사용하는 '육신'이라는 단어는 비종교적인 사람이 아니라 종교적인 사람을 향한다. 육신에 속한 마음은 하나님의 영이 그 사람 안에 계심에도 불구하고 순복하지 않는 마음이다.

"육체의 소욕은 성령을 거스르고 성령은 육체를 거스르나니 이 둘이 서로 대적함으로 너희가 원하는 것을 하지 못하게 하려 함이니라"갈 5:17.

육신은 "하나님과 원수"가 된다롬 8:7. 육신에 속한 자들은 성령의 인도하심을 싫어한다. 따라서 성령을 따를 때 맺는 화평과 희락과 절제와 같은 열매를 얻지 못한다. 오히려 그들은 성령의 인도하심에 불편을 느낀다. 어떤 면에서는 지금보다 과거를 더 좋아하고 그리워한다. 그들이 성령의 인도하심을 거절하는 이유는 자신들이 가진 기준과 관점을 버리기 싫기 때문이다.

"내가 세상에 화평을 주러 온 줄로 생각하지 말라 화평이 아니요 검을 주러 왔노라"마 10:34.

성령이 있으면서도 죄성을 해결하지 않고 안주하는 그리스도인을 만나는 것보다 오히려 약속을 잘 지키고 도덕적으로 올바른 비기독교인을 만나는 것이 훨씬 기쁠 때도 있다.

자기를 주장하고 싶은 마음은 자신 안에 갈등이 있다는 뜻이다. 이때 우리는 누구에게 나의 삶의 주권을 맡길 것인가를 결정해야 한다. 육신과 성령, 둘 중 하나를 택해야 한다. 이때 문제는 성경에서 제시된 예수 그리스도의 삶처럼 우리의 삶을 내려놓기를 꺼려하며 핑계를 댄다는 점이다.

만일 하나님 뵙기를 간절히 소망한다면 나는 내 안에서 자기 주장을 버려야 한다. 우리가 하나님과의 친분을 잃게 되는 가장 주된 이유는 자신을 설명하고 변호하려는 마음으로 핑계를 대기 때문이다. 이때 우리는 하나님으로 하여금 자신을 살피도록 허락하지 않는다. 그러나 만일 자신을 하나님께 허락하면 주님께서는 우리 마음속에서 자기 의지와 자기 주장을 몰아내신다. 우리는 기도로 하나님과 다투어 씨름하는 영적인 '야곱들'이다. 이는 육신에 속한 모습이다.

한편 "하나님 앞에서 씨름하는 것"은 전혀 다른 의미이다. 이는 변화된 성령의 사람들의 모습이다. 야곱은 기도를 통해 하나님께서 자신의 기도에 응답하시도록 씨름했다. 그러나 그러한 갈등으로 그는 남은 평생을 불구로 살아야 했다.

"만일 하나님께서 내가 원하는 것을 주시면 나도 내 멋대로 하겠습니다."

이러한 식으로 자기 주장을 하는 한, 우리는 영적으로 나아갈 수 없다.

최고로 귀한 꿈

"꿈에 본즉 사닥다리가 땅 위에 서 있는데 그 꼭대기가 하늘에 닿았고 또 본즉 하나님의 사자들이 그 위에서 오르락내리락 하고"
창 28:12.

만일 요셉이나 다니엘 같은 때묻지 않은 하나님의 사람에게 비전이 임했다고 한다면 우리는 놀라지 않을 것이다. 그러나 놀랍게도 야곱처럼 비천한 사람에게 비전이 찾아왔다. 그가 꾼 꿈은 하나님과 사람 사이에 간격이 무너지고 대화의 채널이 열렸음을 나타내는, 하나님의 성육신을 예표하는 비전이었다.

"또 이르시되 진실로 진실로 너희에게 이르노니 하늘이 열리고 하나님의 사자들이 인자 위에 오르락내리락 하는 것을 보리라 하시니라"요 1:51.

이 비전의 유일한 실현은 예수 그리스도를 통해 이루어졌다. 이후 주님께서 우리의 삶 가운데 이 꿈이 완성되었다고 말씀하셨다. 그러므로 우리가 아직 꿈의 상태에 있다거나 하나님의 위대한 비전을 보았다고 말하면서 현실 속에서는 하나님께 죽어 있는 삶을 사는 것은 허용될 수 없다. 예수 그리스도는 꿈과 현실이 연결되는 곳에 우리를 두셨다고 주장하신다.

꿈을 꿀 수 있는 것은 위대한 것이다. 이 땅의 지저분한 것 외에 더 높고 고결한 것에 사로잡히는 것은 귀한 일이다. 또한 죽은 자같이 느껴지는 상황 속에서 야곱에게 임했던 비전이 우리에게 임할 때 우리는 큰 위로를 얻게 된다. 하나님은 하나님과 다투는 야곱을 변화시켜서 '이스라엘'이 되게 하셨다. 우리가 성령으로 거듭나면 예수 그리스도의 속성이 우리에게 부여된다. 만일 우리가 하나님 뵙기를 간절히 바란다면 마음속의 자기 주장을 신속히 버리고 우리의 꿈을 이루게 하기 위해 무엇을 지불해야 하는지 하나님께서 우리를 가르치시도록 구해야 한다.

영적인 갈망에 헌신함

"그곳 이름을 벧엘이라 하였더라 이 성의 옛 이름은 루스더라" 창 28:19.

야곱은 꿈을 꾸고 기다릴 수 있었다. 가장 큰 시험은 기다림이다. 정욕과 사랑의 차이는 바로 기다림이다. 정욕은 지금 당장 가져야 한다는 것이다. 그러나 사랑은 기다릴 수 있다. 정욕은 사람을 충동적으로 만들며 참을성이 없게 만든다. 따라서 정욕은 언제나 지름길을 택한다. 즉, 당장 원하는 것을 어떠한 방법을 사용해서라도 취하겠다는 것이다. 그러나 사랑은 무한하게 기다린다. 만일 내가 하나님을 보았고 그분께서 나를 만져주시고 그분의 성령이 내 안에 들어왔다면 나는 하나님을 기꺼이 기다릴 수 있다. 나는 확신 가운데 주께서 오실 것을 기다린다. 영적인 사람과 비영적인 사람의 차이는 기다릴 줄 아는 능력에서 판가름난다.

하나님을 기다리는 것에 대한 가장 좋은 예는 어머니의 가슴에 안긴 아기일 것이다. 아기는 어머니만 기다린다. 끝까지 기다린다. 우리도 하나님을 기다려야 한다. 또한 우리는 아기처럼 하나님께로부터만 영양분을 받을 수 있다는 사실을 깨달아야 한다. 영적인 갈망의 시험은 '하나님을 기다리겠는가' 하는 것이다. 만일 내가 주님께 나를 맡기고 그분의 뜻대로 내게 뭐든지 하시도록 한다면 예수 그리스도께서 나를 주님의 제자로 만드실 것이다. 이를 믿는가? 그렇다면 나는 주님을 기다릴 것이다. 그리고 그분이 일하실 때까지 기다리며 매달릴 것이다.

이렇게 할 때 우리는 하나님의 사랑의 성찬이 된다. 성경에서 성찬에 관한 가장 중요한 개념은 일반적인 요소들 곧 사람 관계, 공기, 바다, 하늘 등을 통해 하나님의 실제 임재가 나타난다는 점이다. 이것을 인식하는 사람들은 극소수이다. 예수 그리스도께 더 깊이 헌신하면 우리는 친구 관계 속에서, 평상시 먹고 마시는 일에서 주님을 보기 시작할 것이다. 교회에서의 성찬에 관한 교훈은 너무 의식적인 것에 국한되어 있다.

그래서 성찬이 "하나님 안에 그리스도와 함께 감추인 생명"을 상징하고 있다는 사실을 놓치고 있다. 예수 그리스도는 무엇을 통해서든 우리에게 오실 수 있다. 그리스도인의 가장 위대한 증표는 평범한 일들과 날들 속에서 하나님의 임재를 발견하는 것이다. 지금 이곳의 현실 속에서 하나님의 임재의 성찬에 동참하는 자들이 그리스도인들이다.

04

영적 영향력

"너희가 이것을 알고 행하면 복이 있으리라"요 13:17.

영적인 삶에서 가장 중요한 것은 영적 영향력이다. 우리 대부분이 영적으로 무능한 이유는 영적인 상태를 유지하지 못하기 때문이다. 기도회나 영적인 친교 모임에서는 매우 영적인 것 같은데 일상의 따분한 일들 가운데서 영적이지 못하다. 그래서 쉽게 영적인 게으름뱅이가 된다. 아무것도 하지 않으면서 은둔 및 고립된 삶을 살게 될 경우 스스로 영적인 생활을 개발하는 것으로 착각할 수 있다. 그러나 그러한 영성은 현실에 부딪히게 되면 당장 무너진다. 또한 거룩하고 성결한 삶을 개발하려고 노력했지만 영적으로 아무 영향력을 끼치지 못하는 경우도 있다. 이러한 경우는 주로 남의 발을 씻는 훈련이 되어 있지 않기 때문이다. 더럽혀지지 않으려고 세속적인 것을 멀리했지만 사실 세속적인 것을 멀리함으로써 영적인 영향력을 전혀 나타낼 수 없게 된 것이다.

'영적'이라는 의미는 '실제'라는 뜻이다. 영적인 삶의 유일한 표준 은 주님의 삶이다. 그분의 삶에는 거룩과 세속이 나뉘어 있지 않았다. 모든 것이 다 실제였다. 예수 그리스도는 천한 일들도 하셨으며 그러한 일을 하시면서도 여전히 성육신하신 하나님이셨다.

"이에 대야에 물을 떠서 제자들의 발을 씻으시고 그 두르신 수건으로 닦기를 시작하여"요 13:5.

기독교란 주님께서 사셨던 똑같은 생명을 주님께서 친히 우리 안에 넣어주신 것이다. 따라서 우리가 주님의 생명으로 살면 우리는 주님이 사셨던 삶과 같은 부류의 삶을 살게 된다. 주님이 말씀하신다.

"너희가 이것을 알고 행하면 복이 있으리라."

많은 사람들이 이 복을 놓치고 있다. 다른 사람의 발을 닦을 때가 되면 당장 도망감으로써 주님이 말씀하신 복을 놓친다. 물론 발을 닦는 것은 천하고 지겨운 모든 일들을 상징한다. 그런데 평상시의 지긋지긋한 일들을 행하면서도 복 있는 상태를 유지하려면 성육신하신 하나님의 생명이 필요하다. 바로 성육신의 위대한 놀라움이 여기에 있다.

표현과 체험

"나더러 주여 주여 하는 자마다 다 천국에 들어갈 것이 아니요 다만 하늘에 계신 내 아버지의 뜻대로 행하는 자라야 들어가리라"마 7:21.

체험하는 것만으로는 충분하지 않다. 만일 내가 할 수 있는 모든 것이 하나님께서 내게 허락하신 체험을 선포하고 설명하는 것이라면 나는 매우 위험할 정도로 부족한 상태에 있다. 나의 삶이 정확하게 예수 그리스도의 생명을 표현하는 것이 아니라면 나는 실패작이며 사생아이다. 체험은 나로 하여금 예수님을 놀랍도록 닮도록 돕는 수단이어야 한다. 영생의 표현은 은둔하는 삶을 통해서가 아니라 평범한 세상적인 삶을 통해 드러나야 한다. 주님이 그 기준이시다. 사실 주님 당시의 사람들에게 주님은 대단히 세속적인 사람으로 보이셨다.

예수 그리스도는 우리가 겪는 어떠한 체험보다 무한하게 크시다. 만일 체험을 통해 주님을 더욱 알게 되면 우리의 삶을 통해 주님의 생명을 표현하라. 그것은 다름 아닌 성령의 열매이다.

"사랑과 희락과 화평과 오래 참음과 자비와 양선과 충성과 온유와 절제니."

성령의 열매는 정확하게 예수님의 성향이 표현된 것이다. 사람은 성령의 열매를 흉내낼 수 없다. 위선을 통해 성령의 열매가 맺은 것처럼 잠깐 행동할 수 없다. 그러나 표현은 언제나 무의식적이다.

"그의 이름도 그들의 이마에 있으리라" 계 22:4.

자신만 보지 못하고 모든 사람들이 볼 수 있는 것이 표현이다. 성령의 열매가 그러하다.

우리는 어떤 사람들이 복음을 선포하고 귀신을 내쫓는다는 사실만으로 그들을 영적으로 보는 경향이 있다. 누가 어떤 신앙 체험을 했다고 하면 그들을 영적인 사람들로 보는 경향이 있다. 그러나 예수님께서는 그들에게 "내가 너희를 도무지 알지 못하니 불법을 행하는 자들아 내게서 떠나가라"고 말씀하실 수 있다 마 7:23. 오직 주님께서 '내 사람'이라고 하는 자들은 바로 "하늘에 계신 아버지"를 정확하게 표현하는 자들이다.

권능과 매료

"오직 성령이 너희에게 임하시면 너희가 권능을 받고 예루살렘과 온 유대와 사마리아와 땅 끝까지 이르러 내 증인이 되리라"행 1:8.

예수 그리스도 및 주님의 진리에 매료되더라도 사람들은 바뀌지 않을 수 있다. 누구든지 사람이라면 주님께 매료된다. 주님이 죽음에서 일어나셔서 하나님의 나라에 관한 놀라운 일들을 말씀하실 때 제자들은 황홀감에 빠지고 매혹되었다. 그런데 갑자기 주님이 그들로 하여금 현실을 직시하게 하며 말씀하신다.

"때와 시기는 … 너희가 알 바 아니요 오직 성령이 너희에게 임하시면 너희가 권능을 받고 … 내 증인이 되리라."

문자 그대로 말하면 "성령께서 너희 위에 오시면 너희는 나를 증거하게 될 것이다. 내가 할 수 있는 것, 너희가 경험한 것을 증거하는 것이 아니라 나를 증거하게 될 것이다"라는 뜻이다. 성령의 세례를 말할 때 대부분의 사람들은 삼 천이나 되는 사람들이 복음을 받은 후에 세례를 받은 사건을 말한다. 그러나 그 사건은 성령의 권능이 아니라 하나님의 권능이 나타난 것이다. 성령의 권능은 사도들이 핍박을 받고 흩어질 때 나타난다. 성령의 권능이 어떤 사람에게 나타나면 주변 사람들이 이를 알게 된다. 사도들에게 성령의 권능이 나타날 때 주변 사람들은 그들이 예수님과 함께 있었던 자들인 것을 알게 되었다.

예수님의 증인은 예수님께 인간적인 매력을 느낀 자들이 아니다. 주님이 주신 계시와 주님이 하신 일에 매료된 자들을 말하는 것도 아니다. 예수 그리스도의 증인은 예수님께서 가지셨던 권능인 성령을 받은 자들을 의미한다. 그래서 어디를 가든 무엇을 하든 사람이 알아주든 안 알아주든 주님만 기쁘시게 하는 증인이 바로 예수 그리스도의 증인이다. 이때 그 사람 안에 있는 권능은 성령의 권능이다. 삶 속에서 그 권능이 나타나는 것이 바로 예수 그리스도를 만족시키는 증거요 증인이다.

주님께 매료되었지만 변화되지 않는 사람들은 매우 위험한 사람들이다. 나는 예수님께서 제시하신 진리에 매료될 수 있다. 그러나 세상 속에서 아무런 영적 영향력을 나타내지 않을 수 있다. 그렇다면 내게는 성령의 권능이 없는 것이고 예수님께는 아무런 가치가 없는 것이다. 체험도 좋고 매료되는 것도 좋지만 그러한 체험과 매료됨은 나로 하여금 그리스도를 닮게 해야 하고 성령의 권능으로 승화되어야 한다. 그렇지 않으면 우리의 삶은 주님께 아무런 가치가 없다.

편지들과 전문가들

"너희는 우리의 편지라 우리 마음에 썼고 뭇사람이 알고 읽는 바라"고후 3:2.

'그리스도의 편지'라는 뜻은 예수님께서 우리의 삶을 통해 다시 성육신하심을 의미한다. 체험도 감사하고 매료될 만한 능력도 감사한데 가장 중요한 것은 '우리 안에 있는 그리스도'이다. 나는 하나님의 말씀을 잘 설명할 수 있고 많은 것에 대해 전문성을 띨 수 있다. 그러나 나의 체험이 나로 하여금 예수님을 분명하게 닮도록 하지 않는다면 나는 여전히 영적으로 무능한 사람일 뿐이다. 나는 진리에 매혹될 수 있다. 그러나 그 매혹이 나를 통해 예수님의 성향을 표현할 수 있는 권능으로 바뀌지 않는다면 이것 역시 영적 무능이다.

나의 삶을 통해 내주하시는 성령이 더욱 더 나타나고 있는가? 나의 권능은 부활하신 예수님께로부터 오는 권능인가? 나의 삶은 오직 한 가지 곧 예수님을 표현하는 편지인가? 내 삶의 가장 큰 관심은 하나님인가? 나를 주관하는 다른 관심이 있는 것은 아닌가? 만일 있다면 나의 힘 또는 전문적인 지식은 성령의 권능이 없기 때문에 조금도 예수님을 증거할 수 없을 것이다.

영적인 삶은 종교적인 모임에서 드러나는 것이 아니다. 예수님께서 친히 사셨던 이 세상에서 영적인 삶이 나타날 수 있어야 한다. 즉, 평범한 인간 세상 속에서 영적 능력이 나타나야 한다. 그것은 섬김으로 나타난다.

"내가 주와 또는 선생이 되어 너희 발을 씻었으니 너희도 서로 발을 씻어주는 것이 옳으니라"요 13:14.

이것이 우리가 하나님의 은혜를 체험했음을 보여줄 수 있는 유일한 기준이다. 하나님을 본 우리의 비전, 주님의 권능에 매료됨, 주님에 대한 전문적인 지식 등 이 모든 것이 우리의 현실 삶 속에서 드러나야 하는 것이다. 그렇지 않으면 이러한 모든 것들은 아무런 소용이 없다.

05

하나님의 강권에 사로잡힌 삶

"예수께서 열두 제자를 데리시고 이르시되 보라 우리가 예루살렘으로 올라가노니 선지자들을 통하여 기록된 모든 것이 인자에게 응하리라"눅 18:31.

예수님의 생애에서 예루살렘은 하나님의 뜻을 이루는 최고 정상이었다. 예수님의 전 생애는 예루살렘에서 하나님의 최고의 뜻을 이루는 것이 전부였다. 그분의 인생길에서 만났던 모든 것들 곧 슬픔, 기쁨, 성공, 실패 등 그 어떠한 것도 이 목표를 이루기 위해 예루살렘으로 향하시는 주님을 막지 못했다. 주님은 꾸준히 예루살렘을 향해 나아갔다. 우리도 마찬가지이다. 모든 그리스도인들의 삶에는 오직 한 가지의 분명한 목표가 있다. 그 목표는 우리의 목표가 아니라 하나님의 목표이다. 세상 사람들의 삶에는 자신들의 야망이 있으며 그것을 향해 살아간다.

그러나 우리 그리스도인들의 삶은 자신의 목표가 아니라 하나님의 목표를 향해 산다. 물론 우리의 안목이 너무 짧아 하나님께서 무엇을 목표로 하시는지 보이지 않을 때도 많다. 그럼에도 우리가 반드시 기억해야 하는 것은 하나님의 목표를 이루기 위해 우리도 예루살렘으로 올라간다는 점이다.

하나님의 강권

"예수께서 열두 제자를 데리시고."

우리는 하나님의 강권하심을 느낄 수 있어야 한다. 지금 이 시대는 그리스도를 위한 결단, 그리스도인이 되기 위한 결심, 이것저것을 하겠다는 계획에 대해 많은 이야기들을 한다. 그러나 성경이 강조하는 것 중 하나는 하나님께서 우리를 선택하셨다는 사실이다.

"너희가 나를 택한 것이 아니요 내가 너희를 택하여 세웠나니"요 15:16.

이는 내가 하나님의 목표를 들어보고 의식적인 동의를 내린 후 그 목표를 향하는 것이 아니다. 오히려 무의식 가운데 하나님의 목표를 향해 나아가는 것이다. 따라서 하나님께서 무엇을 목표하시는지 전혀 알 수 없을 때가 많다. 오히려 주님과 동행할수록 더 애매해지는 때도 있다. 그리스도인의 삶의 초기에는 하나님의 목적이 무엇인지 알 것만 같다. 하나님의 음성을 듣는 것처럼 느껴진다. "이곳으로 가라, 저곳으로 가라, 이것을 하라, 저것을 하라"고 구체적으로 말씀하시는 것을 의식한다. 그래서 가기도 하고 어떤 것을 하기도 했다. 그러나 앞으로 나아가면서 또 다른 목표를 향한 하나님의 강권을 느낀다. 먼 훗날 돌아보면 우리가 행한 대부분의 일들은 하나님의 강권하시는 목표를 향한 발판밖에 되지 않음을 보게 된다.

주님은 우리를 항상 데리고 다니신다. 우리가 온 것보다 아직 갈 길이 더 많다. 아직 우리가 보지 못한 것이 많이 남아 있다. 그리스도인의 삶을 살다 보면 점점 단순해진다. 그래서 이렇게 말하는 일이 점점 줄어든다.

"왜 하나님께서 이것저것을 하라고 하실까?"

우리 안에 들어오시는 성령은 예수 그리스도 안에 계셨던 성령이시다.

"하나님이 세상을 이처럼 사랑하사."

성령께서는 우리 마음속에 하나님의 사랑을 넣어주신다. 예수님께서 우리를 강권하시면 우리는 그 강권이 인생 속에서 무엇을 의미하는지 알지 못한다.

"예수께서 열두 제자를 데리시고 이르시되 보라 우리가 예루살렘으로 올라가노니 선지자들을 통하여 기록된 모든 것이 인자에게 응하리라"눅 18:31.

이 말씀이 제자들을 얼마나 당황하게 했겠는가?

기독교의 핵심은 '일'이 아니라 '관계'이다. 하나님께서 우리에게 유일하게 신경 쓰라고 하신 것은 생명과 관계이다. 관계를 바르게 하면 우리는 교만하지도, 무례하지도, 염려도 하지 않게 된다. 언제나 사건 및 상황을 통해 꼭 지켜야 하는 것은 생명과 관계이다.

"왜 하나님께서 이 사건을 허락하셨을까"라고 하며 불평하는 즉시 나는 쓸모없는 사람이 된다. 나아가 하나님을 강요하는 위험한 자리까지 가기도 한다. 이러한 상태에서의 기도는 내가 하나님의 크신 강권에 사로잡히는 것이 아니라 오히려 내가 하나님께 무엇을 하셔야 한다고 강권하는 꼴이 된다. 종종 우리는 구원을 받지 못한 자들을 구원하시라고 하나님을 강요한다. 이는 사실 하나님께 무서운 책임을 지우는 것이다. 잘못하면 하나님은 주무시고 계셨다고 주님을 탓하는 것과 같다. 그러나 하나님께 사로잡히면 쉼을 얻고 언제나 자유함을 누린다.

내 나름대로 급한 일들에 사로잡힐 때 하나님을 향한 여유가 사라진다. 이렇게 되는 이유는 내가 하나님이 아니라 나의 목표와 목적에 사로잡혀 있기 때문이다. 이에 예수님께서 제자의 조건을 두셨다. 누가복음 14장 26-33절은 예수님께서 제자가 되기 위한 여러 필수 조건을 나열하신 내용이다. 그 내용을 요약하면 "내가 내 나라의 기업을 위해 사용할 수 있는 유일한 사람들은 내 맘대로 사용할 수 있는 사람이다"라는 것이다. 예를 들어, 군사가 된다는 것은 전쟁을 치르기 위해 자신의 모든 것을 내려놓고 출전한다는 뜻이다. 마찬가지로 제자가 된다는 뜻은 내 목적과 목표가 아니라 하나님의 목적과 목표를 위해 내 인생을 드리겠다는 것이다. 제자의 삶에서 모든 작전과 계획은 하나님이 하신다. 우리는 제자가 되기 위해 우리에게 속한 개인적인 목표와 목적을 버리고 주님이 가지신 더 높고 위대하고 영원한 차원의 목적과 목표를 향해 주님께 우리의 마음과 삶을 드려야 할 것이다.

하나님의 용감한 동료들

"보라 우리가 예루살렘으로 올라가노니" 눅 18:31.

하나님께서는 용기를 가지시고 우리를 믿으신다! 하나님께서 연약한 나를 믿으신다는 것은 아마 가장 위험한 행위일 것이다. 사실 하나님께서 우리를 믿으시는 것은 매우 어색하고 이상한 일이다. 우리는 주님께 전혀 신경 쓰지 않는데 주님은 오히려 마음과 뜻을 다해 주님의 모든 것을 우리에게 거신다. 주님은 우리 곁에 지켜 서셔서 우리가 충분히 해낼 줄 확신하신다. 그리고 세상과 육체와 사탄이 우리에게 최대의 악한 행위들을 하도록 내버려두신다.

주님의 생애 가운데 주님께서 이 땅에서 성공하신 일은 몇몇 어부들을 모으신 일이었다. 하나님의 전우주적인 교회와 주님의 이 땅에서의 영원한 기업이 어부들의 배에서 시작되었다.

우리는 "하나님께서 나를 선택하신 것은 너무 이상합니다. 나는 그럴 가치가 없는 사람인데요"라고 말한다. 그렇다. 주께서 우리를 택하신 이유는 우리가 전혀 가치가 없기 때문이다. 그러므로 어떤 사람에게 자연적인 재능과 덕이 많기 때문에 그 사람이 훌륭한 그리스도인이 될 것이라고 생각하는 것은 아주 어리석은 생각이다.

일반적으로 최고의 선천적인 재능을 지닌 사람들은 가장 형편없는 제자들이 될 가능성이 많다. 그 이유는 주님께 순종하기보다 스스로 자신의 선생이 되기 쉽기 때문이다. 우리가 어떠한 자질을 가졌는가 하는 것은 주님의 제자가 되는 데 문제가 되지 않는다. 그러나 우리의 마음이 하나님 앞에서 가난한가 하는 것은 가장 중요한 문제가 된다. 우리가 무엇을 가지고 있든지 이것은 주님의 제자가 되는 데 중요하지 않지만 주님께서 우리에게 넣어주신 주님의 생명이 있는가 없는가는 가장 중요한 문제가 된다. 우리의 선천적인 덕들, 성격적인 강점, 지식, 경험 등은 아무 문제가 되지 않는다. 이에 바울은 이렇게 말했다.

"형제들아 너희를 부르심을 보라 육체를 따라 지혜로운 자가 많지 아니하며 능한 자가 많지 아니하며 문벌 좋은 자가 많지 아니하도다 그러나 하나님께서 세상의 미련한 것들을 택하사 지혜있는 자들을 부끄럽게 하려 하시고 세상의 약한 것들을 택하사 강한 것들을 부끄럽게 하려 하시며 하나님께서 세상의 천한 것들과 멸시 받는 것들과 없는 것들을 택하사 있는 것들을 폐하려 하시나니"고전 1:26-28.

오직 우리에게 중요한 것은 하나님의 크신 강권하심에 사로잡혀 주님의 친구가 되는 것이다. 주님의 친구가 되는 자들은 자신의 궁핍을 아는 자들이다. 하나님께서는 스스로 주님께 소용이 있다고 생각하는 자들을 사용하지 않으신다.

"만일 그 사람을 우리 편으로 끌고 올 수만 있다면…."

자신들의 명분만을 고려하는 자들이 이러한 마음 자세를 가진다. 이러한 사람들은 자신도 모르는 사이에 이미 주님의 경쟁자들이 되어버린 사람들이다. 그리스도인들은 자신의 명분을 위해 수고하는 자들이 아니다. 오직 하나님 때문에 수고하는 자들이다. 절대로 자신의 유익을 구하지 말라. 하나님을 내 편으로 만들려고 하지 말고 내가 하나님 편에 서 있는가를 확인하라. 이것이 주님의 친구가 되는

데 가장 중요한 관건이다.

어떠한 상황에서든 하나님께서 무엇을 추구하시는지 다 이해할 수 없어도, 우리에게 언제나 중요한 것은 하나님과의 관계를 진실하게 유지하는 것이다. 하나님과의 관계를 깨뜨리는 그 어떠한 것도 허락하지 말라. 당장 잘라내라. 만일 현재 하나님과 불편한 관계에 있다면 시간을 만들어 지금 당장 그리스도 안에서 화목하라.

하나님의 당황스러운 부르심

"선지자들을 통하여 기록된 모든 것이 인자에게 응하리라" 눅 18:31.

하나님께서는 예수 그리스도에게 가차 없는 고난을 허락하셨다. 예수 그리스도는 주의 제자들을 불러 자신이 십자가에서 죽는 것을 보게 하셨다. 주님은 모든 제자들을 이끄셔서 그들의 마음이 찢어지게 하신다. 인간의 관점으로 볼 때 모든 것이 완전한 실패임을 보게 하신다. 그러나 하나님의 관점에서는 완전한 성공임을 보게 하신다. 곧 사람의 관점에서 가장 큰 실패가 하나님의 관점에서는 최고의 완전한 승리였음을 알게 하신다. 이는 하나님의 목적과 사람의 목적이 다름을 드러내는 것이다.

우리의 삶 가운데서 우리를 당황하게 하는 하나님의 부르심이 있다. 예수님께서는 제자들에게 "호수 저편으로 건너가자"라고 하셨고 그들은 순종했다. 그런데 배에 오르자마자 광풍이 일어나고 물이 가득 차더니 생명마저 위태하게 된다. 하나님의 부르심은 외적으로 알 수 있을 만큼 뚜렷하지 않다. 하나님의 부르심은 언제나 내적인 부르심으로 마치 바다의 부름과 같다. 바다의 속성을 가지고 있는 사람 외에는 바다의 부름을 들을 수 없다. 당신은 당신을 향한 하나님의 부르심이 무엇인지 분명하게 지적할 수 있는가? 그럴 수 없다. 당신이 받은 부름은 주님의 목표를 위해 하나님의 동료로 부름을 받은 것이기 때문이다.

당신은 하나님께서 하나님 자신이 무엇을 추구하는지 아신다고 믿는가? 역사 속에서 예언이 이루어졌다는 사실은 총체적인 목적을 이루고 계시는 하나님의 입장에서는 작은 부분들이 이루어진 것이다. 우리에게 가장 중요한 믿음의 자세는 하나님께서 친히 자신의 계획을 이루실 때 그러한 하나님과 바른 관계를 유지할 것인가 하는 것이다. 내 뜻을 이루기 위해 하나님과 관계를 맺는 것이 아니라는 말이다. 이 땅에서 발생하는 모든 일들은 결코 우연이 있을 수 없다. 모든 것이 하나님의 섭리 가운데 발생할 뿐이다.

'앞에 계신 하나님'과 함께하는 것은 주님과 끊임없는 아름다운 관계를 유지하는 것을 말한다. 주님과 교제하는 가운데 주께서 나를 주님의 목표로 이끄시는 것을 인식한다면 그 목표가 무엇인지 알아낼 필요가 없어진다. 전쟁과 같은 사건들은 인간의 모든 명분을 무효화시키지만 하나님의 목적만은 무효화시킬 수 없다. 그 이유는 전쟁과 관련한 모든 사건 배후에도 하나님께서 이루시려는 커다란 목적이 있기 때문이다. 이 목적을 위해 우리를 부르시는 하나님의 크신 강권하심이 있다. 우리를 부르시는 주님의 강권하심에는 우리를 향해 용감하게 모험하시는 하나님을 볼 수 있다.

만일 하나님께서 나를 믿으실 만큼 용감하셨다면 나도 주님을 결코 실망시켜서는 안 된다. 그분께 매달리라. 당신은 "주님께서 나를 택하시다니 지혜롭지 않으신 것입니다. 나는 아무것도 아닙니다"라고 말할 것이다. 그러기에 주님을 더욱 선택하라. 그러나 자신 안에 뭔가가 있다고 착각하는 사람은 주님께서 선택하지 않으실 것이다. 그 이유는 그러한 사람은 결국 자신의 목표를 위해 수고할 것이기 때문이다. 주님의 말씀에 따라 자만을 버리라. 그러면 주님께서 당신을 데리고 예루살렘으로 가실 것이다. 이 과정에서 주께서는 당신과 아무 의논을 하지 않으신다. 그러나 주님을 믿고 나아가면 당신을 향한 하나님의 뜻이 반드시 이루어지게 될 것이다. 따라서 주님과 동행하는 일에만 힘쓰라. 그 마지막은 하나님의 영광이 당신 눈앞에서 펼쳐지는 것이다. 그 놀라움과 감탄! 그러므로 지금 우리는 우리의 가는 길을 알 수 없는 것이 당연하다.

"우리의 목적을 하나님께서 빚으셨네."

때가 되면 우리가 의식하지 못하는 가운데 우리가 원하는 모든 것이 하나님의 크신 뜻과 강권하심을 따르는 것이 될 날이 올 것이다. 그리스도인이란 자신의 꾀와 지혜를 믿는 자들이 아니라 하나님의 지혜를 신뢰하는 자들이다. 성도의 삶을 인도하는 예리한 마음은 하나님의 마음이어야지 자신의 마음이 되어서는 안 된다.

06

"예스" 하시는 하나님을 아는 자

한 사람이 거듭날 때 하나님께서는 인간적인 차원에서 볼 때 불가능한 세 가지의 일을 하신다. 첫째는 사람의 과거를 전혀 없었던 것처럼 만드는 것이고, 둘째는 사람을 근본적으로 다시 만드는 것이며, 셋째는 하나님께서 하나님 자신을 확신함같이 사람으로 하여금 하나님을 확신하게 만드는 것이다. 거듭남은 단지 지옥으로부터의 구원일 뿐 아니라 사람에게 근본적인 변화가 생겨 현실적인 삶 속에서 변화가 나타나는 것이다.

과거로 돌아가는 길에서

"내가 전에 너희에게 보낸 큰 군대 곧 메뚜기와 느치와 황충과 팥중이가 먹은 햇수대로 너희에게 갚아주리니" 욜 2:25.

구속을 통해 하나님께서는 사람의 과거를 다루기 시작하신다. 첫째 방법은 용서하는 것으로 다루시고, 둘째 방법은 미래를 위한 멋진 문화로 바꾸어내신다. 하나님의 용서는 우리가 생각하는 것보다 훨씬 더 큰 기적이다. 사람이 죄를 용서하는 것은 불가능하다. 오직 하나님만이 죄를 용서하실 수 있다. 이때 하나님의 용서는 하나님의 은혜의 기적이다. 나는 십자가의 속죄함이 없이는 하나님께서 내 죄를 용서하실 수도 없으며, 용서해서도 안 된다는 사실을 믿는가? 만일 십자가의 속죄 없이 하나님께서 나의 죄를 용서하신다면 나는 하나님보다 더 공의로움을 갖게 될 것이다. 하나님께서는 결코 "네가 행한 죄악들을 무시하겠다"고 하실 수 없다. 오직 십자가 안에서만 우리의 죄를 무한하게 용서하신다.

하나님께서 사람을 용서하실 때 그를 변화시킬 뿐만 아니라 그가 이미 저지른 과거의 행위까지도 선한 것으로 바꾸어내신다. 용서는 단지 죄로부터 구원받아서 천국을 향하는 것만이 아니라 용서받음으로 하나님과의 새로운 관계에 들어가는 것을 의미한다.

하나님께서 당신의 '과거'를 다루실 수 있다고 믿는가? 하나님께서 당신의 과거를 있지도 않았던 것처럼 만드실 수 있음을 믿는가? 하나님께서 그렇게 하실 수 없다고 믿는다면 당신은 과거의 상처를 해결하고 싶지 않은 것이다. 우리는 하나님의 용서를 거저 받으면 된다. 그러나 하나님께서 그 용서를 위해 갈보리의 고통을 지불하셨다는 사실을 잊어서는 안 된다.

예수 그리스도께서 "다시는 죄를 범치 말라"고 하시면서 그 사람에게 다시는 죄를 짓지 않을 수 있는 능력을 주신다. 그 권능은 주께서 십자가 위에서 성취하신 일로 우리에게 임하게 된다. 이것이 바로 하나님이 베푸시는, 말로 다할 수 없는 용서의 경이로움이다. 오늘날 사람들은 그들의 믿음을 예수 그리스도께서 행하신 업적과 그 업적을 통해 나타나는 하나님의 기적의 능력에 뿌리를 두고 있지 않다. 그들은 여전히 자신들의 입장에서만 모든 것들을 본다.

"하나님의 마음에 합한 자가 되어야 해. 그러나 그 길을 가로막고 있는 과거라는 저 높은 절벽을 도무지 해결할 수 없어."

그러나 하나님께서는 우리의 이성으로 불가능하다고 생각하는 것을 이루신다. 예수 그리스도께서 이루신 일에 확신의 뿌리를 내리고 당신의 '과거'를 주님께 드려보라. 그리고 다시는 그 과거를 되찾지 않는다면, 당신은 영적인 유쾌함이 무엇인지 알게 될 것이다.

"그때에 우리 입에는 웃음이 가득하고 우리 혀에는 찬양이 찼었도다"시 126:2.

오직 소수의 사람들만이 이 기쁨을 안다. 그 이유는 허다한 사람들이 예수 그리스도의 말씀을 그대로 믿지 않기 때문이다.

"불가능해! 아무리 예수 그리스도라고 하셔도 그렇지, 어떻게 나를 다시 만드시고, 나의 죄악들과 어리석음을 다 제거하실 수 있다는 말인가! 내 현실의 삶을 바꾸시고 내 마음과 꿈도 바꾸실 수 있다고? 그것은 불가능해!"

그러나 예수님께서 말씀하신다.

"무릇 사람이 할 수 없는 것을 하나님은 하실 수 있느니라"눅 18:27.

하나님께서 우리를 위해 이렇게 하지 않으신다면 그 이유는 단 한 가지, 바로 우리의 불신앙 때문이다. 이는 우리가 믿지 않으면 하나님께서 그렇게 하실 수 없다는 뜻이 아니라, 우리가 주를 향해 의탁한다는 것은 인격적인 관계에서 가장 필수적인 부분이기에 이 부분 없이는 하나님께서 그 사람과 아무 관계를 맺을 수 없다는 뜻이다.

마음을 새롭게 하면서

"예수께서 이르시되 어린아이들을 용납하고 내게 오는 것을 금하지 말라 천국이 이런 사람의 것이니라"마 19:14.

예수 그리스도는 어린아이 같은 영혼을 제자의 성품의 시금석으로 삼으신다. 주님은 제자의 이상형으로 어린아이를 세우신 것이 아니다. 거듭난 영혼들이 살아야 할 단순한 마음의 삶을 어린아이를 통해 표현하신 것이다. 어린아이의 삶은 놀라움과 기대로 가득 차 있다. 어린아이들은 자신이 어떻게 보일까를 의식하지 않는다.

"누구든지 하나님의 나라를 어린아이와 같이 받아들이지 않는 자는 결단코 거기 들어가지 못하리라"눅 18:17.

우리의 머리가 천국에 먼저 들어가는 것이 아니다. 태어나기 전에 미리 어떻게 살아야겠다고 생각할 수 있는가? 불가능한 일이다. 그럼에도 많은 사람들이 아직 거듭나기도 전에 그리스도인으로서 어떻게 살아야 할까를 생각한다.

"내가 네게 거듭나야 하겠다 하는 말을 놀랍게 여기지 말라"요 3:7.

먼저 마음을 열고 자신의 편견을 버리고 어린아이 같은 마음으로 하나님과 관계를 맺어야 한다.

하나님께서 주님 뜻대로 마음껏 하시도록 우리의 마음을 열면 놀라운 생동력이 넘치게 된다. 처음에 그리스도인이 되었을 때는 뭐든지 심각하고 진지하다. 그러나 성숙한 그리스도인이 될수록 어린아이와 같은 마음이 되어 완벽할 정도로 진실하고 단순하며 기쁨이 넘치고 밝게 된다.

산상수훈을 읽어보라. 주님께서는 "너희의 생명을 위해 아무것도 염려하지 말라"고 하신다. '염려'는 마음속에 끝없이 갈등하는 상태를 의미한다. 예수 그리스도께서는 염려를 내려놓으라고 하신다. 주님은 하나님과의 관계 외에는 다른 어떤 것에 대해서도 염려하지 않도록 주의하라고 말씀하셨다. 정신 없이 복잡한 상태는 언제나 마음이 불안한 가운데 달아올라 있다는 증거이다. 너무 많은 사람들이 불안한 마음 가운데 땀으로 봉사하는 것을 성령의 감동으로 봉사하는 것으로 오해한다. 하나님께 나아온 사람의 특징은 하나님과의 관계 외에 다른 그 어떤 것도 그를 심각하게 만들 수 없다.

영적인 삶의 기쁨과 생동과 놀라움을 앗아가는 것들을 주의하라. 무미건조한 삶이 되지 않도록 주의하라. 기대와 놀라움을 잃는다는 것은 생명을 잃는 것과 같다. 하나님의 영은 사람들의 마음속에 어린아이의 기대와 놀라움을 허락하셔서 언제나 신나는 마음으로 실체를 느끼게 하신다. 기독교의 기적은 사람의 마음과 영혼과 가슴을 항상 새롭고 젊게 한다.

얼마든지 예스(Yes)로 응답하시는 하나님

"그날에는 너희가 아무것도 내게 묻지 아니하리라 내가 진실로 진실로 너희에게 이르노니 너희가 무엇이든지 아버지께 구하는 것을 내 이름으로 주시리라"요 16:23.

'영원한 예스'Yes를 알게 되면 우리의 삶은 적극적인 것으로 가득 차게 될 것이다. 너무나 많은 사람들이 '영원한 노'No에서 벗어나지 못해 언제나 불투명한 가운데 지쳐 쓰러져 있다.

"그래, 기도해보지. 그러나 결과가 어떨지를 이미 알고 있어."

그러나 얼마든지 "예스" 하시는 하나님을 알게 될 때 놀랍게도 우리는 하나님의 속성에 정확하게 일치되는 기도를 드리게 된다. 그 후 삶의 충만함이 시작되고 '영원한 예스'로 인한 만족과 기쁨이 넘치게 된다.

"그날에는 너희가 아무것도 내게 구하지 아니하리라."

이 말씀은 주께서 우리가 구하는 모든 것을 다 허락하신다는 의미가 아니라, 하나님께서 원하시는 대로 내게 마음껏 행하실 수 있다는 뜻이다. 우리는 더 이상 "견딜 수 없다"는 말씀을 하나님께 드릴 필요가 없게 된다. 하나님께서는 예수님께 행하신 대로 우리에게도 자유롭게 행하신다. 그때 우리의 삶은 어떠한 일이 발생해도 기쁨으로 충만할 것이다.

이와 같이 과거를 해결하지 못한 사람, 젊은 생동감을 경험하지 못한 사람, 무한한 '영원한 예스'를 알지 못하는 사람은 아직 갈 길이 멀다. 그러나 하나님께서는 이러한 모든 역사가 사람들에게 가능하게 하셨다. 따라서 우리가 강조해야 하는 부분은 사람의 고상함이 아니라 하나님께서 하신 일이다. 만일 이러한 일을 사람이 이룰 수 있는 고상함으로 연결시킨다면 그것은 공상 소설이 될 것이다. 사람은 스스로 그렇게 할 수 없다. 종종 우리는 다른 사람에게서 이상을 추구하려고 한다. 그들에게 완벽한 공의, 완벽한 고상함, 완벽한 관용을 기대한다. 그러나 곧 우리는 그들의 단점과 부족을 보게 되면서 상처를 입고 냉소적으로 변하게 된다.

예수 그리스도는 사람의 속성을 신뢰하지 않으셨다. 그러나 결코 냉소적이지도 않으셨다. 그 누구에게도 실망하지 않으셨다. 주께서는 사람을 믿지 않으시고 오직 사람의 속성 안에서 역사하시는 하나님의 은혜만 철저하게 믿으셨기 때문이다.

07

비통함과 친숙해지기

"이제는 너희 때요 어둠의 권세로다" 눅 22:53.

하나님께서는 옳지 않은 잘못된 것들이 한동안 활개치는 것을 허락하시는 때가 있다. 대부분의 사람들은 그들의 인생 가운데 이러한 경험이 있을 것이다. 우리는 주님이 겪으신 비통함을 잘 알지 못한다. 우리는 비통함을 견디고 이기지만 결코 비통함과 관련되고 싶은 마음은 없다.

죄의 사실을 고려하라

죄의 절정은 예수 그리스도를 십자가에 못 박는 사건이었다. 우리는 인생을 시작할 때 죄라는 사실과 우리 자신을 연결하지 않는다. 삶에 대해 논리적인 관점을 가지고 인간의 본능을 돌보고 교육하고 인간 속에 있는 무서운 힘들을 다스리면 사람은 서서히 하나님의 생명으로 진화할 수 있다고 본다. 그러나 살다 보면 우리가 고려하지 못한 것이 드러나는데 바로 죄이다. 이 죄는 우리의 모든 생각과 논리와 계산에 착오를 일으킨다. 죄는 모든 것의 근본을 흔들어 날뛰게 만든다. 논리가 먹혀들지 않는다.

예수 그리스도의 삶을 고려해보자. 그분의 삶은 비극으로 마치는 용두사미의 인생같이 느껴진다. 그리고 정말로 비참하게 끝났다. 주님이 성공하신 것은 몇 안 되는 어부들을 제자로 불러 모으신 것이다. 그들 중 한 사람은 예수님을 배반했다. 또 다른 한 사람은 예수님을 부인했다. 그리고 나머지는 주님을 버리고 도망쳤다.

우리는 '죄'라는 사실을 인정하려고 하지 않는다. '죄'라는 사실이 존재해서는 안 된다고 생각한다. 지금 전쟁1차 세계대전과 관련해 사람들의 마음이 어떠한지 고려해보자. 그들은 전쟁이 있어서는 안 된다고 말한다. 기독교 국가들이 서로 찢기고 나뉘는 것은 말도 안 된다고 한다. 그러나 그러한 일들이 현실 속에서 실제로 일어나고 있다. '슬픔과 친숙해지는 것'과 '죄의 사실을 인정하는 것'은 우리의 삶과 관점에서 가장 긴밀하게 연결된 요소들이다.

사람들은 하나님께서 다른 식으로 세상을 정하셨다면 죄가 없었을 것이라고 말한다. 예수 그리스도는 죽을 필요가 없었을 것이며 사람들은 전쟁을 치를 필요도 없었을 것이라고 말한다. 그러나 지금 우리 앞에는 전쟁이 있고 죄도 있다. 이로써 예수 그리스도의 말씀이 사실임이 증명되고 있다.

"이제는 너희 때요 어두움의 권세로다"눅 22:53.

죄가 방해를 받지 않고 활약하는 때가 있다. 죄가 분명하고 강하게 드러날 때가 있다. 우리는 죄가 사실이라는 것을 인정해야 한다.

죄는 부족이나 연약함이 아니라 피 묻은 손으로 하나님을 대항하는 힘이요 반란이다. 죄로 인한 비통함에 친숙해진다는 의미는 내가 죽기까지 죄에 대항하지 않으면 죄가 나를 죽이는 데까지 싸울 것이라는 사실을 깨닫는 것이다. 만일 죄가 나를 다스리면 하나님의 생명은 내 안에서 죽게 된다. 그러나 하나님이 나를 다스리시면 내 안의 죄가 죽게 된다. 이 싸움은 가장 궁극적인 싸움이다.

우리는 예수 그리스도께서 이 땅에 오신 이유도, 인생 가운데 슬픔과 비통이 있는 이유도 죄 때문임을 고려해야 한다. 인간에게는 서로 연민을 느끼는 아름다운 부분이 있고 악하고 무서운 부분도 있다. 또한 너무나 악해져서 선이라고는 조금도 찾아볼 수 없는 악한 사람들도 있다. 그러나 우리는 내 안에, 당신 안에, 그리고 다른 사람 안에 죄가 있다는 사실을 인정하고 고려해야 한다. 이는 죄와 타협하라는 의미가 아니다. 사실을 정확히 알고 직시하자는 말이다. 자신을 평가할 때 또는 인류 역사를 점검할 때 죄를 고려치 않고 무시한다면, 우리는 죄의 사실을 인정하지 않는 것이고 죄로 인해 파생된 비통함을 인정하지 않는 것이며 나아가 왜 예수님께서 이 땅에 오셔서 십자가에 돌아가셨는지 이해할 수 없게 된다. 주님께서 말씀하신 "이제는 너희 때요 어두움의 권세로다"라는 의미도 결코 깨달을 수 없다.

지금 이 세대는 인류 역사 가운데 가장 어두운 시간이요 어두움이 활개를 치는 기간이다. 전쟁 중 가장 무서운 지적 망령됨은, 전쟁은 선한 것이라고 주장하려는 생각이다. 전쟁은 가장 저주스러운 악한 일이다. 물론 하나님께서 이러한 최악의 전쟁 상태 속에서도 친히 주관하셔서 선을 이루시지만 그렇다고 그 뜻이 악한 전쟁이 선하다는 것을 의미하는 것은 아니다. 사람들은 '비통함과 친숙하지' 않기 때문에 그 원인을 찾아보려고 애를 쓴다. 그러나 결국 아무것도 알아내지 못한다. 그러나 만일 인간 속에 죄가 있다는 사실을 인정한다면 더 이상 헷갈릴 필요가 없다. 단지 죄의 사실을 직시하면 되는 것이다.

아직도 인생의 모든 재난이 죄 때문인 것을 인정하지 않는 자들이 있다. 그래서 여전히 사람은 고상한 인품을 지녔고 자기희생 및 형제 우애의 성향이 있다는 등의 엉터리 말들을 하고 있다. 죄의 사실을 인정하지 않는 한, 우리를 기다리는 미래는 여전히 우리의 이상을 향해 비웃고 침을 뱉을 사건들로 가득 차 있다. 우리는 어두움의 때가 있다는 것을 인정해야 한다. 만일 어두움의 세력이 하나님의 허락 하에 자기의 때를 얻어 활약할 것을 잘 알지 않으면 우리는 어두움의 때가 임할 때 어두움의 세력과 타협하게 된다. 만일 우리가 죄의 사실을 고려하기를 거절한다면, 곧 인간의 피 속에 죄의 맥박이 흐르고 있음을 인정하지 않는다면, 우리 안에 악과 이기심이 있다는 사실을 깨닫지 못한다면, 어두움의 세력이 활개를 치는 시간이 찾아왔을 때 우리는 곧바로 죄와 타협해 죄와 싸울 필요가 없다고 외치게 된다.

비통에 친숙해지는 것과 죄의 사실을 인정하는 것은 결코 죄와 타협하지 않고 끝까지 견딜 만한 이유를 마련해준다. 예수 그리스도로부터 구원을 받아들이는 자들은 죄의 사실을 무시하지 않고 인정하는 자들이다. 그들은 사람들에게 이상을 기대하거나 많은 것을 요구하지 않게 된다.

슬픔의 용광로 가운데 자신을 용납하라

"지금 내 마음이 괴로우니 무슨 말을 하리요 아버지여 나를 구원하여 이때를 면하게 하여 주옵소서 그러나 내가 이를 위하여 이때에 왔나이다"요 12:27.

예수 그리스도는 아버지께 이때를 피하게 해달라고 기도하지 않고 이때 구원해달라고 기도하고 있다. 이 기도에 대한 응답은 결국 예수 그리스도의 내면의 자세와 관련된다. 곧 주님은 슬픔의 용광로를 맞이하면서 마음을 정하고 계셨던 것이다. 이는 주님의 기도의 자세는 보통 우리가 기도하는 자세와 정반대이다. 우리는 "오, 주님! 이러저러한 일들이 내게 일어나지 않게 하소서"라고 기도한다. 그러나 결국 그렇게 기도가 응답되지 않으면 여러 악한 생각들과 함께 상한 심령을 갖게 된다. 당신은 전쟁을 안전하게 잘 치렀다는 사람들의 말을 들었을 것이다. 자신들의 기도가 응답되었다고 자랑하는 말을 들었을 것이다.

그렇다면 생각해보자. 전쟁을 잘 치르지 못한 사람이나 전쟁에서 희생당하거나 패배한 경우는 그들의 기도가 응답되지 않았다는 말인가? 우리는 모든 인생에게 어두움의 때가 있다는 사실을 기억해야 한다. 우리는 이러한 슬픔의 때를 피하도록 구원받은 것이 아니다. 그 슬픔의 때에 그 안에서 구원받는다.

"너희는 나의 모든 시험 중에 항상 나와 함께한 자들인즉"눅 22:28.

예수님께서는 베드로를 위해 기도할 때도 사탄이 베드로를 유혹하는 것을 막지 않으시고 그의 믿음이 떨어지지 않기를 기도하셨다. 예수님 자신에게 다가오는 슬픔과 환난에 대해서도 주께서는 아버지께 그것들을 제해달라고 기도하기보다 그 가운데서 구원해달라고 기도하셨다.

사람들은 슬픔이 없어야 한다고 말하지만 슬픔은 있을 수밖에 없다. 평생 슬픔이 없는 가정은 이 땅에 한 가정도 없다. 우리는 자신도 어느 때이든 슬픔의 용광로에 거할 수 있다는 점을 인정해야 한다. 만일 우리가 슬픔을 피하려 하거나 인정하려 하지 않으면 우리는 어리석게 된다. 그 이유는 슬픔은 인생에서 절대적인 가장 확실한 사실이기 때문이다. 그러므로 슬픔이 없어야 한다고 말하는 것은 아무 소용이 없다. 또한 슬픔이 올 때 그 슬픔을 인정하지 않는 것은 어리석은 것이다. 죄가 이 세상에 들어온 이후 인류에게 슬픔이란 언제나 이 땅 위에 있기 마련이다. 그러므로 슬픈 일들과 여러 어려움들이 왜 발생하는가를 지적으로 설명하려는 자들은 결국 정신질환을 갖게 된다. 사실 다음 같은 질문은 아무 유익이 없다.

"왜 죄와 슬픔과 고통이 있어야만 하는 것일까?"

그러한 것들은 지금 그냥 존재하고 있다. 우리는 소위 하나님께서 실수하셨다고 생각하는데 이러한 생각은 우리가 할 것이 아니다. 우리의 할 일은 슬픈 일들이 발생했을 때 그 사실을 인정하고 그 상황 속에서 무엇을 해야 할 것인가를 찾는 것이다.

슬픈 일을 당할 때 예수 그리스도의 자세는 그 슬픔의 용광로 안에 있는 자신을 받아들이는 것이었다. 고통을 의심하는 자들은 고통을 통해 자신을 발견하지 못한다. 그러나 고통을 받아들이는 자는 그 고통 속에서 자신을 발견하게 된다. 그러므로 슬픔과 고통을 이긴 사람들은 슬픔 속에 있는 '자신'을 받아들인 자들이다. 이 말은 슬픔을 통해 더 나은 사람이 되었다는 말과는 다르다. 슬픔이 반드시 사람을 훌륭하게 만드는 것은 아니다. 분명히 슬픔은 불필요한 천박함을 많이 태워버린다. 그러나 슬픔은 내게 나 자신을 돌려주거나 파괴할 수 있다. 만일 사람이 슬픔을 그대로 받아들여 친숙해지면 슬픔이 그에게 돌려주는 선물은 '그 사람 자신'이다.

우리는 성공 속에서 자신을 발견할 수 없다. 오히려 성공에 빠지면 정신을 잃어버린다. 돈에서도 우리 자신을 발견할 수 없다. 돈에 빠지면 인색한 자가 된다. 우리는 자신을 슬픔의 용광로에서 발견한다. 왜 그렇게 되는지 알 수 없지만 사실이 그렇다. 성경에서뿐 아니라 인간의 삶이 이를 증명한다. 지금 이 전쟁의 슬픔의 용광로를 지나는 자들마다 하나님을 의심하게 되는 것은 아니다. 오히려 다른 사람의 고통을 보는 자들의 마음이 강퍅해지고 있다. 그러나 이 전쟁의 슬픔의 용광로 가운데서 자신을 발견한 자들이 많다. 그들이 친구들에게 남겨놓은 편지들을 먼 훗날 전쟁이 끝난 후에 사람들이 읽게 된다면 가장 놀라운 일들이 발생할 것이다.

충만한 거룩 가운데 있는 자신을 인식하라

"또 그들을 위하여 내가 나를 거룩하게 하오니" 요 17:19.

예수 그리스도는 거룩하셨다. 그런데 왜 주님은 "내가 나를 거룩하게 한다"고 말씀하시는가? 이 의미는 예수 그리스도께서 이미 거룩하신 자기 자신을 마음과 뜻을 다해 아버지께 드림으로 아버지께서 원하시는 대로 하시도록 하겠다는 뜻이다. 내 삶에서 예수 그리스도께서 주신 영적인 명령은 하나님께서 내게 주신 것을 취해 다시 하나님께 드리라는 것이다. 이것이 바로 예배의 핵심이다. 하나님께서 우리를 구원하심과 거룩케 하심의 목적은 예수 그리스도께서 우리를 위해 '찢겨진 빵과 부어지는 포도주'가 되신 것같이 우리도 다른 사람들을 위해 '찢겨진 빵과 부어지는 포도주'가 되게 하기 위함이다.

우리가 이와 같은 하나님의 목적을 인식하게 되면 우리는 하나님께서 우리에게 하고 싶으신 대로 하시도록 자신을 하나님께 내어 맡기게 된다. 그러면 주님께서 나를 최전방에 두시든지, 안전한 곳에 두시든지 주님이 원하시는 대로 하실 것이다. 나는 하나님께서 내 안에 창조하신 거룩한 것들을 따로 구별해 거룩하신 하나님께 드린다.

언제나 주님과 인격적인 관계를 잘 유지하라. 당신은 어두움의 세력이 활약할 때를 위해 준비하고 있는가? 인간관계 속에서 죄가 실재하며 언제든지 죄가 나타날 수 있다는 사실을 기억하는가? 결코 죄와 타협하지 말라. 주님과의 관계를 바르게 유지하여 어두움의 때를 준비하라. 그렇지 않으면 우리는 잘나가던 길의 모퉁이에서 죄에 사로잡혀 죄와 타협하게 될 것이다. 그러나 죄라는 사실을 언제나 인식하고 있으면 죄와 타협하는 실수를 하지 않게 된다.

"그래, 지금 이것이 무엇을 의미하는지, 이것이 나를 어디로 인도할 것인지, 그리고 그 결과가 어떻게 될지 알 수 있구나."

친구 관계 속에서 죄의 사실을 인정하지 않으면 문제가 된다는 사실을 기억하라. 상대에게 완벽을 기대하지 말고 상대 역시 죄인이라는 사실을 기억하라는 의미. 죄의 사실을 인정하지 않는 종교를 조심하라. 죄의 사실을 무시하는 사람들의 의견을 조심하라. 죄의 사실을 인정하지 않는 친구 관계 및 사랑에 어려움이 찾아오면 그때 그 관계 속에 속한 사람은 반드시 죄와 타협하게 된다. 예수 그리스도는 절대로 사람의 속성을 신뢰하지 않으셨다. 그러나 결코 비판적이거나 냉소적이지도 않으셨다. 주님은 타락한 인간의 속성을 위해 주께서 하셔야 할 일을 완벽하게 신뢰하셨다. 안전한 사람은 순결한 사람이다. 자신의 순진함을 끝까지 주장할 수 있는 사람은 없다.

하나님은 우리에게 순결과 덕을 요구하시지 순진함을 요구하지 않으신다. 순진함은 어린아이들의 특징이다. 그러나 순진함은 죄의 사실을 깨닫지 못한 상태이다. 그러므로 어른이면서도 죄의 사실을 인정하지 않는 어른이 있다면, 이는 무지한 것이며 죄를 인정하지 않는 데 따른 결과에 책임을 져야 마땅하다. 미리 경고를 받는 것은 예방하는 것과 같은 것이다.

죄의 사실을 인식하라. 그렇게 되면 친구 관계나 사랑이 깨지지 않는다. 오히려 삶의 기본이 비극이라는 사실의 기반 위에서 서로 이해하고 돌봐주는 상호 관계가 이루어지게 될 것이다. 개인적인 슬픔이 있을 수 있다. 가령, 사랑하는 사람들을 잃어버리게 되면 그 고통은 살을 에는 듯할 것이다. 그 고통 속에 있는 자신을 받아들이는가?

아니면 무시하는가? 당신이 고통당하는 사실을 무시하는 것은 어리석은 것이다. 고통 속에 있는 자신을 받아들이라. 나는 자신을 받아들이는가? 아니면 더욱 강퍅해지고 모질어지는가?

만일 나 자신이 독해지고 강퍅해지고 있다면 이는 슬픔의 용광로에 휩쓸리고 있는 것이며 자신이 슬픔의 용광로에 있다는 사실을 인정하지 않고 있다는 의미이다. 고통을 당하면서 냉소적인 반응을 보이는 사람이 있는데, 이는 그 고통이 문제가 아니라 그 사람 자신이 심하게 병들어가고 있는 것이다. 냉소 또는 강퍅함은 슬픔의 용광로가 원인이 아니다. 슬픔을 통해 자신을 발견할 기회를 잃은 자들이 겪는 비참이다.

슬픔의 용광로를 통과하면서 어떤 사람이 되는가에 대해 베드로가 말한다.

"그러므로 하나님의 뜻대로 고난을 받는 자들은 또한 선을 행하는 가운데에 그 영혼을 미쁘신 창조주께 의탁할지어다"벧전 4:19.

슬픔의 용광로를 지나면서 자신을 발견한 자들을 보면 금방 알아볼 수 있다. 그들에게는 슬픔의 용광로의 흔적이 남아 있지 않다. 그들은 당신이 어려움을 당할 때 얼마든지 찾아가 도움을 청할 수 있는 자들이다. 슬픔을 지난 자들마다 참된 도움이 되는 것은 아니지만 슬픔의 용광로 가운데 자신을 받아들인 자들은 반드시 슬픔 가운데 있는 자들을 도울 수 있다. 이러한 자들은 자기 자신에게 갇히지 않았기 때문에 다른 사람들에게 여유와 큰 기쁨을 줄 수 있다. 슬픔의 용광로를 지나지 않은 자들은 고통당하는 자들을 위해 줄 수 있는 시간이 없다. 오히려 고통당하는 자를 경멸하며 참을성 없이 신경질을 낸다. 그러나 만일 슬픔의 용광로를 지나면서 자신을 발견한 자라면 자신과 같은 상황에 있는 다른 사람들에게 유익한 존재가 될 것이다.

나는 내 삶의 최종적인 모습을 위해 어떤 기준을 가지고 있는가? 예수 그리스도께서 알려주시는 기준은 하늘 아버지처럼 완전해지는 것이다. 예수 그리스도는 우리가 어떤 멋진 성품의 사람이 되고 덕이 많은 사람이 되는 것을 원하시는 것이 아니다. 그러한 것들은 다른 목적을 위한 항목들이다. 주님의 목적은 우리가 하늘 아버지의 자녀가 되는 것이다. 나 자신이 거룩의 충만한 경지에 있는가를 알아보는 최고의 방법은 내가 주변의 가장 평범한 사람들에게 어떻게 행동하는가를 보면 안다. 만일 내가 하나님께서 예수님 안에서 내게 행하신 대로 다른 사람에게 행하면 나는 온전한 것이다. 그러나 그들을 위해 시간을 내지 못한다면 이는 내가 더욱 이기적이며 무심한 사람이라는 뜻이다. 하늘 아버지는 감사치 않는 자에게도, 못된 자들에게도 친절하시다. 따라서 이제 주님께서 말씀하신다.

"너도 하늘 아버지께서 네게 행하신 대로 하라."

거룩의 개념은 삶 가운데서, 여러 인간관계 가운데서 완전해지는 것을 말한다.

08

예수 생명으로 충만하라

삶의 영감을 즐겨라

"오직 성령으로 충만함을 받으라"엡 5:18.

종종 우리는 정신을 똑바로 차리기만 하면 능력도 생길 것으로 생각하는데 반드시 그렇지는 않다. 정신이 맑아도 무능한 사람이 있고 술에 취해도 능력이 있는 사람이 있다. 바울은 술에 열정을 가지고 빠져드는 것에 대해 경고하고 있다. 바울은 소극적인 사람, 애매한 사람, 술 취한 사람처럼 되지 말고 삶의 열정을 가지라고 말한다.

성경은 삶의 열정을 가르친다. 금욕주의가 기독교에 침투해 너무 많은 영향을 미쳤다. 따라서 여전히 많은 사람들은 금욕적인 사람을 가장 훌륭한 그리스도인으로 착각한다. 사실 금욕주의는 기독교의 가장 상반되는 원수이다. 금욕주의는 열정을 거부하는 사상으로서 무감각한 냉정으로 세상을 장악하려고 했던 세속적 사상이었다. 사람들의 삶에서 모든 관심을 빼내어 버렸으며 그에 따라 금욕주의자들은 온기를 잃은 냉정한 기계처럼 되어버렸다. 기독교는 금욕주의의 냉정이 아니라 십자가의 열정으로 세상을 정복하는 종교이다. '열정'passion이라는 단어는 사람이 당하는 '고통'passion과 같은 단어이다. 현실 속에서 열정은 고통을 견뎌내고 더 높은 열정을 갖게 한다. 열정은 삶의 집중된 빛이며 최상의 상태를 유지하는 힘이다. 바로 이 열정이 바울이 말하는 '충만'의 상태이다.

방사선 물질인 라듐 가루를 상자에 두었다가 꺼내면 그 상자 속에는 한동안 빛이 남아 있다. 그러나 빛은 점점 희미해지더니 마침내 사라진다. 이는 빌려온 빛이요 실제가 아니기 때문이다. 많은 그리스도인들의 삶이 이와 같다. 한동안 화려하다. 그러나 곧 말라 비틀어진다. 결국 생명력을 상실한다. 간신히 기도 모임 및 집회를 통해 자신의 생명력을 유지한다.

강렬하게 비치는 삶

"내가 이것을 너희에게 이름은 내 기쁨이 너희 안에 있어 너희 기쁨을 충만하게 하려 함이라"요 15:11.

성경이 강조하는 것은 행복이 아니라 하늘의 기쁨이다. 바울이 주변 사람들을 놀라게 했던 것은 그의 설명될 수 없는 마음의 즐거움이었다. 그는 예수 그리스도와 관련한 것 외에는 결코 심각한 적이 없었다. 사람들이 그를 돌로 치고 감옥에 가두어도 그의 기쁜 마음을 잠재울 수 없었다. 주님의 외적인 모습도 밝은 사회성이 있는 모습이었다. 너무나 밝게 사람들과 사귀었기 때문에 사람들은 주님을 "먹기를 탐하고 포도주를 즐기는 사람이요 세리와 죄인의 친구"라고 비방

했다눅 7:34. 그러나 예수님께서 그렇게 밝을 수밖에 없었던 근본적인 이유는 바리새인들이 생각하는 이유와는 전혀 다른 것이었다. 즉, 주님의 생명은 결코 지치거나 시들 수 없는 차고 넘치는 충만한 생명이었기 때문이다. "누구든지 하나님의 나라를 어린아이와 같이 받들지 않는 자는 결단코 그곳에 들어가지 못하리라"막 10:15.

만일 어린아이가 자발적인 생명력으로 가득 차 있지 않으면 뭔가 잘못된 것이다. 개구쟁이 어린아이만이 넘치는 생명력을 보이는 것은 아니다. 건강한 어린아이라면 누구나 넘치는 생명력으로 쉬지 않고 움직인다. 예수님께서 말씀하셨다.

"내가 온 것은 양으로 생명을 얻게 하고 더 풍성히 얻게 하려는 것이라"요 10:10.

예수님께서는 우리에게 풍성한 생명을 주시기 위해 오셨다. 신체적으로 밝고 건강하며 영적으로 풍성하면 절대로 쓰러지지 않는다. 마치 나무를 갉아먹는 벌레를 충분히 물리치고 당당하게 서는 레바논의 삼나무처럼 주님의 생명을 가진 자들마다 차고 넘치는 힘과 생동력이 넘쳐난다.

삶 속에서 인식된 관심

"잠자는 자여 깨어서 죽은 자들 가운데서 일어나라"엡 5:14.

당신은 삶의 광채 곧 당신 안에 들어오는 하나님의 생명을 향해 깨어 있는가? 성 어거스틴은 다음과 같이 말했다.

"나는 여명의 때를 더 살고 싶다. 아직 생동력 있는 삶으로 깨어 일어나기 싫다."

당신도 여명의 때가 끝나는 것이 두려워 떨고 있는 것은 아닌가? 대부분의 사람은 영적인 문제와 도덕적인 문제에서 흑백으로 강하게 나뉘는 것을 좋아하지 않는다. 구원받은 사람과 구원받지 않은 사람이 분명히 나뉘는 것을 원치 않는다. 모든 것에 뚜렷한 경계선을 긋는 것을 싫어한다. 모든 것이 불투명한 여명의 때를 더욱 좋아한다.

안개가 낀 것 같은 흐릿한 상태, 분명한 빛이 없는 칙칙하고 불투명한 상태, 슬쩍 우리를 유혹하는 그러한 것들을 좋아한다. 그러나 이러한 마음에 빛이 오면 어려움을 겪게 된다. 그 이유는 빛으로 깨어날 때 너무나 많은 것들이 보이기 때문이다. 그래서 우리는 우중충한 분위기를 편안하게 느낀다. 그러나 예수 그리스도의 맑고 청명한 분위기가 임하면 너무나 큰 불편을 느낀다.

"깨어서 죽은 자들 가운데서 일어나라 그리스도께서 너에게 비추이시리라"엡 5:14.

만일 당신이 죽은 자들 가운데서 일어나면 그리스도께서 당신에게 빛을 주실 것이다. 예수 그리스도께서 사람을 위해 하시는 유일한 일은 인위적인 빛을 그 사람에게 빌려주어 잠깐 빛나게 하는 것이 아니라 그 사람 자체가 빛이 되게 하셔서 그로부터 빛나게 하는 것이다. 오늘날 "억지로라도 계속 웃으세요"라는 상담은 의미가 없다. 이는 가짜이며 모방이다. 얼마 되지 않아 곧바로 꺼지는 모방의 빛이다. 그러나 예수님께서 주시는 기쁨은 우리의 성향이 예수님 자신의 성향과 일치되면서 저절로 흘러넘치는 결과들이다. 우리가 빛 가운데 계속 잘 거하기만 하면 성령이 우리를 충만하게 채우실 것이다. 우리는 하나님의 능력 안에서 연약할 필요가 없다.

"그런즉 너희가 어떻게 행할지를 자세히 주의하여 지혜 없는 자같이 하지 말고 오직 지혜 있는 자같이 하여"엡 5:15.

주께서 빛 가운데 계심같이 우리도 빛 가운데 행해야 한다. 계속 끊임없이 빛으로 나아가라. 빛으로부터 아무것도 감추려고 하지 말라. 만일 우리가 예수님의 생명으로 충만하다면 우리는 신중하게 행하게 될 것이다. 아무것도 감출 것 없이 분명한 목적을 향해 나아가게 될 것이다. 우리가 하나님의 생명으로 충만하다는 증거는 자신에 대해 더 이상 속일 것이 없다는 사실이다. 우리 삶의 모든 것은 예수님으로부터 흘러넘치기 때문이다.

"우리가 그에게서 듣고 너희에게 전하는 소식은 이것이니 곧 하나님은 빛이시라 그에게는 어둠이 조금도 없으시다는 것이니라 만일 우리가 하나님과 사귐이 있다 하고 어둠에 행하면 거짓말을 하고 진리를 행하지 아니함이거니와 그가 빛 가운데 계신 것같이 우리도 빛 가운데 행하면 우리가 서로 사귐이 있고 그 아들 예수의 피가 우리를 모든 죄에서 깨끗하게 하실 것이요 만일 우리가 죄가 없다고 말하면 스스로 속이고 또 진리가 우리 속에 있지 아니할 것이요 만일 우리가 우리 죄를 자백하면 그는 미쁘시고 의로우사 우리 죄를 사하시며 우리를 모든 불의에서 깨끗하게 하실 것이요 만일 우리가 범죄하지 아니하였다 하면 하나님을 거짓말하는 이로 만드는 것이니 또한 그의 말씀이 우리 속에 있지 아니하니라"요일 1:5-10.

6부 하나님과의
        동행

01

지경을 넓혀 멀리 높이 보라

"그러므로 너희가 이제 여러 가지 시험으로 말미암아 잠깐 근심하게 되지 않을 수 없으나 오히려 크게 기뻐하는도다"벧전 1:6.

'궁극적'이라는 단어가 의미하는 바는 하나님의 마음에 두신 실제 목표와 목적을 말한다. 베드로는 만일 우리가 하나님의 궁극적인 목표에 사로잡힌 인생을 살게 되면 그 삶에는 고통이 있을 것이라고 말한다. 소위 세상적으로 말하면 '성장을 위한 고통'이 있다는 것이다. 보통 우리가 예외적인 일들을 생각하려고 하면 머리가 아프다. 그 이유는 우리의 두뇌가 녹슬어 있기 때문이다. 마찬가지로 평소에 생각하지 못했던 궁극적인 목표를 알게 되고 그 삶을 이루려고 하면 불가피한 고통이 있기 마련이다. 영적으로도 마찬가지이다.

고통 없이는 덕을 이룰 수 없다. 에서와 야곱의 차이가 여기에 있다. 에서는 덕에 대해 관심이 없었다. 궁극적인 영적 문제에서 죄와 타협하지 않고 고통을 당하는 사람은 그 고통이 덕스러운 삶을 만들어낼 줄 알고 그의 영적인 삶에서 중대한 결정을 내린 것이다. 덕이라는 것은 타고나는 것이 아니다. 사람은 순진무구하게 태어난다. 그러나 덕은 갈등을 이긴 결과이다. 갈등을 이기지 못하고 본성에 따라 자연스럽게 살아가는 사람은 결국 짐승처럼 될 것이다. 머지않아 자신이 그 누구보다 이 사실을 가장 잘 알게 될 것이다.

"너희가 이제 여러 가지 시험으로 말미암아 잠깐 근심하게 되지 않을 수 없으나"벧전 1:6.

오직 한 분만이 우리에게 근심 되는 상황을 허락하실 수 있다. 바로 하늘에 계신 우리 아버지이시다. 우리는 자연계를 위해 어떤 날씨가 가장 좋은지 결정할 수 없다. 마찬가지로 우리의 영혼을 위해 어떤 상황이 가장 좋은지 결정할 수도, 알 수도 없다. 계절 및 날씨가 어떠하든 하나님께서는 주의 목표를 향해 섭리하신다. 베드로는 우리에게 우리의 삶 가운데 힘든 때가 있을 것을 기억하게 한다.

마치 하나님께서 우리의 기도를 응답하지 않으시는 분처럼 여겨지는 때가 있을 것이라는 말씀이다. 우리의 믿음이 아무 역사를 일으키지 않는 것 같은 때, 우리가 믿었던 모든 것이 헛수고처럼 느껴질 때, 베드로는 바로 그때가 더욱 '매달릴 때'라고 말하면서 우리가 빛 가운데 있었을 때 보았던 것들을 기억하라고 당부한다. 아무리 많은 유혹, 강한 유혹이 오더라도, 하나님은 우리를 통해 가장 선한 것들을 만들어내실 것이다.

더럽혀질 수 없는 기업

"썩지 않고 더럽지 않고 쇠하지 아니하는 유업을 잇게 하시나니 곧 너희를 위하여 하늘에 간직하신 것이라"벧전 1:4.

이 구절은 성경에서 대단히 많이 강조하는 내용인데 현대 교회는 이를 잃었다. 천국에 대해 한두 가지 의견이 있는데, 그 뿌리를 찾아 올라가면 그 개념이 믿음에 선 것인지 아니면 이방 종교로부터 온 허상인지를 발견할 수 있다. 지금 이 전쟁 중에 많은 사람들이 기독교에서 온 천국 개념이 아닌 이방 종교에서 온 이상한 천국 개념을 가지고 있다. 이 이상한 개념들은 사람의 마음속에 있는 진정한 고통을 잠깐 가리우기 위한 덮개일 뿐이다.

예를 들어 잘못된 천국 개념 중에는 천국은 상태이지 장소가 아니라는 가르침이다. 이러한 개념은 부분적으로 맞지만 틀린 주장이다. 그 이유는 장소가 없는 축복의 상태란 있을 수 없기 때문이다. 천국에 관한 성경의 개념은 죄가 사라진 '이후'에 완전한 의와 함께 임하는 새하늘과 새땅이다. 이 개념은 우리의 모든 생각을 초월한다. 베드로는 모든 그리스도인들에게 더럽지 않고 쇠하지 않는 기업이 우리를 기다리고 있다고 확신시키고 있다. 이 기업 안에는 우리가 소망하고 꿈꾸며 상상하던 모든 좋은 것들이 다 있는 상태로서 아직 우리에게 실현되지 않았다. 그러므로 그리스도인의 삶은 언제나 '더 좋은 것이 올 것'을 기대할 수밖에 없으며 마침내 '가장 좋은 최상의 것'이 오게 될 것이다.

성경에 뿌리를 두지 않은 또 다른 천국 개념이 지금 많이 퍼져 있다. 그 개념은 왕과 나라를 위해 목숨을 바치면 자신의 영혼을 구속해 천국에 갈 수 있다는 개념이다. 자신의 의무를 충실하게 수행하다가 죽으면 하나님께서 그 사람을 분명하게 천국으로 인도하신다는 것이다. 이 또한 기독교 신앙에 속하지 않는 천국 개념이다. 물론 조국을 위해 죽으면 하나님의 기쁨이 될 수 있다. 그러나 사람이 자신의 영혼을 이런 식으로 구속할 수는 없다. 사람을 구속하는 것은 하나님께 속한 일이다. 예수 그리스도를 통해 주어진 계시는, 인류가 구속함을 받았다는 사실이다.

"다 이루었다."

예수 그리스도의 십자가에서 모든 사람이 구원을 받도록 허락되었다. 지금 이 내용은 만인 구원설과는 다른 내용이다. 구속은 전 우주적으로 적용될 수 있도록 허락되었다. 그러나 이 뜻이 인간의 책임이 사라졌다는 의미는 아니다. 만인 구원설은 기독교의 꽃처럼 보이지만, 그 뿌리를 보면 기독교 신앙에 서 있는 것이 아니다. 예수 그리스도는 주님께서 허락하신 구속을 적극적으로 거부하거나 소극적으로 무시하는 자들을 향해 영원한 저주가 임하게 될 것을 매우 분명하게 강조하셨다. 요한복음 3장 19절을 보면, 주님께서 그분을 믿지 않는 자에 관해 말씀하신다.

"그 정죄는 이것이니 곧 빛이 세상에 왔으되 사람들이 자기 행위가 악하므로 빛보다 어둠을 더 사랑한 것이니라."

이 순간은 가장 중대한 순간이다. 하나님의 주권적 목적이나 하나님의 작정에서 중대한 순간이 아니라 한 개인의 삶의 경험에서 가장 중대한 순간이다. 곧 어두움으로 상징되는 자신의 관점, 편견, 전에 내렸던 결단들을 내려놓고 빛을 택할 것인가 하는 것이다. 예수님에 의하면 빛을 택하지 않은 것이 바로 심판의 내용이다. 이로 인해 정죄를 당하는 것이다.

그렇다면 이것이 바로 믿음의 바탕이다. 베드로는, 우리는 절대로 절망하지 말고, 썩지 않고 쇠하지 않는 기업이 앞에 있다는 사실을 기억하라고 말한다. 그것은 궁극적인 것으로서 우리는 그 빛 가운데서 살아야 한다. 남이 보지 못하는 뭔가를 보면서 사는 것은 아주 멋진 일이다. 분명히 여러 상황을 고려할 때 절망에 빠져야 마땅한데 오히려 우리는 뭔가를 보면서 기뻐하고 희망을 가진다. 이것이 바로 그리스도인의 표지이다.

그리스도인의 표지는 어려움을 피하게 되는 것이 아니라 어떠한 상황에서도 흔들리지 않는 닻을 가지고 있는 모습이다. 이는 그리스도인들에게는 현실에서 보이는 부분보다 훨씬 더 깊은 뭔가가 그들 안에 있다는 증거가 된다. 사람이 예수 그리스도께 자기 인생의 닻을 내리면 그는 인류를 기다리는 것이 무엇인지를 알게 된다. 바로 모든 것이 완전하게 설명될 날이 오고 있다는 것이며 이로 인해 그의 마음은 그 누구도 앗아갈 수 없는 밝음과 기쁨으로 가득 차게 된다.

조금도 에누리 없는 혹독함

"너희 믿음의 확실함은 불로 연단하여도 없어질 금보다 더 귀하여 예수 그리스도께서 나타나실 때에 칭찬과 영광과 존귀를 얻게 할 것이니라"벧전 1:7.

베드로는 당신이 비전을 볼 수 없는 때가 있을 것이라고 말한다.

그때는 예수 그리스도의 손길도 느낄 수 없으며 당신 안에서는 아무런 영감도 느껴지지 않는다. 혹독함과 유혹으로 인한 압박이 가득하다. 예수 그리스도는 광야에서 야생 짐승들과 함께 홀로 계셨다. 인생이 완전하게 고립되었음을 의미한다.

"광야에서 사십 일을 계시면서 사탄에게 시험을 받으시며 들짐승과 함께 계시니 천사들이 수종들더라"막 1:13.

당신의 삶 속에서 이러한 때가 있다는 것은 당신의 믿음이 시험을 통과하고 있는 것이다. 사람들로부터 받는 영광도 없다. 처절하다. 모든 것을 다 잃은 것 같다. 영감도 기쁨도 없다. 붙들 만한 것이 아무것도 없다. 이때 당신이 할 수 있는 유일한 일은 당신의 쇠하지 않는 기업을 묵묵히 '붙드는 것'이다. 당신이 믿음의 시험을 잘 통과하고 있다는 증표는 최상의 주님과 친근감을 누리는 것이다. 당신이 영적으로 최상일 때 느꼈던 자신의 모습을 느낄 수 있는가? 사람들을 만날 때 가장 영적인 사람들을 만나는 듯한 친근감이 가득한가? 최고로 높으신 주님과 동행하는 자들과 가장 순결한 주님에 대해 말하는 자들에게 충만한 사랑을 느끼는가? 그렇다면 당신은 장엄하게 시험을 이기고 있는 것이다.

믿음은 시련을 거쳐야만 인정받을 수 있다. 믿음은 수학적인 계산도, 논리적인 것도 아니다. 눈에 보이는 것들을 믿는 것이 아니다. 성경에서 말하는 믿음은 우리가 결코 뵌 적이 없는 '그분'의 인격을 신뢰하는 것이다. 곧 예수님의 신실함을 의지하는 것인데, 이때 이 믿음은 반드시 시험을 거쳐서 인정받아야 한다.

"오직 너희를 위해 보물을 하늘에 쌓아두라 … 네 보물 있는 그곳에는 네 마음도 있느니라"마 6:20-21.

당신의 상식과 예수님께 대한 당신의 믿음이 상충될 때 당신은 조금도 에누리 없는 혹독함의 기간을 지나게 된다. 이때 당신이 해야 할 일은 주님의 말씀을 믿는 가운데 어두움을 향해 발을 내딛는 것이다. 마침내 시험을 이기고 든든히 서면 이 체험은 당신의 믿음을 매우 강하게 한다. 따라서 다음 시험이 올 때 당신은 하나님께로부터 충분한 힘을 얻어 넉넉히 이기게 된다. 믿음의 시련을 통과할 때마다 하늘에 보물을 쌓아두는 것이다.

"저는 하나님께서 모든 것을 하실 수 있음을 믿습니다."

그러나 당신은 그분이 하나라도 하실 수 있도록 믿음을 행사했는가? 만약 믿음을 행사했다면 다음 시험이 올 때 당신 자신을 잘 추스를 수 있을 뿐 아니라 다른 사람들을 붙들어줄 수 있을 것이다. 하나님을 믿는 자를 만나는 것은 위대한 일이다. 그들은 하나님을 믿는 믿음이 흔들리지 않을 뿐 아니라 계속적으로 주를 향해 더 큰 믿음을 갖게 된다.

우리는 순종에 의해 하나님을 알 수 있을 뿐 그 외 하나님을 알 수 있는 다른 방법은 없다. 성경은 하나님을 아는 자의 믿음을 교육하고 자라나게 한다. 예수 그리스도에 대해 내게 말해줄 사람은 필요하지 않다. 나는 내면 세계에서 주님을 안다. 어려운 난관에 처한 사람을 도울 수 있다는 것은 귀한 일이다. 그러나 진부한 상투어로 사람을 도울 수 없다.

"그렇지요. 하나님을 믿으세요."

그러나 만일 그 사람이 당신 자신이 하나님을 믿고 있지 않다는 것을 알게 되면 당신의 진부한 상투어는 그에게 아무런 도움이 되지 않을 것이다. 오직 당신이 하나님을 신뢰하고 있다는 것을 그에게 보여줄 때에야 당신을 통해 그에게 놀라운 도움이 임하게 된다.

하나님을 아는 어떤 사람이 믿음의 시련을 위해 어떤 곤경에 처해 있다면 도우라. 그러나 기분이나 상황 때문에 어려움을 겪고 있는 그리스도인이 있다면 그냥 내버려두라. 이러한 사람은 사실 예수 그리스도께 모독이 된다. 사실, 예수 그리스도를 안다고 하는 자들이 자신들에게 어려움이 닥치자(이 어려움은 믿음의 시련을 위한 어려움과 다른 것이다) 기분이 울적해서 골을 내고 있다면 이들은 영적 침체 가운데 쇠하지 않는 기업을 망각하는 것이다. 예수 그리스도의 영예가 자신의 삶에 달려 있다는 사실도 잊고 있는 것이다. 이러한 모습은 불명예스럽고 야비하다.

어려움이 있다면 마음을 모으고 담대하라. 모든 상황을 새로운 각도에서 보라. 세상에서 용감한 것도 훌륭한 것이며 도덕적으로 용감한 것은 더욱 위대한 것인데, 만일 어떠한 상황에서라도 영적으로 용기를 내어 예수 그리스도께 신실함을 지킨다면 그는 매우 귀한 영광스러운 모습을 비추게 되는 것이다.

만일 당신이 영적으로 풍요한 사람을 안다면 당신이 필요로 하는 모든 것을 그를 통해 얻으라. 그는 당신이 필요로 하는 모든 것을 줄 것이지만 뭔가를 돌려받을 것을 조금도 기대하지 않을 것이다.

여기에 바로 성도가 고난을 지나야 하는 이유가 있다. 하나님께서는 어떤 성도가 다른 사람을 먹일 수 있는 '찢겨진 빵'이 될 수 있는지 알기를 원하신다. 또한 고난의 용광로를 지난 자들만이 수백 수천의 다른 영혼들을 놀랍도록 먹이고 도울 수 있는 영적 자원을 소유하기 때문이다.

기록되지 않은 계시

"예수를 너희가 보지 못하였으나 사랑하는도다 이제도 보지 못하나 믿고 말할 수 없는 영광스러운 즐거움으로 기뻐하니 믿음의 결국 곧 영혼의 구원을 받음이라"벧전 1:8-9.

우리가 '구원받은 영혼'이라고 말할 때 '영혼'은 많은 의미를 포함하고 있다.

"믿음의 결국을 받음이라."

이는 당신의 믿음의 문제를 다루고 있는 내용으로서 당신의 사물에 대한 이성적인 판단과 개념이 철저하게 구원을 받게 된다는 의미이다. 그래서 당신의 믿음은 하나님의 완벽한 빛 및 자유함과 조화를 이루게 된다. 만일 당신이 당신의 믿음이 아니라 당신에게 믿음을 주신 그분께 변함없이 매달린다면 주님으로부터 영향을 받아 당신의 모든 면이 변하게 될 것이다. 그러면 당신은 이성적으로도 분명한 만족을 얻을 것이다.

특히 당신은 많은 선한 것들에 대해 침묵해야 한다. 당신은 그리스도를 위해 영적으로 서야 한다. 어떤 사람들은 예수 그리스도를 비난하며 하는 말이 "왜 하나님은 전쟁을 끝내지 않으시는 거야!"라고 한다. 이때 당신은 아무 말도 할 수 없다. 대답하면 바보가 되는 것이다. 지금 당신은 가장 부끄러운 모독을 견뎌야 할 때이다. 그 이유는 당신의 믿음은 철저하게 모순인 것처럼 보이기 때문이다. 당신의 믿음은 현실을 고려해볼 때 스스로 생각해도 모순이요 다른 사람이 봐도 모순이다. 이때 베드로는 우리를 격려하며 말한다.

"이제는 너희가 많은 시험을 받을 때이지만 계속 주께 매달리라. 그리고 썩지 아니할 기업을 기억하라. 예수님을 바라보라. 그리하면 당신의 믿음의 결과를 받게 될 것이다."

지금의 모든 문제가 다 풀릴 날이 오고 있다. 그때가 오기까지 사람들이 당신을 조롱하도록 내버려두라. 그들로 당신에게 잠깐 승리하도록 두라. 그러나 당신은 당신의 지경을 넓혀 더 멀리 높게 보라. 오직 기독교의 가장 중요한 핵심을 붙들라. 바로 예수 그리스도와의 인격적 관계이다. 주님을 바라보면 영적 분별력이 생긴다. 하나님의 능력으로 강해지라. 그렇지 않으면 하나님을 부끄럽게 하는 죄를 짓게 된다. 믿음의 시련을 받으면 그 시련이 다 마칠 때까지 인내하라. 만일 믿음의 시련을 통과하면 하나님께서는 당신의 인생길에 미성숙한 영혼들을 두실 것이다.

그러면 그들을 무시하지 말고 도우라. 그들에게 영적 영양분을 줄 수 있도록 자신을 내어주라. 주님께서는 그분에게서 능력이 나간 줄 아셨다눅 8:46.

마찬가지로 당신도 같은 체험을 하게 될 것이다. 당신으로부터 힘을 얻게 될 많은 사람들이 당신 주변에 있게 될 것이다. 이때 당신이 예수 그리스도의 생명으로부터 그들에게 공급할 것을 받지 못하면 당신은 오래지 않아 죽은 시체처럼 될 것이다. 그들이 스스로 서서 주님으로부터 직접 영양분을 얻을 수 있을 때까지 계속 그들을 붙들고 영양분을 공급하라.

궁극적인 것을 위한 고난! 칼라일은 테니슨 경에 대해 "알프레드는 언제나 대혼란의 상태를 가장 질서 있는 상태로 만들어 놓는다"고 말했다. 무질서의 상태는 아직 개발의 가능성이 남아있는 것이다. 영적으로도 마찬가지이다. 우리의 삶에 무질서가 있어도 하나님께서는 그것을 바꾸어 잘 정돈된 질서로 바꾸신다. 무질서 속에 있는가? 혼돈과 좌절 가운데 있는가? 오직 예수님을 바라보고 다음 단계를 취하라. 에누리 없는 고통을 지나고 있다면 끝까지 견디라.

그러면 당신은 같은 고통을 지나는 자들에게 엄청난 도움을 주게 될 것이다. 그들이 당신처럼 당신이 있는 그곳까지 오지 못했다고 그들을 꾸짖는 것이 아니라 오직 당신은 하나님의 손 안에서 그들을 위한 좋은 영적 영양분이 되기 위해 그들에게 관심을 가지게 될 것이다.

02

영적 비전을 실현하려면

"여호와의 속량을 받은 자들은 이같이 말할지어다"시 107:2.

의미를 정확히 알지 못한 채 단어를 사용하는 경향이 있다. 위기 상황에서 적당한 단어는 "열려라 참깨"처럼 해결책을 준다. 만일 어떤 영적, 도덕적, 감정적 위기에서 우리가 아무 말도 하지 않는다면 우리는 결코 그 위기에서 자유할 수 없게 된다. 간단한 예로, 어린 자녀가 무엇을 잘못했다고 하자. 당신은 부모로서 그 아이에게 잘못했다고 말하라고 요구한다. 그러나 만일 그 자녀가 고집을 부리고 잘못했다고 말하지 않으면 당신은 자녀를 자유하게 할 수 없다. 지금 이 예는 단순한 예이지만 우리의 모든 인생에 적용되는 귀한 진리이다. 어린 자녀에게 해당하는 이 진리는 사실 모든 사람의 영적인 영역, 그리고 도덕적인 영역에 잘 맞는 진리이다. 대부분의 영적 비전이 실현되지 않은 이유는 입을 벌려 하나님의 말씀을 따라 말하지 않기 때문이다. 그래서 비전의 실현을 체험하지 못한다. 우리는 '그렇게 체험하기' 전에 '그렇게 말해야' 한다.

히브리서 기자는 '찬미의 제사'에 대해 말하고 있다히 13:15. 만일 우리가 찬미하고 싶을 때만 찬미한다면 이는 훈련되지 못한 성도의 모습일 것이다. 그러나 찬미하고 싶지 않은 때에도 마음을 모아 찬미의 제사를 드리면 우리는 그 순간에 자유함을 누리게 된다. 마찬가지로 불평하고 싶은 기분도 우리의 믿는 바를 선포함으로 제거할 수 있다. 우리가 진리를 입으로 선포할 때 언제나 즉각적으로 더 높은 차원의 삶으로 자유하게 된다. 이와 같이 자유함을 누리려면 진리에 따라 '그렇게 말해야' 한다.

영성을 파괴하는 망설임

"사람이 마음으로 믿어 의에 이르고 입으로 시인하여 구원에 이르느니라"롬 10:10.

우리가 믿는 구원을 실현하기 위해서는 믿는 바를 "입으로 시인해야" 한다. 성경은 사람의 고백과 증거를 매우 중요하고 뚜렷한 위치에 두고 있다. 사람의 영적인 용기를 시험하는 것은 어떠한 상황에서도 "그렇게 말하는가" 하는 것이다. 내가 수백 개의 진리들을 알고 있어도 "그렇게 말할 때"까지는 나의 소유가 될 수 없다. "사람이 마음으로 믿어"라고 할 때 '마음'은 '나'를 의미한다. 만일 내가 나의 믿는 바를 내 자아에게 말하고 입으로 그것을 시인하면 나는 그 믿는 바의 영역으로 옮겨지게 된다. 이처럼 영적 자유함을 위해 우리가 치러야 하는 작은 대가는 '말'이다. 어린아이가 골이 난 상태에서 벗어날 때 그는 마음에 얹힌 것을 망각하고 뭔가 다른 것을 말하기 시작한다.

도덕적 영역과 영적 영역에서도 마찬가지이다. 만일 내 마음에 믿는 바를 입으로 고백하면 나는 어떠한 상황에서도 내 마음이 믿는 그 영역으로 옮겨지게 된다. 믿음에 있어서 이러한 고백의 특별한 단계를 지나지 않으면 그 믿음은 현실 속에서 아직 내 것이라 할 수 없다. 믿음의 확신은 기다린다고 생기는 것이 아니라 그 믿음을 향해 모든 것을 던져야 얻을 수 있다. 인간적인 사랑도 그 사랑이 말로 표현될 때만이 사랑의 실제를 누릴 수 있다. 직감적으로 사랑을 느낄 수 있어도 그 사랑이 표현되기까지는 아직 나의 것으로 실현된 것이 아니기 때문이다.

도덕적, 영적으로 여러 단계들이 있다. 그런데 그 단계마다 문이 있다. 이때 각 단계의 문을 여는 것은 '말'이라는 수단을 통한 표현이다. 그래서 그 문에 해당하는 말이 표현되지 않으면 그 문은 열리지 않는다. 그러나 올바르게 표현된 말은 언제나 현재 단계에 속하려고 머뭇거리는 성향을 제거하고 새로운 단계로 들어가게 한다. 따라서 망설임은 영적인 세계에서 가장 큰 저주이다. 망설임 뒤에는 아무런 능력도 없다. 단지 우리 속의 교만이 자신의 목이 부러지는 것을 거부하는 것이다.

'내가 이것을 고백하면 나는 이 안일한 자리를 떠나 더 힘든 단계로 나아가게 되겠지'라는 생각이 바로 영성을 파괴하는 망설임이다. 자유함은 진리대로 믿는 바를 '말함으로' 온다. 고백하는 즉시 문이 열리고 더 높은 곳을 향해 생명이 나아간다.

말대로 이루어짐

"그렇지만 하나님께서 내 아버지라는 느낌이 들지 않습니다"라고 우리가 말할 때, 예수님께서 말씀하신다.

"너희는 기도할 때에 이렇게 하라 아버지여"눅 11:2.

당신이 이렇게 말할 때 갑자기 당신은 하나님께서 우리 아버지인 사실을 발견하게 될 것이다. 영적으로 갇히지 않도록 안전하게 자신을 지키는 길은 기도이다. 당신의 기분에 따라 기도하지 말라. 하나님께 마음을 두고 기도하라. 그리고 "우리 아버지여"라고 말하라. 당신은 순식간에 당신이 어디에 있는지 알게 되면서 더 넓은 차원으로 들어가게 될 것이다. 도덕적 또는 영적인 해방으로 들어가는 문은 '말'을 통해서이다. 망설임을 버리고 마음속 진리를 말로 표현할 때 그 순간에 문은 열리고 하나님으로 향하는 새로운 단계가 펼쳐진다. 진리의 말은 사람을 온전케 한다. 만일 당신이 영적인 삶에서 자신의 삶을 격려하고 싶다면 하나님의 격려의 말씀을 말해보라.

망설임의 상태에 계속 머무는 것을 주의하라. 망설임은 영성을 개발하지 못하게 붙드는 덫이다. 영성은 망설임에서 벗어나 자유할 때 개발될 수 있다. 부끄러움이란 종종 교만이 자신의 정체를 숨기고 있는 것이다. 즉, 자신의 가치에 대한 무의식적인 과대평가이다. 자신에게 맞추어주는 적절한 청중이 없으면 말하지 않겠다는 것이다. 부끄러움을 이기고 진리를 말하라.

기분이 나쁜 가운데 말하면 당신은 계속 기분 나쁜 상태에 있게 된다. 기분 나쁜 가운데 말하는 것은 '못된 자아'가 마음 보좌에 앉아 명령을 내리는 것이다. 그러나 하나님의 계시를 통해 오는 분위기 속에서 말해보라. 그러면 자유함이 곧바로 당신의 것이 될 것이다. 설교자는 쓸모없이 감정만 자극하지 말고 청중들로 하여금 의지적으로 결단할 내용들을 주어야 한다.

바르게 보는 계시

"가서 성전에 서서 이 생명의 말씀을 다 백성에게 말하라"행 5:20.

많은 말을 함으로써 예수 그리스도를 배반할 수 있다. 그러나 입을 다물므로 예수님을 배반할 수도 있다. 마음을 살피는 계시는 믿는 바를 과감하게 말하게 한다. 친구들 앞에서 예수 그리스도를 시인하라. 혹시 아무도 당신을 지지하지 않을 수 있다. 그러나 당신이 마음 속 진리를 고백함으로써 당신은 당신 속의 영적 소유의 실체를 발견하게 될 것이다. 이때 완전한 새생명이 당신의 삶 속에서 실현된 것을 곧바로 알게 된다.

"너희는 가만히 있어 내가 하나님 됨을 알지어다"시 46:10.

당신이 하나님을 믿는다고 사람들 앞에서 말하면 이 말은 당신의 모든 인간관계에 영향을 미칠 것이다. 어떠한 상황에서도 당신을 당황하지 않도록 만드는 것은 당신과 하나님과의 관계이다. 만일 자신만 믿고 자신의 용기로 말하는 자는 그의 용기가 무너지는 순간이 찾아올 것이다.

우리는 너무나 낮은 차원에 머물며 살고 있다. 기억하라. 문은 당신이 닫고 있는 것이지 하나님이 닫고 계신 것이 아니다. 그러나 성경대로 '그렇게 말할 때' 문은 열리고 우리가 믿던 구원이 현실 속에서 우리의 소유가 된다. 믿음의 소유들은 우리가 말을 해야 분명해진다. 우리는 너무나 자주 말을 하지 못하고 어린아이처럼 주절거릴 때가 많다. 불평하는 말을 하지만 자유케 하는 말은 하지 않는다. 그러나 우리를 자유케 하는 말을 하는 순간에 문은 열리고 우리는 더 높고 귀한 삶으로 신속히 나아가게 된다. 그리고 계시는 실체가 된다. 갇힌 곳에서 나가야 한다면 그 상황에 합당한 옳은 말을 하라.

"구하는 이마다 받을 것이요 찾는 이는 찾아낼 것이요 두드리는 이에게는 열릴 것이니라"눅 11:10.

장애물을 만났을 때 그 장애물을 뚫고 나오는 비결은 '그렇게 말하는 것'이다. 그러면 자유하게 되면서 당신의 '그렇게 말하는 것'이 당신뿐 아니라 다른 사람들에게도 빛으로 찾아오게 될 것이다. 우리를 영적으로 메마르게 하고 동료들로부터 멀어지게 하는 망설임을 제거하라. 망설임은 우리가 앞으로 나아가지 못하게 우리를 잡아내린다.

우리는 자신의 필요도 제대로 채우지 못하는 코흘리개의 인생을 살아서는 안 된다. 하나님의 무한한 창고에 들어가 자신뿐 아니라 남들에게도 마음껏 나눌 수 있는 삶이 되어야 한다. 어떤 사람은 종교적으로 말하지 않아도 언제나 좋은 영향을 주는 사람이 있다. 그들은 우리에게 신비한 자유함을 누리게 한다. 그들은 더 높고 넓은 차원에서 말한다. 이러한 사람들은 자신들을 위해 문을 활짝 열었을 뿐 아니라 언제나 진리에 따라 '그렇게 말하는 자'들이다. 하나님께서는 이러한 자들을 통해 다른 사람에게까지 하나님의 말씀이 영과 생명이 되어 흐르게 하신다.

… 03

영적 활력으로 날아오르라

"그리스도께서 이미 육체의 고난을 받으셨으니 너희도 같은 마음으로 갑옷을 삼으라 이는 육체의 고난을 받은 자는 죄를 그쳤음이니" 벧전 4:1.

베드로는 영적인 사람을 둘러싼 위험들을 다루고 있다. 거듭나지 않은 사람들은 체험할 수 없는 위험들이다. 사람이 건강한 마음만 원한다면 예수님으로부터 멀어질수록 더 나을 것이다. 그러나 영적인 사람은 그가 육체 가운데서 고난당하는 영역으로 의도적으로 들어가야 한다. 만일 내가 나의 생애 가운데 예수 그리스도와 일치되려 한다면 나는 내 육체로는 고통 가운데 있게 될 것을 미리 고려해야 한다. 만일 주님과 관계가 없었다면 당하지 않았어도 될 고난들이다. 육체적으로 고난을 당하는 이유는 마지막으로 제거되어야 할 원수가 육체 속에 있기 때문이다.

육체 가운데 훈련 받음

"그리스도께서 이미 육체의 고난을 받으셨으니" 벧전 4:1.

고난

예수 그리스도께서 어떻게 육체 가운데 고난을 받으셨는가? 병이 들거나 우리보다 더 섬세한 신경을 지니셨기 때문이 아니라 하나님과 특별히 다른 관계를 지니고 계셨기 때문이다. 주님은 '하나님의 뜻에 따라' 고난을 받으셨다. 곧 전능하신 하나님께서 그분의 뜻대로 마음껏 자신을 사용하도록 하신 것이다. 주님은 육체 가운데 자신을 실현하는 관점에서 사신 것이 아니었다. 아버지의 뜻이 실현되기를 원하는 삶을 사셨다.

육체의 고난을 당한다고 해서 죄를 멈추게 되는 것은 아니다. 베드로가 의미하는 바는 "그리스도께서 육체 가운데 고난을 받으신 것같이" 육체 가운데 고난을 당하는 자만이 죄를 그친다는 뜻이다.

하나님은 우리를 성도로서의 필수 사항에서 면제해 주시는 적이 없다. 우리가 구속을 바탕으로 예수님과 연결되면 주님은 주께서 우리에게 행하심과 같이 우리가 다른 사람에게 행하기를 원하신다. 이 뜻이 바로 육체 가운데 고난을 당한다는 뜻인데, 이는 자기 실현의 목표를 버리고 그리스도의 실현 위에 모든 것을 세우는 것이다. 이를 실천하는 즉시 우리는 다른 사람들의 발을 씻게 된다. 그 누구도 본성상 다른 사람의 발을 씻으려고 하지 않는다.

이렇게 할 수 있을 때는 사도 바울이 말한 것처럼 "내가 비천에 처할 줄도" 알 수 있을 때이다. 당신의 고통에 동정을 느끼지만 예수 그리스도를 향한 사랑과 감사가 없는 연민을 주의하라. 당신 자신을 그리스도의 마음으로 무장하라. 당신이 겪는 모든 고통이 결국 당신을 통해 많은 사람들에게 유익을 줄 것이다.

마음을 훈련함

"너희도 같은 마음으로 갑옷을 삼으라" 벧전 4:1.

불굴

어떤 사람은 순결이라는 갑옷을 입고 있다. 테니슨은 "마음이 순결하면 가장 완전한 힘을 소유한 것이다"라고 했다. 다른 어떤 사람은 사랑의 갑옷을 입고 있다. 바울은 "하나님의 전신 갑주를 입으라"고 말한다. 이보다 덜한 것을 의지하지 말라. 당신 자신을 하나님과의 관계로 옷 입고 그 관계를 유지하라.

만일 당신이 하나님의 갑옷으로 무장하지 않는다면 당신은 당신이 다스릴 수 없는 초자연적인 악한 세력들에게 당신의 인격적인 생명을 공격하도록 내버려두는 것과 같다. 그러나 갑옷을 챙겨입고 하나님과 살아 있는 관계를 갖는다면 당신의 의식 세계도 보호받을 뿐 아니라 의식 세계보다 훨씬 더 깊은 당신의 인격의 속성까지 보호를 받게 된다. 바울은 "항상 기도하라"고 말한다 엡 6:18.

우리가 기도할 때마다 우리의 지경이 넓어지고 상황에 대한 우리의 자세가 바뀐다. 그럼에도 비참한 것은 우리는 더 이상 기도하지 않는다는 점이다. 기도는 완벽한 자유함이다. 기도는 우리를 영적으로 날아오르게 한다. 당신이 다른 사람의 마음과 하나가 되면 언제나 서로 통하는 역사가 나타난다. 우리가 위로부터 거듭나면 당신은 하나님과 한마음이 되어 교제하게 된다. 베드로는 이를 "항상 힘쓰라"고 말한다.

"너희도 같은 마음으로 갑옷을 삼으라."

기도 생활을 게을리하고 있는가? 다른 모든 것이 방치되더라도 기도만은 놓쳐서는 안 된다. 당장 모든 것을 돌려놓으라. 그렇지 않으면 당신은 당신 주변의 사람들에게 위험한 영향을 미치게 될 것이다. 자기연민을 조심하라.

"내가 왜 이런 고통을 당해야 하지?"

이때 주의하라. 당신은 아주 위험한 순간에 있는 것이다. 이때 주님을 많이 슬프게 할 수 있다. 말해서는 안 될 말을 주님께 뱉으며, 불손하고 불경한 자세를 갖기 쉽다. 주님께 골을 내고 불평한다. 이는 우리가 예수님의 마음으로 무장하는 것을 잊었기 때문이다.

체험에 있어서 훈련

"육체의 고난을 받은 자는 죄를 그쳤음이니"벧전 4:1.

성화

죄를 그친 삶은 더 이상 과거에 행하던 일을 하지 않는다.

"너희가 음란과 정욕과 술취함과 방탕과 향락과 무법한 우상숭배를 하여 이방인의 뜻을 따라 행한 것은 지나간 때로 족하도다 이러므로 너희가 그들과 함께 그런 극한 방탕에 달음질하지 아니하는 것을 그들이 이상히 여겨 비방하나"벧전 4:3-4.

베드로의 말은 과거의 죄에 속한 모든 것을 끝내고 새로운 바탕 위에 새롭게 서서 영적으로 날아오르라는 의미이다. 예수님의 고난에 일치되어 있는지 확인하라. 그리스도의 남은 고난에 동참하려는 마음 자세를 가지라. 이것이 영적인 활력으로 날아오르는 비결이다.

어떻게 영적인 비행을 하며 하나님과의 관계를 유지할 수 있는가? 다른 사람들을 도울 수 있는 넓은 지경을 어떻게 유지하는가? 예수님께서 "나를 믿으라"고 말씀하신다. 그리하면 당신으로부터 생수의 강이 흐르게 될 것이라고 하신다. 한 사람이 하나님과 바른 관계를 맺었을 때 그로 인해 번지는 효과는 측정이 불가능하다. 별말을 하지 않았는데 당신은 그의 말로 인해 다른 사람이 되어 있을 수 있다. 당신의 마음에 있는 짐이 사라진다. 지금 당신은 새로운 차원에 머무는 사람과 교제하는 것이다.

"그리스도의 마음으로 갑옷을 삼으라"벧전 4:1.

영적인 활력으로 날아오르는 삶을 유지하라. 당신은 다른 사람들이 당신으로부터 영적 영양분을 공급받게 되는 것을 발견하게 될 것이다. 덕이 당신으로부터 나올 것이다. 그러나 당신이 예수님과의 바른 관계에 신실하지 못하면 당신은 무너질 것이다. 따라서 당신에게도 계속적인 공급이 있어야만 하는데 이를 위해 당신은 예수님의 측량할 수 없는 풍성함으로부터 계속 길어내야 한다.

04

장엄하신 하나님

장엄하신 하나님

"예수께서 그들 앞에 서서 가시는데 그들이 놀라고 따르는 자들은 두려워하더라" 막 10:32.

제자들은 예수님과 가장 친밀하게 지냈다. 그러나 지금 예수님의 얼굴이 굳어 있음을 보기 시작한다. 주님의 모습이 이해가 가지 않는다. 따라서 제자들은 두려움에 빠진다. 두려움에는 여러 종류가 있다. 우리가 아는 두려움은 물리적인 두려움이요 도덕적인 두려움이다. 그러나 영적인 영역에서의 두려움은 자신 때문이 아니라 자신의 영웅이신 주님 때문에 생기는 두려움이다. 혹시 주님께서 해내지 못하실까 하는 두려움이요 주님께서 나의 뜻대로 행하시지 않을까 하는 두려움이다. 이것이 제자들의 두려움이었다. 자신들이 예수님께 기대한 모든 것이 다 무효가 된다는 두려움이었다. 제자 중 한 사람도 예수님이 무엇을 추구하시는지 알지 못했다. 그들은 계속 주님을 따랐지만 이제 두려웠다.

많은 사람들이 기독교 신앙을 초자연적으로만 보면서 기독교를 엄숙한 종교로 여기며 현실과 차단시킨다. 그러나 기독교는 모든 현실 속에서 나타나는 실제이다. 이를 깨닫는 자는 기독교와 삶의 유머마저 접목시킬 수 있다. 그러나 유머가 전혀 어울리지 않는 경우가 있는데 우리의 마음이 두려움으로 가득 차서 일상적인 삶을 멀리하는 경우이다. 즉, 주님께서 우리에게 너무 먼 분이라고 느껴지는 경우이다.

우리는 예수님을 우리의 입장에서 해석하려는 경향이 많다. 너무나 오랫동안 우리 입장에서만 주님을 친숙하게 느껴왔기 때문에 주님의 입장에서 주님을 이해하지 못한다. 이러한 자리로 가려면 커다란 영적 수술이 필요하다. 수술 이후 우리는 예수님께서 무엇을 추구하시는지 희미하게 붙잡기 시작한다. 그분의 자세는 우리 각 개인의 목표에 전혀 관심이 없어 보이신다. 우리로서는 전혀 알 수 없는 관점을 지니고 계심을 깨닫게 된다. 따라서 점점 그분은 계속 더 멀리 계신 느낌이 든다. 예수님은 마르다와 마리아를 대하듯이 우리를 대하신다. 예수님께서는 그들을 너무나 사랑하셨기 때문에 그가 계신 곳에서 이틀이나 더 머무셨다. 그리고 그들의 기도에 응답해주지도 않으셨다.

우리는 오해를 받으면 견딜 수 없지만 예수님은 오해받는 것에 익숙하시다. 우리의 약점은 언제나 자신을 변호하고 신원하려는 데 있다. 예수님은 오해를 바로잡으려고 수고하지 않으셨다. 후에 그들이 모든 것을 이해할 것을 알고 계셨기 때문이다.

주님의 생애를 통해 계속적으로 언급되는 말은 "보라. 우리가 예루살렘으로 올라가자"는 것이었다눅 9:51 ; 18:31 ; 마 20:17. 주님은 예루살렘으로 가는 것을 조금도 두려워하지 않으셨다. 주님은 얼굴을 굳게 하시고 예루살렘으로 향하셨다. 그곳은 아버지의 뜻을 이루는 절정의 장소였다. 주님은 예루살렘이 자신에게 무엇을 의미하는지 정확히 알고 계셨다. 한편 제자들은 예수님께서 십자가에 대해 말씀하실 때마다 예수님을 오해했다. 마침내 그들이 전혀 생각해낼 수 없는 무엇인가가 있다는 것을 알아차렸을 때 그들은 예수님이 멀리 느껴졌고 이에 두려움 가운데 주를 따르게 되었다.

가깝게 잘 아는 사람을 제대로 알지 못하고 그 사람을 오해하면 이는 아주 부끄러운 일이다. 나중에 보니 그가 우리가 아는 것보다 훨씬 더 생각이 깊고 영혼이 큰 사람인 것을 알게 되면 우리는 부끄러움을 느낀다. 우리가 다른 사람의 관점을 알려고 할 때 우리는 그가 하는 말보다 그 뒤에 담긴 그 사람의 의도를 알아야 한다. 곧 그 사람이 어떠한 사람인가를 알아야 한다.

제자들은 예수님께서 주의 십자가에 대해 말할 때 그 말씀 뒤에 있는 예수님의 마음을 알지 못했다. 그래서 주님과 같은 관점을 취하지 못한 제자들은 예수님의 말씀을 오해하고 주님을 멀리 느낀 것이다. 그러나 그들이 성령을 받아 그리스도의 마음을 가질 때, 비로소 그들은 예수님의 관점에서 예수님의 말씀을 이해하게 되었다. 곧 주님의 영이신 성령 없이는 예수님의 말씀을 바르게 이해할 수 없었던 것이다.

"이 말씀을 하시고 그들을 향하사 숨을 내쉬며 이르시되 성령을 받으라"요 20:22.

"보혜사 곧 아버지께서 내 이름으로 보내실 성령 그가 너희에게 모든 것을 가르치고 내가 너희에게 말한 모든 것을 생각나게 하리라"요 14:26.

지연됨으로 인한 훈련

"내가 아직도 너희에게 이를 것이 많으나 지금은 너희가 감당하지 못하리라"요 16:12.

베드로가 "주여 내가 지금은 어찌하여 따를 수 없나이까?"라고 물었다요 13:37. 예수님께서 "네가 지금은 따라올 수 없으나 후에는 따라오리라"고 대답하셨다요 13:36. 예수님의 지연은 우리를 계속 안달나게 하지만 우리를 훈련시킨다. 이스라엘 백성의 장로들이 물었다.

"네가 그리스도이거든 우리에게 말하라"눅 22:67.

예수님께서 그들에게 대답하셨다.

"내가 너희에게 말하였으되 믿지 아니하는도다"요 10:25.

그들은 예수님을 이해할 수 있는 자리에 있지 않았다. 이해는 지식이 아닌 오직 순종에 의해 온다. 주님은 우리에게 아무것도 숨기지 않으신다. 그러나 우리의 내적인 생명이 이를 받을 만하지 못하기 때문에 우리는 아무것도 알 수 없다. 우리는 "왜 하나님께서 이러한 내용들을 말씀하지 않으시는 것일까"라고 말한다. 그러나 사실 주님은 언제나 우리에게 말씀하셨지만 우리가 알아듣지 못한 것이다. 지연을 통한 주님의 훈련은 하나님께서 우리의 환경을 조장하셔서 우리로 하여금 이해할 수 있는 영적 상태로 이끄시는 것이다.

"고난당하기 전에는 내가 그릇 행하였더니 이제는 주의 말씀을 지키나이다"시 119:67.

지연의 길이는 우리의 순종하려는 의향에 따라 달라진다. 순종은 언제나 깨달음의 비결이다. 예를 들어, 다른 사람을 향해 조그마한 미움이 생기면 그 순간부터 하나님을 깊게 알 수 없다.

"그러므로 예물을 제단에 드리려다가 거기서 네 형제에게 원망 들을 만한 일이 있는 것이 생각나거든 예물을 제단 앞에 두고 먼저 가서 형제와 화목하고 그 후에 와서 예물을 드리라"마 5:23-24.

영적 진리는 지적 호기심이 아니라 오직 순종에 의해 깨달아진다는 사실을 배울 때 그 인생에 놀라운 자유함이 있게 된다. 하나님의 모든 계시는 인봉되어 있다. 결코 철학이나 사색으로 열 수 없다. 그러나 아무리 작은 것이라도 계시에 순종하면 하나님의 진리가 열리고 깨달아진다. 한편 지식적인 훈련은 머리만 크게 만든다. 그럼에도 현실의 삶에서는 허우적거린다. 지금 당신은 당신의 불투명한 상황을 어떻게 투명하게 할 수 있는가? 지적 호기심은 영적인 문제에서 아무런 도움이 되지 못한다. 그러나 우리가 아주 작은 일에서도 순종한다면 즉시 우리는 진리를 보게 된다.

주님의 신성 앞에 두려워 떰

"내가 볼 때에 그의 발 앞에 엎드러져 죽은 자같이 되매"계 1:17.

이 말씀은 예수님의 품에 자기 머리를 묻을 만큼 예수님을 가장 가깝게 알던 제자에 의해 언급된 말씀이다. 주님께서도 이 제자를 많이 사랑하셨다. 그런데 이 제자가 신성이 드러난 주님을 보자 놀라움으로 마비되어 죽은 자처럼 예수님 발 앞에 엎드린다. 그 후 이 땅에 육신으로 계셨을 때 알던 예수님의 목소리가 들린다.

"두려워하지 말라 나는 처음이요 마지막이니"계 1:17.

예수님의 제자로서 주님을 향해 이러한 두려움을 갖고 있는가? 아니면 예수님을 단지 후원자로 알고 있는가? 처음에 우리는 예수님을 너무나 잘 알고 있다고 확신한다. 그러나 지금은 불확실하다. 그동안 느끼지 못했던 도무지 알 수 없던 모습이 주님에게서 나타나면 우리는 그분께 더 이상 가까이 가지 못한다. 주님의 제자로서 예수님께서 승리를 향해 나아가실 것으로 기대했는데 오히려 고난을 향해 나아가신다. 나의 삶에 화평을 가져오실 줄 알았는데 대신 칼을 주신다마 10:34.

안일하고 평탄한 길로 가실 줄 알았는데 주님이 가시는 곳마다 우리를 두렵게 한다. 따라서 주님이 더 이상 친구처럼 느껴지지도 않고 상담자처럼 느껴지지도 않는다. 주님은 우리보다 한걸음 앞서 가시며 "나를 따르라"고 말씀하실 뿐이다. 그분이 나아가시는 미래는 우리에게 두려움만 줄 뿐이다. 이제 주님께 대해 친숙함도 없고 아는 바도 없다. 주님이 너무 멀리 계시다는 느낌뿐이다. 이러한 기간은 주님께서 지연을 통해 의도적으로 우리의 내면을 훈련시키시고 가르치시는 때이다.

"나는 하나님께서 나의 기도를 응답하실 것을 기대했으나 주님은 응답하지 않으셨다."

그러나 지연은 우리에게 주님이 무엇을 추구하고 계신지 알게 하기 위해 순종을 가르치시는 기간이다. 마치 사도요한에게 나타난 주님의 모습처럼, 우리는 주님을 너무나 가깝게 느끼고 있었는데 갑자기 생소한 모습으로 나타나신 것과 같다. 이때 우리가 할 수 있는 것은 그분의 발 앞에 죽은 자처럼 있는 것이다. 하나님께서 장엄하신 모습으로 우리에게 나타나시는 때가 있다. 그러면 우리는 그 장엄함 앞에 떨며 혼동한다. 그러나 그 상황 가운데서 우리에게 친숙한 목소리가 들리기 시작한다. 그 목소리는 우리 각자에게 인격적으로 말씀하신다.

"두려워 말라."

이 음성이 우리의 마음을 만지면 이후로 우리는 그 어떠한 것도 두려워하지 않게 된다.

05

하나님의 은혜를 깨달은 자

"이르시되 미련하고 선지자들이 말한 모든 것을 마음에 더디 믿는 자들이여"눅 24:25.

믿는다는 것은 문자 그대로 이해하면 다 맡긴다는 뜻이다. 믿음은 전인격적인 행위이다. 예수님께서 사람들에게 주님을 믿으라고 간청하실 때 사실 예수님은 엄청난 요구를 하시는 것이다. 그 이유는 '예수님을 믿는 신자'가 된다는 것은 주님께 모든 확신을 걸고 주님의 영광을 위해 내 목숨을 걸겠다는 것이기 때문이다.

"내가 믿는 자를 내가 알고"딤후 1:12.

우리는 "주님, 우리의 믿음을 더하소서"라고 기도하며 우리의 믿음이 자라날 수 있도록 노력하지만 잘 안 된다. 무엇이 문제인가? 그 이유는 예수님께 전인격적인 순복을 하지 않기 때문이다. 내 생명의 가장 깊은 중심으로부터 예수님께 순복하는가? 마음과 뜻을 다해 주님께서 말씀하신 것에 나의 모든 확신을 거는가? 우리는 종교적 상투어를 사용하며 하나님을 믿는 것에 대해 말하지만 우리의 현실적인 삶은 우리가 고백하는 믿음의 십분의 일도 실제로 믿고 있지 않다는 것을 증명한다.

만일 당신이 예수님 없이 당신의 문제를 풀 수 있다면 풀어 보라! 그러나 현실 중에 그 어떤 것도 피해서는 안 된다. 그러면 곧 당신의 마음은 근심으로 가득 차게 될 것이다. 예수님께서는 "마음에 근심하지 말라"고 하셨다. 예수님께서는 우리가 근심하는 마음을 갖는 것을 원치 않으신다.

"또한 나를 믿으라."

이는 예수님께서 우리의 삶 속에 역사하실 여유를 두라는 말씀이다. 특히 당신이 할 수 없는 문제에 대해 예수님께 맡기라는 뜻이다.

예수님께서 말씀하신 것을 어린아이와 같은 마음으로 받으면 근심하는 마음이 기적같이 사라지는 것을 체험할 것이다. 십자가에서 주님은 사람의 근심의 문제를 완전히 해결하셨다.

깨닫지 못한 용서

"측량할 수 없는 그리스도의 풍성함을 이방인에게 전하게 하시고"엡 3:8.

"측량할 수 없는 그리스도의 풍성"을 하나님께서 허락하셨다. 그럼에도 우리는 하늘 아버지께서 마치 구두쇠인 것처럼 생각하고 행동할 때가 많다. 우리는 하루를 마치면서 습관적으로 이렇게 말한다.

"오, 이런, 오늘도 간신히 잘 지냈군. 아주 힘든 하루였어."

이들의 삶은 마치 두통처럼 여겨진다. 기쁨도 능력도 영감도 없다. "측량할 수 없는 그리스도의 풍성"의 웅장함이 전혀 없다. 하나님을 향한 기쁨의 확신도 없다. 주님의 말씀은 전혀 들리지도, 깨달아지지도 않는다. 주님께서 마치 영적 지체아에게 말씀하시는 것 같다.

"내가 말하는 것을 너는 언제 믿겠느냐."

이러한 삶은 기독교를 자랑스럽게 하는 삶이 아니라 오히려 다른 사람으로 하여금 기독교를 조롱하게 만드는 구실이 된다.

"이것이 네가 말하는 기독교라는 것이냐? 그런 현기증 나는 신음 소리를 내는 너를 보니 신앙을 갖느니 내가 스스로 더 바르게 살아야겠다고 느낀다."

이처럼 하나님께 확신을 두지 않은 삶은 삶의 환경을 이겨나가는 강인한 능력이 전혀 없다. 결국 이들로 인해 예수 그리스도의 영예마저 위험하게 된다. 그러나 기독교는 그리스도의 측량할 수 없는 풍성함을 생생하게 깨닫고 체험하는 것이다.

"우리는 그리스도 안에서 그의 은혜의 풍성함을 따라 그의 피로 말미암아 속량 곧 죄사함을 받았느니라"엡 1:7.

이 구절을 깊이 묵상해보라. 하나님의 용서는 구속을 통해 우리에게 부어지는 측량할 수 없는 은혜의 한 부분이다. 성도가 영적으로 약하고, 쓰러지고, 나아가 영적 꾀병을 부리는 이유는 하나님의 용서의 기적을 깨닫지 못했기 때문이다. 이들은 믿음이 요청하는 많은 책임과 요구를 다 회피한다. 우리는 피해를 당하기까지는 용서에 대해 유창하게 말을 잘한다. 그러나 피해를 당하면 가장 큰 시험에 빠져들면서 기력을 잃는다. 이는 하나님의 은혜가 그에게 없기 때문이다.

하나님의 은혜 없이는 용서한다는 것이 불가능하다.

"더 이상 그 일에 대해 말하고 싶지 않아. 그러나 당신이 내게 한 짓은 결코 잊지 않을 것이다."

이것은 용서한 것이 아니다. 하나님의 용서는 이와 같지 않다. 완전히 다르다. 하나님께서 우리를 용서하실 때 그분은 우리가 저지른 비열하고 비참한 행위들에 대해 모든 것을 지워버리시고 다시는 기억조차 안 하신다.

"내가 네 허물을 빽빽한 구름같이 네 죄를 안개같이 없이하였으니 너는 내게로 돌아오라 내가 너를 구속하였음이니라"사 44:22.

구름이 사라지면 다시는 볼 수 없는 것과 같다.

"그러나 사람들이 하나님의 용서를 이용하고 있습니다. 하나님의 용서를 믿고 마음껏 죄를 짓습니다."

당신은 어떠한가? 당신은 하나님의 용서를 이용해 더 죄를 짓는가? 다른 사람이 나와 다를 바 없다. 다른 사람이 나보다 나을 수도 없다. 그러나 우리는 죄에 관한 한, 자신을 걱정하기보다 다른 사람을 더 걱정한다. 하나님의 용서란 우리가 용서를 받아 하나님과 새로운 관계에 들어간다는 뜻이다. 곧 용서를 통해 그리스도 안에서 하나님과 일치되는 것이다. 따라서 용서받은 사람은 거룩한 사람이다. 하나님께서 우리를 용서하시고 우리 죄를 끝없는 바다에 던지시고 다시는 기억하지 않으시는 것은 바로 예수님의 보혈 때문이다. 만일 우리가 보혈 외에 다른 방법으로 용서를 받을 수 있다고 생각한다면 이는 하나님의 아들을 발로 짓밟는 것이다. 용서는 하나님의 은혜의 기적이다.

미개척된 기도의 영역

"그러므로 형제들아 우리가 예수의 피를 힘입어 성소에 들어갈 담력을 얻었나니"히 10:19.

우리는 기도를 멋진 종교적 실천이라고 생각하는 경향이 있다. 위의 구절이 계시해주는 것은, 우리에게 하나님의 마음에 곧바로 나아갈 수 있는 자유함이 생겼다는 것이다. 그래서 마치 어린아기가 어머니께 나아가는 것처럼 하나님께 나아갈 수 있다는 것이다. 그런데 이를 가능케 한 것이 예수님의 피이다.

"그 길은 우리를 위하여 휘장 가운데로 열어놓으신 새로운 살 길이요 휘장은 곧 그의 육체니라"히 10:20.

우리가 하나님의 보좌 앞으로 나아갈 수 있는 것은 전적으로 주님께서 우리의 죄를 대신하셨기 때문이다. 하나님과 교제할 수 있는 이유는 우리의 열심이나 진심 또는 오랫동안 기도했기 때문이 아니다. 오직 우리 주 예수 그리스도의 우리를 살리시는 죽음 때문이다.

비이기적인 거룩

"그러므로 예수도 자기 피로써 백성을 거룩하게 하려고 성문 밖에서 고난을 받으셨느니라"히 13:12.

주님께서는 "또 그들을 위하여 내가 나를 거룩하게 하오니"라고 말씀하셨다요 17:19. 곧 예수님은 자신의 거룩한 자아를 하나님의 뜻에 따라 구별하신 것이다. 주님의 인생의 특징은 아버지께 철저하게 순복하신 것이다.

"그러므로 예수께서 그들에게 이르시되 내가 진실로 진실로 너희에게 이르노니 아들이 아버지께서 하시는 일을 보지 않고는 아무것도 스스로 할 수 없나니"요 5:19.

주님은 자신의 뜻을 이루려고 이 땅에 오신 것이 아니었다. 마찬가지로 우리는 자신을 위해 거룩케 된 것이 아니다. 거룩이란 예수님의 생수가 우리를 통해 흘러나오는 샘이 되도록 우리가 예수님 안에 거하는 것이다. 이를 위해 예수 그리스도와 일치되는 것이 거룩이다.

"우리가 하나가 된 것같이 그들도 하나가 되게 하려 함이니이다" 요 17:22.

우리는 하나님의 목적하신 것 외에 다른 목적으로 거룩의 체험을 추구해서는 안 된다.

죄사함은 지극히 거룩한 보좌에 나아갈 수 있는 입구로서 하나님의 선물이다. 거룩도 하나님의 선물이다. 사람은 자신의 영혼을 스스로 구원하거나 자신의 죄를 용서할 수 없다. 자신의 힘으로 기도를 통해 하나님을 불러낼 수 없다. 자신을 거룩케 할 수 없다. 그러나 하나님께서 구속을 통해 이 모든 것을 하신다.

당신은 주님께서 이루신 것만을 의지하는가? 그렇다면 새로운 능력이 구속을 통해 당신에게 풍성하게 흐를 것이다. 그 측량할 수 없는 풍성함은 당신의 실질적인 삶 가운데 나타날 것이다. 그리스도인의 믿음이란 그리스도께서 이루신 역사의 효력에 확신과 신뢰를 두는 것을 의미한다.

하나님께서는 우리가 그리스도의 피로 말미암아 구속을 얻었다고 말씀하신다엡 1:7. 당신은 주님의 말씀을 전적으로 의지하고 자신을 하나님께 의탁하는가? 하나님께서 "우리가 예수의 피를 힘입어 성소에 들어갈 담력을 얻었다고" 하시니 당신은 믿음으로 더욱 하나님께 가까이 가는가? 주님께서 주의 피로 우리를 거룩하게 하셨으니 우리는 얼마든지 가장 거룩한 보좌로 언제든지 나아갈 수 있다.

"그러므로 예수도 자기 피로써 백성을 거룩하게 하려고 성문 밖에서 고난을 받으셨느니라"히 13:12.

당신은 예수님을 믿는가? 예수님께서 당신을 거룩케 하셨기 때문에 이제 실질적으로 바울이 말한 것을 이해하게 된다.

"너희는 하나님으로부터 나서 그리스도 예수 안에 있고 예수는 하나님으로부터 나와서 우리에게 지혜와 의로움과 거룩함과 구원함이 되셨으니"고전 1:30.

거룩은 우리가 예수님을 흉내를 내서 되는 것이 아니라 주님으로부터 부여받는 것이다. 거룩은 예수님의 선물이다. "당신 안에 형성되신 그리스도"가 거룩이다. 예수님은 우리에게 주님 안에 있던 생명을 기업으로 주셨다.

"그러나 인자가 올 때에 세상에서 믿음을 보겠느냐"눅 18:8.

여기서 믿음이란 모든 혼돈과 이해할 수 없는 상황 가운데서도 여전히 주님만을 의지하겠는가 하는 것이다. 그렇지 않다면 사실 당신은 이렇게 말하는 것이다.

"아니요, 주님. 나는 한 순간도 주님을 신뢰하지 않았습니다. 종교적인 상투어를 많이 나열하였고 내 속은 더러워도 밖으로는 종교적

가면을 쓰고 있었습니다. 그러나 나는 주님이 말씀하신 그 어느 것도 확신을 하지 않았습니다."

우리는 기독교를 겉으로만 보이는 종교로 만들어버렸다. 그러나 참된 기독교는 예수님의 영예를 위해 우리의 목숨까지 다 바치는 것이다. 예수님의 영예는 모든 시간, 심지어 죽음을 건너 영원까지 우리와 함께하시며 보호하시겠다는 약속을 지키시는 것이다. 당신은 주님이 말씀하시는 대로 믿고 받아들이는가? 아니면 주님의 말씀을 전혀 알아듣지 못하는 영적 지체아인가?

예수님과 얼굴을 맞대고 설 때 주께서 말씀하실 것이다.

"이것을 네가 믿느냐"요 11:26.

그때 우리의 믿음은 숨을 쉬는 것처럼 자연스러울 것이다. 따라서 우리는 말한다.

"그럼요, 주님."

그러면서 과거에 왜 주님을 믿지 못하고 그토록 어리석었는지 자신에 대해 고개를 저으며 놀라게 될 것이다.

06

낭패케 하시는 하나님

"내 백성이 끝끝내 내게서 물러가나니 비록 그들을 불러 위에 계신 이에게로 돌아오라 할지라도 일어나는 자가 하나도 없도다 에브라임이여 내가 어찌 너를 놓겠느냐 이스라엘이여 내가 어찌 너를 버리겠느냐 내가 어찌 너를 아드마같이 놓겠느냐 어찌 너를 스보임같이 두겠느냐 내 마음이 내 속에서 돌이키어 나의 긍휼이 온전히 불붙듯하도다 내가 나의 맹렬한 진노를 나타내지 아니하며 내가 다시는 에브라임을 멸하지 아니하리니 이는 내가 하나님이요 사람이 아님이라 네 가운데 있는 거룩한 이니 진노함으로 네게 임하지 아니하리라"호 11:7-9.

하나님을 알던 성도가 주님으로부터 멀어지면 하나님께서는 상황을 조장하셔서 그 성도를 낭패케 만드신다. 하나님에 의해 장애물이 놓이게 되면 그 사람은 당황하게 된다. 이러한 수단을 사용하셔서 하나님께서는 그 사람의 영에게 말씀하신다.

"내 아들아, 그 길이 아니다. 만일 계속 그 길로 고집하며 가면 너는 목이 부러져 패망하게 될 것이다."

이러한 체험으로 인해 성도는 쉽게 다른 길로 갈 수 없다. 서서히 엄청난 기간에 걸쳐 타락할 수 있고 잘못된 가치관을 가지게 될 수는 있어도 만일 하나님의 손길에 의해 낭패를 경험한다면 그렇게 쉽게 타락할 수는 없다.

"사악한 자의 길은 험하니라" 잠 13:15.

하나님의 모성적인 애착

"이스라엘이 어렸을 때에 내가 사랑하여" 호 11:1.

하나님의 모성적인 사랑이 성경을 통해 계속 나타난다. 이 내용은 얼마나 귀하고 아름다운지 말로 다 표현할 수 없다.

"여호와께서 말씀하시기를 내가 자식을 양육하였거늘" 사 1:2.

"어머니가 자식을 위로함같이 내가 너희를 위로할 것인즉" 사 66:13.

"내가 너를 위하여 네 청년 때의 인애와 네 신혼 때의 사랑을 기억하노니" 렘 2:2.

사람이 하나님의 영으로 거듭나면 그의 눈에는 하나님의 손길이 보이기 시작한다. 그 손길을 보면서 주의 자녀들은 모든 상황 속에서 감탄할 일들을 무한하게 발견하게 된다. 이처럼 거듭난 영적 존재가 된다는 것은 얼마나 큰 기쁨인지!

우리는 모두 하나님의 모성적인 애착을 느낀다. 그럼에도 불구하고 당신은 하나님의 모성적인 사랑과 손길로부터 벗어나고 있는 것은 아닌가?

"내 백성이 끝끝내 내게서 물러가나니 비록 그들을 불러 위에 계신 이에게로 돌아오라 할지라도 일어나는 자가 하나도 없도다"호 11:7.

'물러가는 것' 또는 '타락'이란 우리의 마음이 최선에서 차선으로 가는 것을 말한다. 과거에는 하나님과 제일 가까웠는데 지금은 하나님보다 더 가까운 것이 생겼다. 이것이 타락이다. 곧 최선이 아닌 다른 차선이 당신 마음속에 들어온 것이다. 이때를 조심하라. 이 상태가 유지되면 비참을 피할 수 없기 때문이다. 하나님께서는 타락하는 당신을 대항해 당신의 개인 생활 및 가정, 직장에서 낭패를 당하게 하신다. 당신은 사면초가의 상황에 빠지게 된다. 하나님을 알지 못하는 사람의 인생에는 이러한 일들이 발생하지 않는다. 그들의 삶과 당신의 삶을 가만히 비교해보라.

"사람들이 당하는 고난이 그들에게는 없고 사람들이 당하는 재앙도 그들에게는 없나니"시 73:5.

만기된 상태

"내 백성이 끝끝내 내게서 물러가나니"호 11:7.

사십 세 이상의 사람들을 판단하듯이 이십 세 미만의 사람들을 판단하지 말라. 아직 충분한 어른이 되기까지 그들의 악이나 선이 다 드러나지 않았기 때문이다. 그러나 어느 정도 나이가 들면 그 사람들이 행하는 악이나 덕은 더 이상 우연히 발생하는 것이 아니다. 왜냐하면 그들 안에는 악이나 덕이 충분히 쌓여 있기 때문이다. 영적으로도 마찬가지이다. 한동안 하나님께서는 자녀들의 실수와 잘못을 간과하신다.

"알지 못하던 시대에는 하나님이 간과하셨거니와 이제는 어디든지 사람에게 다 명하사 회개하라 하셨으니"행 17:30.

그러나 오랜 기간을 지나면서 허물과 죄악이 계속되면 그 만기가 차면서 하나님께서 더 이상 용납하지 않으신다. 솔로몬이 끝없이 이 방신을 좇자 성경은 그에 대해 의미심장한 말을 한다.

"솔로몬의 나이가 많을 때에 그의 여인들이 그의 마음을 돌려 다른 신들을 따르게 하였으므로"왕상 11:4.

이러한 솔로몬에게 하나님께서는 낭패스러운 일들을 발생시키시고 솔로몬을 대항하는 원수들을 일으키셨다. 따라서 솔로몬은 혼돈과 고생에 빠지게 된다.

종교적인 자세를 취하는 것은 아주 쉽다. 그러나 우리가 조심해야 하는 것은 우리 마음의 기질이다. 기질은 그 자체가 악에 속한 것은 아니지만 종종 하나님을 섬기는 과정에서 우리의 마음을 주님께로부터 멀어지게 한다. 어떤 사람이 많은 사람들을 전도하여 사람들을 얻을 수 있다. 그러나 본인은 자신의 기질 때문에 스스로 하나님을 멀리 떠난다.

예를 들어 그의 헌신에 문제가 생기고 그의 비밀스러운 연약함이 빛으로 드러나면서 그의 마음은 하나님을 떠난다. 만일 지옥으로부터 구원받기만을 위해 예수님을 믿었다면 그 사람은 얼마 안 가서 예수님을 버릴 것이다. 그 이유는 예수님의 목적이 자신의 목적과 다르고 예수님의 말씀이 자신의 마음속의 기질과 부딪히기 때문이다.

옳은 일을 하는 동기가 잘못된 것일 수 있다. 많은 잘못된 일들이 악한 동기가 없이 단순한 실수에 의한 것이기도 하다. 그러나 마음의 잘못된 기질은 어쩌다가 생기는 것이 아니다. 이는 결심을 하고 하나님 자리에 다른 뭔가를 세운 것이다. 사람은 외적인 종교생활에서 볼 때 옳게 보일 수 있다. 화려한 신앙 경력을 소유할 수 있다. 그러나 하나님을 향한 그의 마음은 얼마든지 부패할 수 있다. 마음이 무디어지고 무감각해지는 것은 아주 무서운 일이다. 죄는 우리가 죄를 짓고 있다는 사실을 아는 능력마저 파괴한다. 죄는 죄를 합리화한다. 하나님과 바른 관계에 있지 않으면서 분위기만 종교적인 사람들은 영적 위선과 교만에 빠진 사람들이다.

반대 세력을 다스리시는 하나님

"그들은 사자처럼 소리를 내시는 여호와를 따를 것이라"호 11:10.

주의 백성들이 죽음과 요란과 재난을 당하면 하나님께 질문한다. 이에 주께서 말씀하신다.

"너희들 모두 나를 다시 따르라."

만일 어떤 성도가 끝까지 의도적으로 하나님보다 우상을 앞세우고 하나님 앞에 겸손히 행치 않으면 하나님께서는 그를 대항해 반대 세력을 세우신다. 그 사람을 향한 원수들을 일으키신다. 하나님을 알지 못하는 원수들의 손에 주의 자녀를 빠져들게 한다. 만일 당신이 주의 백성이 아니라면 당신이 죄악 가운데 행하더라도 아무런 탈이 없겠지만 당신은 하나님의 것이기 때문에 하나님께서 결코 그냥 두지 않으신다. 당신의 모든 상황을 섭리하셔서 죄악으로부터 나오도록 역사하실 것이다.

예수님께서는 당신이 주님을 안다고 하면서 위선을 행하고 참된 열매를 맺지 않으면 하늘 아버지께서 당신을 제거하시든 주변의 사람들이 당신을 모아 불로 태울 것이라고 말씀하셨다. 하나님께서는 사람의 위선을 너무 잘 아시며 위선에 결코 속지 않으신다. 심판은 하나님의 집에서부터 시작한다. 하나님의 심판이 두렵다면 다른 사람들이 하나님 앞에서 바로서려고 할 때 그들을 막는 장애물이 되지 말라.

"너희에게 아직 빛이 있을 동안에 빛을 믿으라" 요 12:36.

영적으로 어두울 때 본 것을 버리라. 그러나 영적으로 최상의 상태에 있었을 때 무엇을 보았다면 믿으라. 당신의 마음의 기질을 언제나 살피라. 왜 기도하는가? 왜 종교적인 모습을 보이려고 하는가? 특별한 주장을 위해 타오르는 열정을 내고 있는가? 아니면 예수 그리스도를 위해 열정이 타고 있는가? 당신이 종교적이라면, 구세주이신 주님보다 구원의 여러 방법이나 계획에 대한 당신의 예리함을 자랑하려고 할 것이다. 이러한 사람이 되지 않도록 조심하라.

07

하나님과 보조 맞추기

"에녹이 하나님과 동행하더니 하나님이 그를 데려가시므로 세상에 있지 아니하였더라"창 5:24.

참된 신앙생활과 성품은 어떤 예외적인 때 무엇을 하는가에 달려 있지 않고 신나는 일도, 조명 받는 일도 없는 평범한 때 무엇을 하는가에 달려 있다. 세례 요한이 예수님께서 '다니심'을 보면서 말한다.

"보라 하나님의 어린양이로다"요 1:36.

하나님과 동행하는 것을 배울 때 가장 어려운 것은 하나님과 보조를 맞추는 것이다. 주님과 보조를 맞추게 되면 우리의 삶에서 하나님의 특성이 나타나기 시작한다. 성경은 구원뿐 아니라 하나님의 자녀됨을 가르치고 있다. 하나님의 자녀라면 모든 상황에서 하나님을 닮아 하나님처럼 생각하고 행해야 한다.

개인적 낙심과 인격의 성장

"모세가 장성한 후에 한번은 자기 형제들에게 나가서 그들이 고

되게 노동하는 것을 보더니 어떤 애굽 사람이 한 히브리 사람 곧 자기 형제를 치는 것을 본지라"출 2:11.

모세는 애굽의 모든 학문과 지혜를 배운 자였다. 힘도 강하였으며 위대한 정치가였다. 한번은 그가 자기 백성들이 핍박을 당하는 것을 보면서 하나님께서 자기를 그들의 구원자로 부르셨다고 느꼈다. 모세는 의분을 느끼며 애굽의 불의를 고치려고 행동하기 시작했다. 그러나 하나님은 절대로 서두르지 않으신다. 하나님께서는 하나님을 위해, 그리고 의를 위해 큰일을 치른 모세를, 그가 이스라엘 백성을 구원할 유일한 사람임에도 불구하고 양을 치는 광야로 이끄셨다. 그리고 사십 년 동안 그곳에 모세를 두셨다. 모세는 그곳에서 철저하게 낙심하게 된다.

그 후 갑자기 하나님께서 그에게 나타나셔서 백성들을 이끌고 나오라고 말씀하신다. 이때 모세가 말한다.

"내가 누구이기에 바로에게 가며 이스라엘 자손을 애굽에서 인도하여 내리이까"출 3:11.

과거에 자신만만하던 모세는 사라지고 그 자리에 자신 없는 모세가 서 있다. 처음에 모세는 자신이 이스라엘을 구원할 사람이라고 스스로 확신했다. 그리고 실제로 그렇게 행동했다. 그러나 사실 그때 모세는 하나님 앞에서 이스라엘을 구원할 자격이 되어 있지 않았다.

그 이유는 하나님과 보조를 맞추지 않고 자기 멋대로 주의 백성을 구원하려고 했기 때문이다. 모세의 의도는 개인적으로는 옳았을 수도 있겠지만 그는 하나님과 교통하며 일하는 법을 배워야 했다. 이 교훈을 배우는 데 광야에서 사십 년이 걸린 것이다. 이 과정을 통해 모세는 인격적으로 놀랍게 성장했다.

우리는 하나님을 만났던 비전이 있다. 그때 우리는 하나님께서 무엇을 원하시는지 분명히 이해했다. 잘못된 성품들이 시정되고 죄인들이 구원을 얻으며 성도들이 거룩해지는 것이 하나님의 뜻임을 확신했다. 이제 주님의 뜻을 안다고 확신하고 스스로 길을 찾아 무엇인가를 하기 시작한다. 그런데 사십 년의 광야에 해당하는 때가 찾아온다. 낙심과 재난과 분노가 생긴다. 마치 하나님께서 모든 것을 다 쓸어버리시는 것 같다. 그래서 우리는 철저하게 좌절해 쓰러진다. 이때 하나님께서 다시 찾아오셔서 소명을 새롭게 하신다. 그러면 우리는 떨리는 목소리로 말한다.

"주님, 제가 누구관대 가야 합니까?"

우리는 하나님과의 동행에서 가장 위대한 첫 번째 발걸음을 맞추어야 한다. 그 위대한 첫 발걸음은 "나는 여호와 스스로 있는 자라. 스스로 있는 자가 너를 보내노라"는 것이다. 이는 하나님을 위한다고 하면서 앞서 행하는 우리의 독자적인 수고가 주제 넘는 것임을 깨닫는 것이다. 우리의 독자성은 하나님과 바른 인격적 관계가 맺어질 때 잿더미로 변한다. 보통 이 자리까지 가는 데 오랜 시간이 걸린다.

하나님 없이 독자적으로 행하고자 하는 사람은 하나님과 인격적인 연합을 갖는 사람으로 바뀌어야 한다. 그래야 하나님과 동행할 수 있다. 하나님의 발걸음과 보조를 맞추어 주님과 동행하면 그때서야 하나님의 능력이 그를 통해 나타나기 시작한다.

"나는 너희로 회개하게 하기 위하여 물로 세례를 베풀거니와 내 뒤에 오시는 이는 나보다 능력이 많으시니 나는 그의 신을 들기도 감당하지 못하겠노라 그는 성령과 불로 너희에게 세례를 베푸실 것이요."마 3:11.

세례 요한처럼 모세는 이것을 배워야만 했다. 예수님께서도 제자들에게 같은 교훈을 가르치셨다.

"너희가 나를 택한 것이 아니요 내가 너희를 택하여 세웠나니 이는 너희로 가서 열매를 맺게 하고 또 너희 열매가 항상 있게 하여 내 이름으로 아버지께 무엇을 구하든지 다 받게 하려 함이라"요 15:16.

주님은 다시 강조한다.

"내게 주신 영광을 내가 그들에게 주었사오니 이는 우리가 하나가 된 것같이 그들도 하나가 되게 하려 함이니이다"요 17:22.

우리 중에 얼마나 많은 사람들이 하나님과 보조를 맞추며 동행하기 위해 이러한 광야의 체험을 했는가? 우리는 비전이 있고 거기에 참생명이 있는 것을 알면서도 일을 하는 과정에서 하나님과 보조를 맞추지 않는다. 주님께로부터 눈을 떼고 개인적인 면에 눈을 고정하기 시작한다.

"이것이 하나님께서 내게 하라고 하신 일이지."

그러나 이 확신이 젊은 모세처럼 독자적인 해석일 수 있다. 하나님을 이해한다고 확신하면서 스스로 노력하는 일들은 보통 우리의 오해일 때가 많다. 이때 우리는 기도를 통해 우리의 생각대로 하나님께서 이렇게 저렇게 하셔야 한다고 지시를 내린다. 그러나 이러한 독자적인 상태에 있게 되면 결국 끝없는 낙심을 겪게 될 것이다. 오직 하나님과의 인격적인 연합을 배울 때에야 낙심과 실망에서 벗어날 수 있다. 오직 하나님과의 인격적인 연합을 통해 우리는 예외적으로 인격이 넓어지는 체험을 한다. 성령은 우리가 하나님과 보조를 맞추어 동행하도록 하기 위해 우리 마음에 하나님의 사랑을 부으신다.

"하나님이 세상을 이처럼 사랑하사…"요 3:16.

개인적인 삶, 가정에서의 삶, 국가에서의 삶, 내게 일어나는 개별적인 사건에 대한 나의 자세 등 이러한 모든 것에 전능자께서 별로 관심을 갖지 않으신다는 것을 깨닫는 데 오랜 시간이 걸린다. 나는 서서히 하나님께서 나의 편견을 무시하시고 나의 독자성을 완전하게 지워버리시는 것을 알게 된다.

하나님의 인도하심과 인격적 표현

"주의 영이 나를 들어올려 데리고 가시는데 내가 근심하고 분한 마음으로 가니 여호와의 권능이 힘 있게 나를 감동시키시더라"겔 3:14.

에스겔 선지자가 하나님의 신에 의해 영감을 받으니 하나님의 메시지가 그의 마음속에서 타오른다.

"백성들에게 가서 주께서 말씀하신 것을 말하리이다."

그러나 에스겔이 백성들에게 갔을 때 그는 어리둥절한 가운데 칠일 동안 벙어리가 된다. 모든 메시지가 그로부터 떠나고 그는 한마디 말도 하지 못한다. 그는 분명히 충분한 영감을 받았으며 하나님에 의해 이끌렸다. 하나님의 타오르는 메시지가 그의 마음속에 있었다. 그러나 그가 포로가 된 동료들을 보았을 때 그가 할 수 있었던 것은 단지 직면한 상황 가운데 백성들과 함께 앉아 메시지를 전할 기회만 엿볼 뿐이었다. 에스겔은 그들을 향한 메시지가 있었다. 그러나 그는 그 특별한 상황 가운데 하나님의 말씀을 표현하지 못했다. 그 이유는 주님과의 대화가 없었기 때문이다. 그래서 칠 일 동안 벙어리처럼 있었다. 이제 에스겔의 자세는 "내가 여전히 주님의 메시지를 전해야 하는 것이 맞습니까?" 하는 것이었다. 이때 하나님께서 말씀하셨다.

"그렇다. 이제 네가 네 개인의 비통한 심령으로부터 자유하게 되었으니 나의 의도를 정확하게 알려주도록 하라."

에스겔은 같은 메시지를 가지고 있었지만 하나님의 영감에 의해 지시를 받으면서 모든 것을 다르게 이해할 수 있었다.

우리는 하나님으로부터 타오르는 영감을 받는다. 우리는 어떤 것이 잘못되었는지 확실하게 본다. 우리는 하나님께서 잘못된 것들을 용납하지 않으신다는 것도 안다. 그러나 이러한 부패와 불의를 어떻게 바르게 다루어야 하는지 알지 못한다. 우리는 주께서 알려주신 방향도 알고 하나님께서 사람들이 구원받아야 한다고 말씀하신 것도 안다.

그러나 우리가 에스겔처럼 사람들에게 갈 때 기억해야 하는 것은 그곳에서 우리도 영적 분별력과 그들을 판단할 능력을 잃게 될 위험이 있다는 사실이다. 그 이유는 그들이 그들의 죄로 인해 겪는 비통을 보면서 하나님의 메시지를 전해야 한다는 것을 잊는 것이다. 하나님께서 말씀하신다.

"기억하라. 나는 거룩한 하나님이니 네가 먼저 나와 함께 온전한 관계를 맺은 후, 나의 메시지를 알리라."

예수님께서 서기관들과 바리새인들에게 "뱀들아 독사의 새끼들아 너희가 어떻게 지옥의 판결을 피하겠느냐"마 23:33라고 하신 말씀은 개인적인 미움이나 복수심에서 하신 것이 아니다. 그들의 피할 수 없는 상황 곧 예수님께서 그들 앞에 하나님을 보여주셨는데도 예수님을 버리고 멸시하는 상황 가운데서 이 말씀을 하신 것이다. 이 말씀은 갈보리에서 죽으신 그분에 의한 것으로서 십자가의 빛 아래에서 받아들여야 한다.

불가해한 재난과 인격적인 체험

"사흘 동안 보지 못하고 먹지도 마시지도 아니하니라"행 9:9.

다소의 사울은 완전히 쓰러졌다. 그는 하나님과 동행하기 위한 쉼을 얻기 위해 삼 일이나 쉬어야 했다. 바울이 누구였던가? 바리새인 중의 바리새인이었다. 최고로 양심적인 사람이었으며 가장 신뢰할 만한 거룩한 사람이었다. 객관적으로 가장 양심적인 사람이 있었다면 아마 바울이었을 것이다. 그러나 그의 곧은 양심으로 한 행동은 교회를 핍박하는 것이었다.

"나도 나사렛 예수의 이름을 대적하여 많은 일을 행하여야 될 줄 스스로 생각하고"행 26:9.

바울은 자신의 양심을 따르기 위해 예수 그리스도를 믿는 자들을 죽음으로 던졌다. 이제 그에게 재난이 닥쳤다. 그의 세계는 완전히 가루로 무너졌다. 하나님께서 그를 사로잡으셨다.

그러나 바울의 모든 삶을 전복시키는 불가해한 재난을 통해 하나님께서는 바울로 하여금 주님을 인격적으로 만나게 하셨다.

"그러나 내 어머니의 태로부터 나를 택정하시고 그의 은혜로 나를 부르신 이가 그의 아들을 이방에 전하기 위하여 그를 내 속에 나타내시기를 기뻐하셨을 때에 내가 곧 혈육과 의논하지 아니하고"갈 1:15-16.

삼 년 동안 바울은 시내 광야에 있었다. 그리고 그곳에서 성령에 의해 후에 그의 서신이 되는 내용들을 받게 되었다.

하나님과 보조를 맞추며 동행하는 것은 고통스러운 일이다. 이는 마치 도덕적으로나 영적으로 '두 번째 광풍'을 맞이하는 것을 의미한다. 우리가 하나님과 동행하기 시작하면 세 발걸음을 떼기도 전에 하나님은 벌써 저 앞에 가 계신다. 주님은 인간의 생각과 다르게 행하시기 때문에 우리는 그분의 방법에 익숙해져야 하고 그에 따라 훈련 받아야 한다. 예수님에 대해 성경은 "그는 쇠하지 아니하며 낙담하지 아니하고"라고 예언한다사 42:4. 그 이유는 주님께서는 절대로 자신의 개인적인 입장에서 일하지 않으시고 언제나 아버지의 관점에서 일하시기 때문이다. 실망이란 '망상에서 벗어난 이기주의'이다. 진리는 지적인 논리로 배우게 되지 않고 주위의 상황에 의해 배우게 된다. 하나님의 영은 상황과 사건을 보는 관점을 바꾸어주신다. 그래서 전에는 불가능했던 것이 가능하기 시작한다.

당신이 만일 실망의 기간을 지나고 있다면 당신 앞에 커다란 인격적 성장이 있을 것이다. 우리는 신유, 거룩, 재림 등과 보조를 맞추어야 한다. 다 옳은 것이다. 그러나 하나님과의 보조는 다름 아닌 하나님과의 연합을 의미한다.

08

근원 되시는 분께
마음을 집중하라

"또한 그런 자들은 높은 곳을 두려워할 것이며 길에서는 놀랄 것이며 살구나무가 꽃이 필 것이며 메뚜기도 짐이 될 것이며 정욕이 그치리니 이는 사람이 자기의 영원한 집으로 돌아가고 조문객들이 거리로 왕래하게 됨이니라" 전 12:5.

솔로몬은 인생의 마지막 순간들을 서술하고 있다. 모든 기력은 사라지고 작은 것 하나라도 감당할 수 없이 무겁기만 하다. 이러한 순간들은 자연스럽게 찾아오며 그 무엇으로도 이러한 순간이 찾아오는 것을 막을 수 없다. 이러한 때가 되면 참으로 짜증 나고 우울하기만 한다. 파리와 모기마저 사탄보다 더 귀찮은 존재가 된다. 영적으로도 마찬가지이다. 작은 사건 하나마저 우리를 괴롭게 한다. 또한 견딜 만한 힘도 없다.

위의 구절은 사람의 영혼 위에 드리워지는 그림자를 그려준다. 그가 잘못을 했거나 크게 타락했기 때문이 아니다. 분명한 이유가 없다. 그러나 모든 것이 귀찮다. 이제는 비전도, 힘도, 기대할 것도 없다. 마음은 납덩어리처럼 무겁고 얼음덩어리처럼 차가운데 그 이유를 알 수 없다. 좁아져서 좁쌀 만한 마음이 되어 작은 일에도 쉽게 짜증을 낸다. 무엇에든지 화를 낸다.

"이것이 결국 무슨 유익이 있단 말인가? 나의 의무를 다해봤자 무슨 소용이 있지? 기도하고 하나님을 믿어도 무슨 소용이 있는가?"

이러한 마음 상태는 성경에도 여러 차례 기록되어 있고, 또한 실제 우리의 삶 속에서도 종종 체험되는 것들이다. 마찬가지로 당신은 언제라도 '완전한 좌절'을 느낄 때가 있을 것이다. 당신은 그 이유를 알 수 없다. 그러나 이러한 증상은 영적으로 뭔가 잘못되고 있다는 뜻이다.

가던 길에서 지침

"우리가 선을 행하되 낙심하지 말지니 포기하지 아니하면 때가 이르매 거두리라"갈 6:9.

사람이 큰 죄를 지으면 지겨운 삶을 살도록 벌을 받게 된다. 이것이 벌이 가지고 있는 독특한 점이다(삼손의 삶을 보라). 우리는 죄를 범한 자들이 겪는 지겹고 단조로운 삶을 잘 알고 있다. 그러나 바울은 "선을 행하되 낙심하지 말라"고 말한다. 죄를 지은 결과로 지치고 낙심되는 상황에 처하게 된다면 그 상황은 이해가 간다. 그런데 이유를 알 수 없는 낙심과 좌절이 찾아온다. 갑자기 모든 흥미와 관심을 잃어버린다. 모든 것을 제대로 한 것 같은데 지친다. 의욕이 없다. 마무리하고 싶은 일도 없다. 모든 것을 체념한다. 이러한 상태는 영혼이 병든 상태이다.

그렇다면 치유책은 무엇인가? 그것은 바른 비전을 회복하는 것이다. 모든 사람은 자신의 피곤함을 죽일 수 있는 힘이 있다. 신체에서 힘이 빠지면 부추겨 세우면 된다. 정신적으로 체념이나 의욕 상실이 생기면 현재 상황을 다른 각도에서 바라보게 함으로 갑자기 힘을 얻게 할 수 있다.

"내 영혼아 네가 어찌하여 낙심하며 어찌하여 내 속에서 불안해하는가 너는 하나님께 소망을 두라 나는 그가 나타나 도우심으로 말미암아 내 하나님을 여전히 찬송하리로다"시 42:11.

하나님께서 모든 것을 주관하시며 다스리시며 기뻐하신다는 사실을 먼저 기억하라. 그리고 하나님의 기쁨이 나의 힘이 된다는 사실을 깨달으라. 이를 깨닫는다면 한 영혼이 의욕 상실에서 벗어나는 데 큰 도움을 얻을 것이다. 그리스도인의 확신은, 하나님께서는 결코 실망하지 않으신다는 사실이다.

"온갖 좋은 은사와 온전한 선물이 다 위로부터 빛들의 아버지께로부터 내려오나니 그는 변함도 없으시고 회전하는 그림자도 없으시니라"약 1:17.

하나님은 당신께 절대로 실망하지 않으신다.

길에서의 쓸모없는 낭비

"어두울 때 퍼지는 전염병과 밝을 때 닥쳐오는 재앙을 두려워하지 아니하리로다"시 91:6.

현대 기독교 용어 사전에서는 과거에 수도승이 말하던 '게으름의 죄'에 대한 의식이 사라졌다. 대낮에 게으름에 대한 죄의식이 사람을 사로잡으면 그 사람은 갑자기 감당할 수 없을 만큼 짜증을 낸다. 가장 분명치 않으면서도 모든 것을 가장 비참하게 만드는 것은 게으름이다. 단테는 지옥의 맨 밑바닥에 낙심과 게으름의 죄에 빠진 자들이 있다고 말한다. 인생길에서의 황폐는 혈기, 우울증, 짜증 등으로부터 오는데 이때 당신은 자신을 추스르지 못한 것이다. 만일 낙망 가운데 가만히 앉아 있기만 한다면 당신은 주변의 모든 사람들에게 암적 존재가 될 것이다.

예배로부터 방황함

"만일 안식일에 네 발을 금하여 내 성일에 오락을 행하지 아니하고 안식일을 일컬어 즐거운 날이라, 여호와의 성일을 존귀한 날이라 하여 이를 존귀하게 여기고 네 길로 행하지 아니하며 네 오락을 구하지 아니하며 사사로운 말을 하지 아니하면" 사 58:13.

맑은 영혼 가운데 하나님을 알고 하나님을 뵈었다면 당신이 주님으로부터 조금이라도 멀어지는 순간에 피곤이 찾아온다. 영적인 삶 가운데 위험은 결과를 원인으로 만드는 것이다. 주님을 위해 '잘하려는 것'을 나의 목표로 삼는 순간에 나는 피곤에 빠진다. 바른 자세는 주님께로부터 눈을 떼지 않는 것이다.

"우리는 우리를 전파하는 것이 아니라 오직 그리스도 예수의 주 되신 것과 또 예수를 위하여 우리가 너희의 종 된 것을 전파함이라" 고후 4:5.

우리의 눈을 주님으로부터 떼는 즉시 우리는 피곤함과 낙심에 빠지게 된다. 따라서 우리가 낙심하지 않고 지치지 않을 수 있는 유일한 비결은 전능하신 하나님의 그늘 아래 거하는 것이다. 그곳에서 하나님을 향해 철저한 확신을 갖는 것이다. 결과에 신경 쓰지 말라. 오직 주님과의 바른 관계에만 신경 쓰라.

모든 가정 및 모든 기독교 공동체에서 성일을 거룩하게 지키는 것은 우리를 다스리시는 머리가 하나님이심을 온 세상에 자랑스럽게 선포하는 것이다.

당신이 한때 가졌던 맑은 비전을 놓치면 당신은 피곤에 지쳐 쓰러지게 될 것이다. 당신이 영적으로 최상의 상태에 있었을 때 당신은 분명하게 무엇인가를 보았다. 그때 당신이 본 것을 믿으라. 영적 침체에 빠진 상태에서 본 것을 믿지 말라.

"너희에게 아직 빛이 있을 동안에 빛을 믿으라"요 12:36.

종종 당신에게 도전과 힘을 주는 사람들은 당신의 피곤함과 방황을 무자비할 정도로 허용하지 않는 자들이다. 뚜렷한 이유 없이 낙심에 빠지는 것은 사악한 것이다. 당신이 신체적으로 병이 들거나 아프다면 그것은 다른 방법으로 해결해야 할 것이다. 그러나 특별한 이유도 없이 지치고 힘이 빠진다면 보통 그 이유는 당신이 빛과 관련해 해야 할 작은 일들을 방치했기 때문이다. 예를 들어, 개인의 기도 시간, 예배, 주님을 위해 꼭 해야 하는데 게으름으로 방치한 일들이 있다.

이러한 작은 것들이 당신을 낙심케 하고 힘빠지게 한다. 물론 이러한 부분은 뚜렷한 죄도 아니며 분명하게 드러나는 부분도 아니다. 그러나 내가 아는 최고의 분으로부터 내 눈을 조금이라도 떼려는 것이기 때문에 이러할 때마다 나의 영혼 속에는 무의식적인 슬픔이 찾아오는 것이다.

인간관계를 점검하기 전에 먼저 하나님을 투명하게 볼 수 있도록 당신 자신의 비전을 맑게 하라. 그러면 당신은 당신이 만나는 모든 자들에게 축복이 될 것이다.

"나를 믿는 자는 성경에 이름과 같이 그 배에서 생수의 강이 흘러나오리라"요 7:38.

당신이 다른 사람에게 축복이 되는지 안 되는지 알려고 하지 말라. 단지 근원 되시는 분께 당신의 마음을 두라. 그러면 당신이 알지 못하는 사이에 당신으로부터 생수의 강이 흘러나오게 될 것이다. 만일 당신이 근원 되시는 분으로부터 스스로를 차단하고 하나님으로부터 멀어진다면, 당신은 곧바로 지치게 되고 피곤하게 되면서 많은 사람들에게 피해를 끼치게 될 것이다. 의욕 상실로 인한 영적 공동체에 미치는 피해는 전염병처럼 매우 무서운 것이다.

내가 아는 최고의 분 곧 우리 하나님을 향한 예배로부터 방황하지 않도록 언제나 자신을 살펴보라. 방황하게 될 때는 다른 사람들에게 악한 영향을 미치게 된다는 사실을 기억하라. 영적으로 최고의 자리에 있더라도 지겨움과 피곤함은 언제든지 나를 쓰러뜨릴 수 있다. 그리고 이 병으로 쓰러지게 되면 다른 사람들에게도 막대한 악영향을 미치게 된다. 따라서 조금이라도 피곤과 낙심을 느낀다면 당장 공기가 있고 빛이 있고 참된 자유함이 있는 하나님 존전으로 나아가라. 거기에는 언제나 다른 사람에게까지 미칠 수 있는 영감이 흘러넘친다.

역자후기

그리스도가 이끄는 삶으로 나아가라

오늘날 그리스도인들의 가장 큰 문제는 삶이 이원화되어 있다는 것이다. 이로 인해 많은 부작용들이 발생한다. '위선자'라는 말을 듣기도 하고, 죄악의 유혹을 이기지 못해 결국 인생을 망치기도 한다. 거듭난 그리스도인이라면 하나님을 향한 진심이 반드시 있기 마련이다. 그런데 복음의 능력을 체험한 적도 없고 그 능력을 어떻게 발휘해야 할지 깨달음이 없어서 언제나 죄악에 패배하는 인생을 살 수 있다. 믿음이 없는 게 아닌데도 영적 지식이 없어 그럴 수 있는 것이다.

「오스왈드 챔버스 도움의 장소」를 번역하면서, 이 내용은 올바른 영적 지식을 갈구하는 사람들에게 큰 도움을 줄 것이라는 확신을 갖게 되었다. 이 책은 복음의 능력이 삶 속에 적나라하게 나타날 수밖에 없도록 깊은 깨달음을 주기 때문이다. 개인적으로는 지금까지 이 글만큼 복음의 능력을 증거하는 글을 접한 적이 없다. 이 글을 통해 저자인 오스왈드 챔버스의 깨달음이 나의 삶 가운데 구체적으로 적용되는 것을 체험했다. 너무나 깊고 철저하게 복음적인 내용이 내 삶의 구석구석에 적용되어, 다시 한 번 저자의 통찰력과 지혜에 감탄하게 되었다.

번역을 마무리하면서 내 마음에 「오스왈드 챔버스 도움의 장소」를 한마디로 요약하는 주제가 떠올랐다. 그것은 바로 '그리스도가 이끄는 삶'이다. 이 책은 정확하게 '그리스도가 이끄는 삶'의 전반적인 영역을 다루고 있다.

오스왈드 챔버스는 "그리스도께서 내 안에 사신다"갈 2:20는 진리를 분명하게 풀어간다. 그는 이 구절이야말로 신앙생활의 가장 중요한 본질이라고 말한다. 그러면서 그리스도인이 현실적인 삶 속에서 그리스도의 부활 생명으로 살아갈 때 어떠한 결과들이 나타나는지를 서술한다. 또한 어떻게 주님이 주신 새생명으로 살아갈 수 있는지 그 비결을 구체적으로 알려준다. 특히 죄의 문제를 심도 깊게 다룸으로써 죄로 인한 많은 삶의 근본적 문제들을 해결할 수 있는 길로 안내한다. 죄의 실체를 구체적으로 보여주고 그 문제를 근본적으로 해결할 수 있는 유일한 해답으로써 구속의 실체이신 예수님과 그분의 흘리신 보혈을 끊임없이 말한다.

이 책에서 가장 많이 듣고 접하는 단어는 '십자가'이다. 십자가가 모든 인류의 도움의 장소요, 내 삶의 가장 유일한 도움의 장소이다. 번역을 마치며 얼마나 많은 눈물과 감사를 쏟게 되었는지 오직 주님만이 아신다.

"오, 주님! 이 귀한 내용을 접하는 자들에게 무한한 하나님의 지혜와 사랑과 뜻을 깨닫게 하소서. 세상이 줄 수 없는 가장 소중한 복음의 능력을 체험하게 하소서. 예수님의 이름으로 기도합니다. 아멘."

스데반 황 목사

오스왈드 챔버스 시리즈 03
오스왈드 챔버스 도움의 장소

초판인쇄 • 2009년 5월 15일
4쇄발행 • 2012년 7월 20일
2판 1쇄 • 2018년 7월 20일

지은이 • 오스왈드 챔버스
옮긴이 • 스데반 황
발행인 • 임용수
대표 • 조애신
책임편집 • 이소연
편집 • 이소정
디자인 • 임은미
마케팅 • 전필영
온라인마케팅 • 고태석
경영지원 • 김정희, 조창성

발행처 • 도서출판 토기장이
주소 • 서울시 마포구 망원로 26 토기장이 B/D 3F
출판등록 • 1990년 10월 11일 제2-18호
대표전화 • (02) 3143-0400
팩스 • (02) 3143-0646
E-mail • tletter@hanmail.net
www.facebook.com/togijangibook

ISBN 978-89-7782-396-9

값 14,000원

"우리는 진흙이요 주는 토기장이시니
우리는 다 주의 손으로 지으신 것이라"
(이사야 64:8)

「이 도서의 국립중앙도서관 출판예정도서목록(CIP)은 서지정보유통지원시스템 홈페이지(http://seoji.nl.go.kr)와 국가자료공동목록시스템(http://www.nl.go.kr/kolisnet)에서 이용하실 수 있습니다. (CIP제어번호 : CIP2018019923)」